百年西方银行

A Century History of Western Banks

陆建范　著

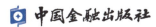
中国金融出版社

责任编辑：吕　楠
责任校对：孙　蕊
责任印制：张也男

图书在版编目（CIP）数据

百年西方银行／陆建范著 . —北京：中国金融出版社，2018. 12
ISBN 978 - 7 - 5049 - 9825 - 5

Ⅰ. ①百…　Ⅱ. ①陆…　Ⅲ. ①银行史—研究—西方国家　Ⅳ. ①F831. 9

中国版本图书馆 CIP 数据核字（2018）第 244195 号

百年西方银行
Bainian Xifang Yinhang

出版
发行　　中国金融出版社

社址　北京市丰台区益泽路 2 号
市场开发部　（010）63266347，63805472，63439533（传真）
网 上 书 店　http：//www. chinafph. com
　　　　　　（010）63286832，63365686（传真）
读者服务部　（010）66070833，62568380
邮编　100071
经销　新华书店
印刷　天津市银博印刷集团有限公司
尺寸　169 毫米 ×239 毫米
印张　27. 75
字数　456 千
版次　2018 年 12 月第 1 版
印次　2018 年 12 月第 1 次印刷
定价　86. 00 元
ISBN 978 - 7 - 5049 - 9825 - 5
如出现印装错误本社负责调换　联系电话（010）63263947

序 言

　　这是一本介绍西方银行的书，具有知识性、情报性、史料性的特征，兼顾宏观视野与微观实践。

　　作者从 1995 年起，坚持收集西方著名银行的服务信息，积累了大量第一手资料，各种译文超过 150 万字。其间，历经亚洲金融危机和次贷危机，西方银行的服务风格和监管理念反复变换。两年前，开始对这些收集的素材进行梳理和分析。为此，本书内容的形成是系统性观察西方银行的结果，具有"实证研究"的特点。

　　本书选择研究的银行，大部分都有超过一百年的历史，百年银行的生存概率约为 3‰，在西方银行业中具有代表性。其中，欧洲银行 14 家、美洲银行 9 家、亚洲银行 20 家，经典服务案例百余个，彩色照片约三百张，同时，还介绍了世界三大金融中心（纽约华尔街、伦敦金融城、日本银座）的概况。本书将西方银行的服务分为三大类：个人金融、企业金融、社会金融，再细分 35 个专题进行研究。附带介绍了西方银行的监管制度、金融立法、银行风险控制、销售模式和金融消费者习惯等。附有从 11 世纪到现代的《西方银行大事记》、美元诞生后的《历年美元与黄金价格对比表》。这些百年银行所沉淀的文化是近代西方文明史的重要部分。

　　任何对于起源问题的研究，都将有助于对未来方向的判断。银行，这个古老、传统、贵族的行业，在当今快速变革的科技时代，正在接受新的考验。作者以历史唯物主义和客观现实主义的态度，通过大量西方银行的经典案例，论述西方银行发展理念的变化脉络及服务结构的变迁真相，努力给读者以真实、全面、实用的西方银行知识体系。同时，书中用大量篇幅将科技对西方银行业的影响做了系统的梳理，指出纯互联网金融在西方国家并不成功，但合成智能对传统金融的挑战不可低估。那种对于高科技颠覆传统金融业的观点，作者给予了正面的回答，也对人工智能时代的未来银行做出了展望。

政府胡乱印制纸钞有何危险？世上探讨的书籍汗牛充栋。同理，银行的本质是什么？答：一部消耗资本的机器。纵观近代西方银行曲折的发展史，当一个个巨型银行面临倒闭之际，得到的真谛是：珍惜资本，慎用杠杆。这验证了现代经济学所解释的一个现象：具有广泛道德观念的经济体系，实际上要比那些缺失道德的经济体系运转得更好。滥用资本所导致的灾难性后果，看上去短期利益丰厚，但却支付了巨大的长期代价。这是否应验了西方哲学的奠基人——亚里士多德的公正价值观：价格不是由市场里的实物决定，而是由道德经济的伦理贸易观决定。

当今，我们这个世界有着前所未有的物质繁荣，但是，也有着前所未有的收入不平等，暴力依然充斥着这个世界。而且，人与人之间的联系，人与自然环境之间的关系，比过去更加脆弱。互联网虽然使世界变得更加浑然一体，但是，看上去人类对自然资源的侵占变得更加容易。如果，我们想把有限的金融资源更好地造福于人类，我们迫切需要从金融之外审视这个世界，在这一背景之下，西方银行已为我们提供了许多有益的多重视角。

进入 21 世纪，西方银行转型进一步加快，人才结构趋向理科化，从金融服务商向金融咨询服务商转变，进一步提升顾问收入占非利息收入中的比重。虽然，非利息收入早已是西方银行的收益主体，但投资银行的套利收益，仍然给银行带来了很大的风险。

世事如棋，尽心而作；天地之理，有开有合。未来，西方银行的开拓之道，仍将令世人所瞩目。

陆建范
2018 年 5 月于杭州

目　录

第一篇　西方银行概述　　001

引　言　　003

第一章　西方文明举要　　005

　　第一节　人类文明　　006
　　第二节　中世纪前后的西方文明　　007
　　第三节　大航海与西方文明崛起　　009
　　第四节　西方文明与民俗文化　　014
　　第五节　西方文明的地理区域　　015
　　第六节　工业化与西方文明　　016

第二章　西方银行起源　　021

　　第一节　伦巴第年代　　022
　　第二节　地中海年代　　023
　　第三节　波罗的海—北海年代　　025
　　第四节　英吉利—多佛尔海峡年代　　027
　　第五节　大西洋年代　　032
　　第六节　环太平洋年代　　039

第三章　西方银行与科技　　051

第一节　科学技术的基本原理　　052

第二节　科技对世界的作用与反作用　　053

第三节　纸质年代的银行　　057

第四节　电磁年代的银行　　064

第五节　硅与网络年代的银行　　071

第六节　移动互联网年代的银行　　080

第七节　人工智能年代的未来银行　　091

第二篇　西方银行服务　　101

引　言　　103

第四章　信用体制建设　　105

第一节　美国信用法律与监督机构　　106

第二节　美国征信产业高度发达　　106

第三节　个人信息来源及保存年限　　107

第四节　个人信用评分五大内容　　108

第五节　银行对信用评分的利用　　108

第五章　个人金融　　111

第一节　个人账户　　112

第二节　储蓄存款　　117

第三节　短期贷款　　120

第四节　少儿/大学生/新婚金融　　123

第五节　个人动产/不动产金融　　128

第六节　银行卡　　133

第七节　个人投资　　137

第八节　私人银行　　144

第九节　养老金融 150

第十节　个人保险 156

第十一节　教育/文化/管家服务 160

第六章　企业金融 169

第一节　企业账户与存款 170

第二节　农场金融 172

第三节　中小企业金融 175

第四节　跨国企业金融 179

第五节　数字清算与平台业务 184

第六节　国际金融 186

第七节　投资银行 192

第八节　风险管理业务 195

第九节　企业股权业务 198

第十节　企业特许权业务 203

第七章　社会金融 209

第一节　国家金融安全管理 210

第二节　可持续发展金融 212

第三节　绿色环保金融 217

第四节　公益性金融 223

第五节　公租权金融 225

第六节　社区金融 228

第七节　政府扶助性金融 230

第八节　企业家教育 233

第九节　反洗钱管理 246

第十节　反金融欺诈 251

第三篇　西方银行选　　　257

第八章　欧洲银行选　　　259

伦敦金融城　　　260

瑞典中央银行　　　264

巴克莱银行　　　268

苏格兰皇家银行　　　272

劳埃德银行　　　275

法国农业信贷银行　　　278

法国巴黎银行　　　281

法国兴业银行　　　285

德意志银行　　　289

德国商业银行　　　293

德累斯顿银行　　　296

瑞士银行　　　300

瑞士信贷银行　　　304

荷兰银行　　　308

桑坦德银行　　　312

第九章　美洲银行选　　　317

华尔街　　　318

摩根大通银行　　　323

美国银行　　　327

花旗银行　　　331

富国银行　　　335

加拿大皇家银行　　　338

加拿大丰业银行　　　341

多伦多道明银行　　　344

蒙特利尔银行　　　347

加拿大帝国商业银行　　　351

第十章　亚洲银行选　355

东京银座　356

东京三菱银行　362

住友银行　366

第一劝业银行　370

日本中央农林金库　376

三和银行　378

樱花银行　381

富士银行　384

大和银行　387

朝日银行　389

日本东海银行　392

日本 JCB 信用卡公司　395

新加坡星展银行　398

新加坡大华银行　401

新加坡华侨银行　403

汇丰银行　406

渣打银行　410

恒生银行　412

东亚银行　414

美国亚洲银行　416

集友银行　418

附　录　420

西方银行大事记　420

历年美元与黄金价格对比表　428

进一步阅读书目　429

结　语　432

第一篇

西方银行概述

第一章　西方文明举要

第二章　西方银行起源

第三章　西方银行与科技

引　言

清代学者龚自珍说："出乎史，入乎道，欲知道者，必先为史。"基于此，在本篇，作者从西方文明史、西方经济贸易史、西方科技史三个维度，探索西方银行的产生、发展以及数百年来的曲折故事。

当然，我们的主要意图不是为了借古讽今，研究历史可以从多种视角出发。本书的某些章节讲述的是因商品在全球范围内传播，比如丝绸、白银、鸦片、石油、汽车、互联网，从而带来一系列对国际经济和社会、全球生态环境的影响，西方银行是如何应对和演进的，揆诸现实，殷鉴在前。我们还试图挑战现有的迷思。

世界四大古文明发源地均不属于西方（爱琴文明未被包含其中）。但是，随着欧洲人的地理大发现，开辟大西洋新航路，发现非洲海岸，西方在世界中的位置出现了戏剧性的变化。尤其是随着英国1588年打败西班牙无敌舰队、1689年通过《权利法案》，1776年美国发布《独立宣言》，1789年法国颁布《人权宣言》等重大历史事件的出现，西方文明开始被世人所瞩目。

人类历史上将科研成果占全球25%以上的国家称作"世界科学中心"。据统计，符合这一条件的国家分别是：意大利（1540—1610年）、英国（1600—1730年）、法国（1770—1830年）、德国（1810—1920年）、美国（1920年至今）。

一个有趣的现象是，同在这一时期，意大利人到伦敦的伦巴第街设立机构进行放贷，英国工业革命得到了来自地中海地区富商巨贾的大额投资；到了19世纪中叶，伦敦成为世界的投资中心，分别向美洲、亚洲、澳大利亚等殖民地地区投资，美国的工业化是建立在欧洲，尤其是英国巨额资本投资之下的；进入20世纪，华尔街成了全球最主要的投资来源地，21世纪，这里正源源不断地向高科技融资，人工智能时代资本更加集中。这其实就重复着一个道理，当制造业胜出时，就必须寻求新的市场，资本永远在寻求利润，金融是资本寻求利润的工具，这就是西方银行发展的主线。

第一章

西方文明举要

第一节 人类文明 ················· 006

第二节 中世纪前后的西方文明 ················· 007

第三节 大航海与西方文明崛起 ················· 009

第四节 西方文明与民俗文化 ················· 014

第五节 西方文明的地理区域 ················· 015

第六节 工业化与西方文明 ················· 016

第一节　人类文明

因为本书研究的是西方银行，所以很有必要回顾一下西方文明的发展历史，从而帮助我们更加深入地解读西方银行的发展史。

我们先来了解一下文明的概念。文明在世界史中有两层意思：一是描述了人类的一种组织形式；二是描述了某些地区、某些特殊文明萌芽发展的"连续性"。

人类从东非开始迁移

4 万年前东非出现了人类，2.5 万年前人类从东非开始迁移，开始往外走，但是人和动物最大的区别是，动物是周期性地去，然后返回，而人类出去之后就没有返回，到世界各地去求发展了。公元前 6000 年左右有了农业，而在农业出现之前人类已经有 3 万多年的历史，那时候地球人口在 500 万人左右，有历史记载到公元元年，全球人口达 1 亿人，主要集中于世界三大河谷文明流域。到 1340 年左右才达到 1.5 亿人的水平，工业化前人口增长是非常缓慢的。什么时候人口开始快速增长了呢？就是 18 世纪 60 年代开始的工业化，到 1800 年的时候，全球人口已突破 10 亿人大关，之后，人口更是呈几何级数上升。

祭司发明文字、产生文化

人类从狩猎者成为耕种者，最大的变化是从"即采即食"改变为"剩余而食"的生活方式，这是"剩余价值"最原始的出处。有了剩余粮食生产链，才有了脱离农业的人口、职业。公元前 6000 多年早期的农业社会，出现了村庄，村祠中有专职祭司（巫师），这是第一个脱离农业劳动的阶层，因为他们有很重要的工作：向天求雨、记载日历、丈量已分配或将来要被分配的土地，由于这些需要，祭司发明了文字符号，才有了文字记录。

人类组织形式的基础依赖于人类农业文明的产生，大量剩余价值的经济体，让农业的剩余有可能支撑复杂的政治与社会结构。当初级农村文明大量出现时，城市文明才慢慢形成并成长。贸易、手工业、工艺品和政治服务与农村的粮食做交换，推动了社会的进步与发展。

文明意味着文字使记录成为可能，促进商业交流和政治运作，文字促进了知识的留存并推动了人类新的智力活动。

第二节　中世纪前后的西方文明

宗教对西方文明的影响

社会进步后出现了文明，但文明通常比其他社会形式更加显示其不公平性，所以，西方文明长期以来被看作是野蛮的，而非一种更加友好的文化。西方文明社会几乎从来没有真正在政治上独立过，而东方文明却存有大量的在政治上统一的国家，如中国的汉朝等。

从宗教的角度看，犹太教的发展史对基督教和伊斯兰教产生了非常重大的影响，有西方学者认为一部西方史几乎是一部对犹太人的仇恨史或宗教战争史。古希腊文明在传播上对东欧、中欧的影响更加广泛，对西欧的影响当然是十分重要的，但其建筑风格对土耳其、俄罗斯的影响更大，然后传播到法国和美国。

但古希腊、古罗马不能被看作是西方文明的起源，就如同日本文明并非起源于中国一样，尽管遣唐使的作用对日本文明起到了非常重大的作用，但日本文明的内核乃是其大和民族的根与大唐文明的结合，西方文明也有相同之处，古希腊、古罗马对西方文明的影响是举足轻重的。

所以，大部分史学家认为西方文明是通过有选择地模仿古希腊、古罗马，以及古埃及、古印度、古中国文明而得来的。在古罗马的节日中，庆祝冬至最后一天的节日，被基督教的"圣诞节"所保留。[①] 因为，古希腊、古罗马没有一个权威的主流宗教，民众大部分停留在"感性宗教"和"神秘宗教"之中，他们把宗教的庙宇建在旧的庙宇地基之上，这不仅仅是因为此地有原始庙宇的建筑材料，更重要的是此地是圣地，有古人说不清楚的文化基因。不过，最终是基督教文化首次在欧洲获得了统一，产生了西方文明，而不是

---

① ［美］彼得·N. 斯特恩斯. 世界历史上的西方文明［M］. 北京：商务印书馆，2015.

通过古希腊、古罗马时代的主流文化所统一。

古希腊、古罗马哲学思想的影响

古希腊、古罗马哲学的重要思想，对西方文明、文艺复兴产生了重大影响，西方科学中有许多都是从古希腊的解剖学、几何学、天文学的著作中传承发扬的。而且需要慎重指出的是，古希腊的科学在很大程度上是建立在前人成就基础之上的，他们的造诣赶不上前人，在数学上他们比不上古埃及人，在一些文明的发展中，尤其是古印度文明和古中国文明也遥遥领先于古希腊文明，古希腊并没有形成科学上的垄断，过分地强调西方早期文明是不正确的。古巴比伦、古埃及、古印度和古中国的科学与技术对世界文明所产生的影响至关重要。

从历史的角度看，"均衡论""遗存论"的观点非常重要。同样地，古希腊、古罗马的建筑风格继续影响着西方世界的各种公共建筑，比如著名的中世纪哥特式建筑风格，通常被视为古典的标准建筑风格；古罗马和古希腊的绘画风格也影响着欧洲基督教教堂的主流绘画风格；古希腊的戏剧和诗歌是最具有代表性的，莎士比亚、拉辛等西方作家在写作内容和风格上仍受其影响。在古罗马灭亡以后，这些高雅的文化艺术仍被西方文明部分地排斥和吸收。

欧洲文艺复兴毫无疑问是近代西方文明的摇篮，但是文艺复兴的前提是：认为欧洲自古罗马灭亡到 1450 年近一千年的欧洲中世纪是一段黯淡的历史，人的本性受到控制，神教主义占据了社会，控制了人们的灵魂，人的自由、独立、本性被高度压抑，只有回到神圣繁荣的罗马时代，才能摆脱神教压迫，开创初级资本主义的新时代。

但是，事实上中世纪才是西方文明的重要基础。比如在科学领域，科学思想和实践源于中世纪。当时不仅复兴了古希腊的部分科学成就，还引入了阿拉伯文明的科学成果，与此同时，基督教鼓励改造自然，造福人类。随着中世纪晚期欧洲经济和军事的需要，开始引入中国的印刷术、指南针和火药。所有这一切都可以与 17 世纪欧洲的科技革命，乃至现代科学联系在一起。当然我们并不是说西方科学的发展在一千多年前就已经注定，这只是强调西方文明发展的连续性。

所以，历史学家认为随着十一二世纪典型中世纪的出现，西方文明已经能被界定。这并不是西方文明的全部面貌，也不是现代意义上的西方文明，但它为西方文明的发展奠定了基础，就像伊斯兰教和阿拉伯扩张给中东文明、中华文明和印度文明带来的影响一样。

中世纪欧洲城市的规模

中世纪前后的欧洲，大部分城市的大小受制于食物和木材的需要。只有少数农业地区在农民吃完自己的农作物后，还有超过两成的作物可卖，而且陆路运输粮食的过程要消耗过剩的粮食，因而即使有广阔的农业腹地，也难以解决城市的需求。举例来说，带一群马走 50 公里，马在途中会吃掉它们所运送的谷物，最终，使买卖无利可图。因此，城市如果成长到太大，粮食价格上涨，工资跟进升高，该城市的产品就失去了竞争力，城市随之停止成长。在欧洲，伦敦周围的农业生产力特别高，还有市场导向的农田，又有优异的水路运输，所以问题不是那么严重。巴黎的情况要严重些，因为巴黎的周围主要生产葡萄、亚麻等非谷物，如果遇到缺粮季节，价格可能会是平常的300%。贫民的唯一做法就是把装有粮食的车辆强行拦下。欧洲最惨的地方是马德里，虽然马德里拥有大量的美洲白银，却坐落在气候非常干燥、大部分饲养绵羊的地区，一旦出现饥荒，马德里是最有可能发生暴动的地区。因此，早期欧洲城市的人口能超过 20 万人已经非常了不起了，没有一个超过 50 万人的城市，更不要想超过百万人了。而当时中国的长安，人口曾一度达到 185 万人。

第三节　大航海与西方文明崛起

西方文明的标志性事件

到了 15 世纪晚期，随着欧洲人地理大发现时代的来临，穿越大西洋开辟新航路，发现非洲海岸，西方在世界中的位置出现了戏剧性的变化。尤其是随着英国 1588 年打败西班牙无敌舰队、1689 年通过《权利法案》、1776 年美国发布《独立宣言》、1789 年法国颁布《人权宣言》等重大历史事件的出现，西方文明开始被世人所瞩目。

15 世纪，虽然贸易已经开始全球化，但是大部分贸易都是通过陆路完成的。人们普遍认为海洋不属于任何国家，但是葡萄牙第一个打破了这样的理念，他们控制了马六甲海峡、霍尔木兹海峡和亚丁湾（部分时段）。到了 16

世纪末期，更强大的欧洲人出现了：荷兰人、英格兰人；到了17世纪末，虽然葡萄牙帝国日落西山、无可挽回，但是重商主义、贸易战争，以欧洲为中心的世界经济构成的时代已经确立。

欧洲人地理大发现的成因

我们必须回答这样一个问题，为什么是欧洲人完成了地理大发现，而不是亚洲人？中国明朝初期即13世纪30年代，有一次伟大的郑和下西洋航海探险活动，郑和所坐旗舰称"宝船"，重达7800吨（比19世纪前英国海军最大的舰艇还大2倍），船只超过200艘，船员水手超过2万名，完全是按照海上航行和军事组织进行编制的，很多外国学者称郑和船队是特混舰队、郑和是海军司令或海军统帅（见图1-1）。著名的国际学者李约瑟博士在全面分析了这一时期的世界历史之后，得出了这样的结论"明代海军在历史上可能比任何其他亚洲国家的海军都出色，同时期的所有欧洲国家联合起来都无法与明代海军相匹敌"。当时，郑和的船队已经穿越印度洋直接到达非洲。但是，这一探险活动因北方游牧民族的严重威胁，加上宫廷内部的政治斗争，最终被中国当时的皇帝终止，朝廷主动把跨海洋交易的贸易权交给了欧洲人。而欧洲人在100年后开始的大航海探险却获得了成功，彻底改变了世界历史的走向，论当时的造船技术和航海水平，中国远远超过欧洲。这是为什么？史学家总结出了三个重要原因。

图1-1　中国明朝海军将领郑和的"宝船"与哥伦布的"圣玛丽亚"号比较（Jan Skina 绘制）

1. 从欧洲当时的生产力来看，15 世纪以前的欧洲，拿不出像样的商品来换取他们所需要的奢侈品。1498 年，葡萄牙航海家达·伽马（1469—1525 年）到达印度时，只带了一些粗糙的铁制品和布料，这反映了当时欧洲的生产力水平。当地主导印度西海岸贸易的穆斯林商人认为这些货物毫无用处，说"如果你打算换回想要的香料、茶叶、丝绸，那你们就拿黄金来吧"。这也从侧面解释了欧洲人为什么会对黄金如此热衷、贪婪成性，深入非洲和拉丁美洲发掘那里大量等待开发的金矿。

2. 源于宗教与精神方面。14 世纪，最初在意大利各个城市兴起的文艺复兴运动遍及欧洲，它也可以称为欧洲的政治复兴、贸易复兴和技术复兴。人们对天主教的神权和虚伪的禁欲主义极为厌恶，开始追求现世成就和人的尊严，认为人是现实生活的创造者和主人。其中的代表人物之一哥白尼提出了日心说，改变了人类对自然、对自身的看法，其伟大的著作《天体运行论》发表后，进一步促进了人们对新技术的发明，极度想象力的发挥，激发了生动活泼的创新意识，并表现在艺术、音乐等领域的新形态上。这种精神很快传染到商业领域，商业领域进一步激励航海探险事业，并且在更精准的地图等工具的辅助下，获得了前所未有的成果。

欧洲早期的航海家大多出生于葡萄牙和西班牙。这不仅是因为葡萄牙、西班牙所处的地理位置位于伊比利亚半岛，深入大西洋，同时也因为当时的穆斯林刚被驱逐出去，西欧统治者有强烈的传教愿望以及探险精神，其目的都是控制航海贸易权。著名航海家麦哲伦（1480—1521 年）出生于葡萄牙，但为西班牙政府效力，最终发现了美洲大陆，实现了人类首次环球航行。

3. 整个航海探险浪潮都建立在新科技的基础上，主要是船只、枪炮及导航设备的领先。这些核心技术并不是欧洲人原创发明，而是源于阿拉伯（造船知识）和中国（指南针技术）。火药这一物品源于中国，很可能是经阿拉伯人传入欧洲。此外，欧洲人得益于铸造教堂大钟的经历，对铸造大件金属制品具有丰富的经验，这种技术最后被应用到军事上，用铜和铁铸造了枪械和火炮。中国人发明的火药，在欧洲人手中变成了征服世界的核心技术。

著名的格林尼治天文台最初建造的目的也是为航海服务，由英国的军械署承担天文台的建设，英国国王理查二世为此专门设立了皇家天文学家的职位，最终成为全球 0 度经线或本初子午线的原点，世界时区的起点。

在 15 世纪末之后的两个多世纪里，除美洲地区以外，欧洲军舰开到哪里，欧洲的势力就伸向哪里，在亚洲和非洲，欧洲人不断侵占被视为海军战略要地的港口、岛屿，他们控制了大部分海洋贸易。

19 世纪之前，从威尼斯到泉州再到美洲，所有的航运贸易业主都发现，他们必须保住离海岸、江岸越来越远的大树来源，否则他们就得到很远的地方去造船。18 世纪之前，中国华南的大帆船有许多是在东南亚建造的；美国革命前夕，英国商船队有 1/3 的船建造于美洲，皇家海军努力取得远至魁北克之类的地方所产的船桅建材；葡萄牙船，许多建造于巴西的巴伊亚（Bahia）；西班牙船，则建造于厄瓜多尔的瓜亚基尔（Guayaquil）。

自从欧洲人发现新航道以后，世界物种开始大交换。举个例子，原产于秘鲁的马铃薯来到了伦敦，在起初的一段时间内，伦敦时尚青年男女小心翼翼地将磨碎的马铃薯撒进食物内，相信这种块茎食物有催情的效果。最终，马铃薯成了欧洲主要的粮食类作物之一。

一些国家的国名，也正是由于地理大发现后航运的便利，将该国的著名商品交易到国外，由商品名演变为国名或地名。如希腊（Greece，原文有油脂之意）、土耳其（Turkey，火鸡）、巴西（Brazil，巴西木）、中国（China，瓷器），以及西班牙科尔多瓦市（Córdoba，皮革）和叙利亚大马士革（Damask，可以正反穿的织物）。

西方崛起与致瘾性食物

从哥伦布远航到工业革命的 300 年间，有三种贸易横跨于各大洲经久不衰：一是从非洲到美洲的奴隶买卖；二是美洲所生产的金、银大量出口到欧洲和亚洲；三是向来被称为致瘾性食物的咖啡、茶叶、糖、巧克力、烟草、鸦片。在这三种贸易中，只有最后一种在进入工业时代后仍持续不坠。

西方殖民帝国的建立，是以致瘾性商品的国际贸易为基础。今天，Drug 这个字指的是会让人成瘾的毒品，是非法商品。但是，从历史上看 Drug 是个好东西，自古至今这些东西一直是不可或缺的交易与消费品，它的商品价值和社会价值，至今都没有变化，只是人们把这个字的定义改变了。

一些原本只在部分社会宗教仪式上使用或象征一种身份的致瘾性食物，如南美安第斯山地区在数千年前，已有咀嚼古柯叶的历史，为的是去除饥意、寒意以提神干活，如同现代人喝咖啡和茶。但为了赚钱，它们却成了大量生产的商品，最早进入了世界市场的产业链。从 17 世纪开始，全球各地的有钱人开始饮、吸、食来自遥远异地的珍奇植物。如咖啡、茶叶、可可豆、烟草，几乎在同一时期成为世界各地贵人的致瘾性食物。欧洲、亚洲的消费者都不能自拔地爱上了这些来自美洲、亚洲、非洲的产品。有 300 年时间，它们是世界贸易领域最珍贵的农产品。其中，鸦片、古柯碱在 19 世纪首先赢得了国际市场需求，从而成为致瘾性食物中最早得到大量工业化生产的商品。

这些致瘾性食物，属于特定地方的特产。比如咖啡原产于埃塞俄比亚，后来被引种到也门；可可豆是墨西哥的特产；古柯（可口可乐有此成分）是安第斯山脉的特产；茶叶是中国的特产；烟草是美洲的特产；而甘蔗在公元前 300 年原产于印度。这些出口商品的原始生产者都不是欧洲人，如中国人、奥斯曼人、印加人试图掌控这些商品贸易。在民间，可可豆在中美洲、烟草在西非、鸦片在中国西南、茶砖在俄国西伯利亚都曾经充当过货币。

在工业革命出现前，那些西方列强围绕致瘾性食物的种植与贸易，用武力征服土著人，从非洲大量贩卖奴隶、建立堡垒和港口，开通洲际航道，一切金融活动也随之跟进。西班牙人非常喜爱巧克力，原因是他们掌控了拉丁美洲的大部分地区，制作巧克力的原料可可豆非常珍贵（西班牙商人曾经看到玛雅部落的人，从马背上的口袋里掉下一颗可可豆，立马把它捡起来，就如同自己的眼睛掉了一样）；而英国人发现了茶叶，因为他们控制了印度，原先迷上喝咖啡的英国人改喝了茶叶；而熟悉拉丁美洲的法国人、美国人喝咖啡上了瘾。

利润的诱惑，让人们顾不得致瘾性食物给社会带来的危害。天主教徒喝着穆斯林咖啡之类的异教徒饮料，并很快在信仰基督教的欧洲人殖民地生产咖啡豆；法国革命人士一边草拟理想崇高的《人权宣言》，一边喝着、抽着由美洲大陆奴隶所生产的加糖咖啡、烟斗，丝毫不感觉矛盾；在中国的英国人，在船的一边卖掉鸦片，在船的另一边诵念《圣经》以寻求救赎。

西方文明与非洲奴隶

欧洲人在 1880 年废除奴隶买卖后又开始大规模使用非洲奴隶，为何如此？史学界给出的原因是，因为缺少当地的劳动力。当欧洲人征服美洲后，同样带过去天花、麻疹疫情。当地的印第安人以前从没接触过这些欧洲流行病，而在他们的居住地被征服后的数十年里，有九成以上的印第安人死亡。加勒比海原住民在 50 年内几乎全部死亡。美洲境内没有本土流行病，因此欧洲人的成活率非常高。与此同时，非洲人已接触欧洲流行病很长历史，因此他们对天花有一定的免疫能力，在这种缺少当地劳动力的情况下，欧洲人为了在美洲开垦大型的致瘾性植物园，需要大量的劳动力，这就从非洲大量贩卖奴隶到美洲，总数超过 1000 万人，而贩运的存活率常常不到四成。可见，非洲奴隶是西方殖民时代的最大牺牲品，即西方文明资本原始积累的陪葬品！

第四节　西方文明与民俗文化

西欧阅读人口比例高企

我们现在所说的英国爵士风度、欧洲贵族学校、德国贵族血统，其实就是西方的民俗文化被世界所认同。经过 16 世纪的文艺复兴运动和 18 世纪的启蒙运动，人们的思想价值观出现了许多新的变化，产生了消费主义和早期浪漫主义的现象。

随着住房和装修条件的改善，家庭生活受到赞美。18 世纪雨伞的使用第一次在英国获得普及，有些人认为这会消磨英国人吃苦耐劳的精神，但大多数人只是希望不被雨水淋湿，这是一种文化的转变。随着印刷术的引入，人们的读写能力逐步提高，到 18 世纪初西欧具备阅读能力的人口比例比世界其他地区要高许多，已经会阅读或正在学习阅读的人口源源不断。这不仅改变了人们的信息来源，而且促使人们用全新的更理性的方法看待这个世界。科学的迅速普及减少了宗教对人们的束缚，同样鼓励人们用新的方法去思考。人们已经开始注意一些细小的公共文明问题，如不应在公众场所打嗝、放屁；对小孩上厕所的训练更为严格；人类的尿液曾被认为是用来刷牙的最好物质，而到了 18 世纪，这种行为被认为是特别恶心的；接吻行为也变得更为优雅隐秘，而在 17 世纪前两人接吻，经常会咬到对方。诸如此类的变化，不仅发生在精英阶层，同时也在中下阶层的平民中开始普及。

西欧时尚文化的兴起

到了 18 世纪，人们相信爱情对于孩子和家庭的重要性。而在此之前，西方也盛行父母包办婚姻，财产决定了婚姻的取向。但是到了 18 世纪，这种世俗文化开始改变，许多父母已会顺从孩子的心愿，法院的裁决也会最终尊重他们的爱情。爱情也与日益兴起的消费主义相结合，一个渴望浪漫的女人会更喜欢购买时装，男友会尽其所能，购买心仪的礼物赠送女友，时尚文化开始兴起。如果丢失了贵重的物品，不会再去找巫师帮忙，而是在报刊上刊登寻物启事，或到失物招领处登记。换言之，人们用一种全新的方法，去处理民俗生活问题。

在 16 世纪以前，西方人习惯赞美某种程度的忧郁，显示与世分离和宗教的谦卑。但是到了 18 世纪，人们开始追求愉悦开朗，微笑开始受到赞美，微笑时露出的洁白牙齿成为人们的追求目标，牙科行业兴起。[①] 口臭有了极专业的名词——"Halitosis"，原用于清洗伤口的李施德林漱口水被大家用来去除口臭。到了 20 世纪 30 年代西方人已经广泛使用牙膏、漱口水、洗发水、除臭剂等清洁用品。而一些广告还暗示你，如果清洁用品用得不对，可能会失去工作、约会和朋友。

总之，到了 18 世纪，包括家庭生活、两性关系在内的大众文化的转变，使西方文明通过这些细小的民众风俗开始影响世界。

第五节 西方文明的地理区域

西方文明区域界定

由于西方文明在世界近代史上处于领先地位，它就变成了各种文明的标志。通常我们将西方文明与西方工业化国家相关联，尤其是西方七个工业化国家。但实际上西方文明的核心区域除了希腊、葡萄牙、西班牙、意大利、英国、法国、德国以外，还有北欧的斯堪的纳维亚地区和被西方殖民过的美国、加拿大、澳大利亚、新西兰以及中国香港等移民国家和地区。另外，日本在 1868 年明治维新以后，已从上向下西化，其也应该被纳入西方文明的版图。

西方文明区域界定原因

把那些非欧洲的移民国家/地区列为西方文明的一部分，主要基于以下原因：首先，这些国家/地区有着与西方相同的信仰，大多数信仰新教，而不是天主教。其次，它们与西方有着共同的政治传统，如美国革命就将殖民地经验与启蒙运动理论结合起来。为了避免类似的分裂，19 世纪晚期，英国等国

---

① ［美］彼得·N. 斯特恩斯. 世界历史上的消费主义［M］. 北京：商务印书馆，2015.

家鼓励加拿大、澳大利亚等建立独立的国会，这些国家从此在政治上取得了独立，而其在体制上与母邦（英国、法国等）类似。再次，上层文化在很大程度上也是西式的。移民文化比较原始，不可能在教育、艺术和文学上有很大的造诣，而移民国家美国对启蒙运动和科学探索都表现出了异常的热心和积极。随着社会繁荣和经济积累，绘画、建筑、古典音乐等欧洲的基本文化形式也被引入。美国、加拿大等绝大多数移民国家/地区，派留学生到西方留学。例如，美国在 18 世纪初还相当贫穷，1835 年时只能公派 4 名留欧学生，到 1860 年则增至 77 名，主要是公派到德国留学，那些留学生回国后，就成了英王特批的三所著名大学（哈佛大学、哥伦比亚大学和耶鲁大学）的主要教学负责人。[①] 新加坡建国领袖李光耀毕业于英国剑桥大学法律系。所以，移民国家的思想文化、教育理念与艺术生活已成为西方共同经历的一部分。最后，工业化进程方面也基本上与西方发展同步。这些移民国家因为土地辽阔，重视农业和矿业生产，广泛应用机械化耕作，很快就开始了工业化进程，尤其是美国、加拿大等国很快就缩短了与西方的经济差距。到了 1900 年，美国已成为世界第一大经济强国。所以美国、加拿大、澳大利亚、日本等国的工业化，因其效仿西方，无论是在时间上还是在水平上与欧洲的英国、法国和德国都是同步的。当然，这些移民国家的经济发展都非常依赖欧洲的投资，关于这一点我们将在本书的后面章节中谈到。

第六节　工业化与西方文明

工业化使西方文明瞩目

众所周知，18 世纪 60 年代，英国的纺纱工哈格里夫斯发明了"珍妮纺纱机"，从而在棉纺织业中引进了发明机器，引发了技术革新的连锁反应，加上蒸汽机作为动力，揭开了人类第一次工业革命的序幕。我们的问题是工业革命为什么会出现在西方，而不是东方；工业化进程与西方文明的本质有什么

---

① ［美］查尔斯·A. 比尔德，玛丽·R. 比尔德. 美国文明的兴起（上卷）［M］. 北京：商务印书馆，2012.

联系。

　　所谓工业革命，指的是大部分劳动力走出农林牧渔业，投入到使用机械以改造物品的行业。工业革命首先发生在英国，然后向比利时、法国、德国和美国扩展，到 19 世纪 50 年代，它已成为西方世界的普遍现象。工业革命极大地增强了西方的实力，使西方文明更加令世人所瞩目。

　　为什么英国能成为西方工业化的先驱？在国内，英国有一个商业意识很强的贵族阶层，他们直接参与工业化进程，英国的工匠在引进新技术方面具有相当大的自主空间。17 世纪初，英伦三岛是一片茂密的森林；1608 年英国对适合海军用的树木进行调查登记，当时有 12.4 万株。到 18 世纪初，英国的森林被大量开垦为牧场，同时海军建造军舰也需要木材，1707 年树木调查登记时只剩下 1.2 万株。建造一艘大型战舰要砍伐 4000 棵橡木/栎木树。当森林资源耗尽时，开始使用煤炭。英国有丰富的煤炭、铁矿资源，而河运可轻易地将这两种工业必备原料整合在一起，19 世纪英国人工运河一度超过5000 公里，这些都由私人股份投资。在整个西方世界，只有德国、比利时、美国部分地区具备这方面的条件。①

　　在国际上，英国海军已控制了航海权，在国际贸易中具有强势的地位，同时英国拥有庞大的海外殖民地，这为英国带来了廉价的原材料（如印度的棉花）和潜在的销售市场。第一次工业革命在法国大革命时期遭受了严重破坏，但英国属于岛国，因远离战场而幸免于难，事实上还进一步促进了英国工业尤其是军工的发展。

蒸汽动力改变世界贸易版图

　　19 世纪，欧洲的蒸汽动力和铁路翻动了世界贸易的版图。蒸汽动力的问世，大大提高了人类掌控自然的能力。具体而言，1815—1850 年，横跨大西洋的大部分货物，每磅运费约降了八成，1870—1900 年又降了七成，累计共降了近九成五。1869 年苏伊士运河开通，使航行时间在短短 10 年中缩短了将近 2/3，加上原已改善的海上航行条件，如航标灯塔的普及，大大缩短了世界各主要港口的距离，伦敦到孟买的航运成本降了三成，马赛到上海的航程由110 天减少到 37 天。人员、货物、观念以前所未有的规模在移动。跨洋海底电缆的铺设，意味着首度可以用几乎即时传送的方式，将消息传送到远方。②

---

　　① ［英］克拉潘. 现代英国经济史（上卷）［M］. 北京：商务印书馆，2014.
　　② ［美］彭慕兰，史蒂文·托皮克. 贸易打造的世界［M］. 上海：上海人民出版社，2018.

象征 19 世纪全球性转变的东西,非西方人创造的铁路莫属。铁路降低了运输成本达 95%,贸易量相应翻了数倍。铁路给了我们统一的时间,因为相隔遥远的人要想行动一致到分秒不差的地步,就必须有统一的时间。

橡胶版本的"荷兰郁金香事件"

很多人知道汽车使 20 世纪成为石油世纪,我们有时忘记,汽车也使 20 世纪成为橡胶世纪。橡胶首度成为热门商品出现于 19 世纪末期的亚马孙雨林。该雨林中生长着野生的巴西橡胶树,也是几种野生乳胶中最好用的一种,但橡胶的消费大户很快就觉得从亚马孙大老远进口实在不理想,因为野生橡胶树的平均株距在 1000 米,人工割胶极为不便,产量很低,天然橡胶在 1910 年达到世上最高价格每公斤 12 美元(相当于如今约 780 美元)。于是,人工胶林开始大规模投资。英国人在马来西亚开垦殖民地,荷兰人在印度尼西亚如法炮制,1920 年拥有全球 85% 汽车、消耗全球 75% 橡胶的美国,有一个热带殖民地叫菲律宾,另外还有利比里亚、巴西均大肆开发橡胶园,最终导致天然橡胶价格暴跌,1932 年每公斤只有 6 美分。投资者血本无归,全军覆没,许多银行就此而倒闭。这是 20 世纪橡胶版本的"荷兰郁金香事件",但今人之知者甚少。

重商主义促进西方文明

我们再来看一下工业化进程中源于西方文明的重商主义和冒险精神其根源究竟出自什么。早在工业资本社会初期,许多人信奉少数教派,如法国的新教、英国的贵格会或福音会,作为少数宗教徒他们从政的正当渠道被阻断了,但经济上的成功令他们感受到上帝的恩赐。启蒙运动鼓励人们追求物质成就,驾驭和改造自然。这对工业化进程起到了很好的促进作用。启蒙经济学家亚当·斯密就强调了竞争中创造力的重要性,政府受该理论影响,不断增强对工业化的热情,推动工业化的进程,比如制定标准化的国际贸易条款、鼓励投资银行和稳定货币、建立股份制、支持企业全球扩张等。

特别需要强调的是,西方文明在近代的发展中,的确起到了很重要的作用,但是西方文明并不是我们对一个社会的最高赞誉,与西方不同的社会也不是弱点或错误,同样存在着超越西方文明的可能性。

我们扬弃以欧洲为中心的目的论者,主张世界文明存在已久,欧洲以外的人在世界的文明发展过程中扮演了关键性的角色。欧洲人虽拥有某种程度的优势,但这些优势往往来自暴力活动和运气。比如欧洲人所带来的疾病摧毁了美洲大陆的既有社会，为他们征服大片土地打开了方便之门。欧洲直到其历史的后期才明显享有生产技术上的优势。

工业化进程是可以被模仿的，包括消费主义、科学、世俗主义等都可能被进行改良或复制。到了1900年左右，日本和苏联也开始了它们自己的工业革命，并且一路高歌猛进，都曾坐上世界经济总量第二位的宝座。

特别需要指出的是，千万不能迷信西方文明。一个沉痛的教训是苏联瓦解后的十年内，俄罗斯的GDP不仅没有增加，反而减少了40%，贫困人口增加了10倍！事实证明，一味地效仿西方文明，并不会给俄罗斯带去一个更高效率的社会。[1]

进入21世纪后，中国的快速崛起，更加证明东方文明、儒家文化能像西方文明一样具有魅力，令世界所瞩目！

---

[1]　John Lloyd. Who Lost Russia？[J]．New York Times Magazine，August 15，1999.

第二章

西方银行起源

第一节　伦巴第年代 ……………………………………… 022

第二节　地中海年代 ……………………………………… 023

第三节　波罗的海—北海年代 …………………………… 025

第四节　英吉利—多佛尔海峡年代 ……………………… 027

第五节　大西洋年代 ……………………………………… 032

第六节　环太平洋年代 …………………………………… 039

第一节　伦巴第年代

在第一章中，我们对西方文明的概况做了粗线条的铺垫，这为本章西方银行的起源积累了文化沉淀。历史如镜，一切都只能从了解历史开始，任何对于起源问题的探索，都是看懂事物本质及发展趋势的重要基础。金融领域更是如此。

伦巴第人街

在欧洲文艺复兴前的中世纪，大航海活动还没有兴起，欧洲以城邦国的内陆贸易为主。15 世纪前整个意大利北部聚集了大量的伦巴第人（Lombards），被称作伦巴第地区（主要集中于皮埃德蒙地区），而伦巴第人起源于 1 世纪的斯堪的纳维亚（今瑞典南部），经过约 4 个世纪的民族迁徙，伦巴第人最后到达并占据了亚平宁半岛（意大利）的北部。伦巴第人天生有着银行家的头脑，做起生意头头是道，伦敦金融城（街）至今还有另外一个称呼——伦巴第人街。

西欧的初级借贷市场

从 11 世纪起包括意大利、瑞士在内的欧洲，尤其是西欧国家的初级借贷市场，在城市中首先出现了以犹太人为首的借贷方，向进行贸易的当事方（即买方）出借作为支付手段的现金货币。之后，在远离城市的乡镇，也出现了另一类出借货币的借贷方，即中世纪高利贷的伦巴第人。当时的犹太人出借货币多为个人行为，而伦巴第人则以家庭或社群为单位，运作涉及的金额数量更大、更可观，这种运作一共持续了将近 5 个世纪。到了 17 世纪，作为个人行为或作为家庭社群的出借方式，逐渐被一种市政金融机构所取代，开始经营市/州政府剩余的公共收益，这是地方性银行的鼻祖。

瑞士——欧洲贸易/货币清算中心

阿尔卑斯山脉是欧洲南北贸易的必经之路，位于阿尔卑斯山脉南麓的意大利和位于阿尔卑斯山脉北麓的法国、德国、荷兰、比利时等都要经阿尔卑斯山中转瑞士进行国际贸易，这就使瑞士成了欧洲的贸易中心和货币清算中心。如今虽然瑞士只有800万人口，4万多平方公里，却汇集了全球30%以上的个人财富，是名副其实的世界金融王国。从11世纪到工业革命前（即17世纪）的漫长岁月中，瑞士境内的这种私人借贷活动经久不衰，且一直以经营私人金融活动为中心，从而发展成为如今意义上的瑞士私人银行品牌，为全球富人进行财富管理。而意大利、法国和英国等国的银行一开始就是为大型项目进行商业贷款。

第二节　地中海年代

意大利——近代银行的发源地

根据学者考证，现代意义上的银行一词源于意大利语"Banco"或"Banca"，原意是长凳、工作柜。如今意大利的纺织小城普拉托市（Prato）的教堂内还挂着一幅壁画，向人们展示了货币兑换商的长椅和柜台。如果银行被清算，那张椅子就会被人们庄严地破坏掉。这就是我们今天所说的"破产"（Bankrupt）这个词的来源。今天意义上的近代银行，诞生于中世纪意大利的水城威尼斯，威尼斯是亚平宁半岛各国同外部世界进行水上贸易，尤其是同欧洲以外国家进行国际贸易最重要的商埠。贸易交换离不开货币，但持有货币的人并不亲自参加或直接进入贸易，而是把货币借给需要货币的商人（通常是买方）。货币需求人坐在长凳上等候，或坐在长凳上与货币出借人（贷出方）谈判借款的条件，于是Banco或Banca就从原意引申为出借货币的地方，即银行。如今英文Bank——银行，是从意大利语演绎而来的。意大利拥有世界上最古老的银行，即1472年成立的Monte dei Paschi of Siena。[①]

犹太教义对世界财富分配的影响

犹太放贷者在犹太聚居区一座名为Banco Ross的大楼前发放商业贷款，贷款人就坐在长凳上，铺上绿色桌布的长凳成为银行家的交易柜台，商人们

---

① ［美］史蒂芬·瓦尔迪兹. 国际金融市场［M］. 北京：中国金融出版社，2005.

汇集到犹太聚居区来借钱或者放贷。

这是为什么呢？因为在基督教的教义中，收取利息是一种罪恶，而犹太教却并不反对收取利息。但在《旧约全书》中有一条规定："借给外邦人可以获利，但借给你的兄弟不可取利。"这意味着犹太人只能在向基督教信徒发放贷款时收取利息，不能向犹太人收取利息。这一行短短的教义，使犹太人在世界上特别会做生意，这也是如今世界上许多富贵家族出自犹太民族的原因。

据考证，到了 1516 年威尼斯官方专门划出特定区域，供犹太人放贷。这对政府来说是一件好事，不仅可以收税，而且商人们获得资金后可以做更大的生意，使城市更加繁荣。①

世界上第一次国际银行业危机

意大利文艺复兴的"心脏"是佛罗伦萨，那些最为人熟知的艺术家如达·芬奇、拉斐尔、米开朗琪罗等名字如雷贯耳，其实还有一个名字在这些文艺复兴巨匠的身后闪光，那就是美第奇家族（Medici Family）。如今人们能赏析到的许多作品，大部分都是美第奇家族的藏品。其原因是乔凡尼·美第奇在 1397 年创立的美第奇银行赚得了巨额利润，成为佛罗伦萨的首富，其长子科西莫·美第奇曾代表美第奇银行接管教皇的财政。当时，美第奇银行在伦敦的分行负责收取货款，并进行货币兑换，这批货物的发票价格为 97.18 英镑，大体相当于 535 达克特（中世纪流行于欧洲各国的货币），而美第奇银行在威尼斯的分支机构付给当地的工厂 500 达克特的汇票。这样一来，他们在 6 个月里就赚取了 7% 的利润，也就是说年利润达到 14%。②

美第奇银行的成功在于向许多不同的个人、小企业发放贷款，把风险分散到许多贷款者身上，从而降低了其中一人违约的风险。而在美第奇银行之前，佛罗伦萨的银行系统被两大家族集团所控制，这便是巴尔迪（Bardi）、佩鲁齐（Peruzzi）两大银行财团，他们在欧洲其他地区都设有分支机构。在伦敦金融中心区有一条街道叫罗马街，他们给爱德华一世、爱德华二世、爱德华三世都放过款，主要是为他们提供战争军费。然而爱德华三世和那不勒斯国王罗伯特在 1345 年却违约了。这样佛罗伦萨的两大富豪家族被清算，以破产而结束。这大概是世界上第一次国际银行业危机。③

---

① ［英］西蒙·迪克逊. 没有银行的世界［M］. 北京：中国工信出版集团，2015.
② ［英］S. D. 齐普曼. 商人银行的起飞［M］. 伦敦：Allen & Unwin 出版社，1984.
③ ［美］史蒂芬·瓦尔迪兹. 国际金融市场［M］. 北京：中国金融出版社，2005.

意大利票据商的时代

众所周知，中世纪欧洲人进行贸易时以现金为主。当时的现金主要是金属，其特性是沉重、危险，不安全，不易携带，所以出现了票据这种金融工具。以抵押贷款为基础的金融短期票据市场，其鼻祖于11～13世纪出现在意大利北部海滨城市热那亚，之后扩展到佛罗伦萨和威尼斯等其他城市，在16世纪前这个行业始终被意大利人所垄断。他们是现代意义上银行的创立者，即中世纪票据商或银行家。

意大利票据商不断扩展他们的业务，逐渐在各个主要邻近的欧洲贸易城市设立票据分号，15世纪意大利票据商来到瑞士西部离意大利北部地理位置最近的城市日内瓦，当时的日内瓦是一个重要的国际贸易城市，每三个月有一次大规模的集市。为此，大约有12家意大利票据商[①]在日内瓦安营扎寨，创建了贷款机构，即银行，为日内瓦的国际贸易提供金融服务。15世纪中叶，离日内瓦约200公里的法国著名城市里昂获得了快速发展，尤其是纺织、皮革、印刷、金属等制造业居欧洲前列，意大利票据商大规模地从日内瓦迁居到里昂，里昂便成为当时欧洲的金融中心，而日内瓦开始进入萧条期，银行票据业务处于停顿状态。

此外，14～15世纪，地中海的佛罗伦萨、比萨、锡耶纳等相互交战，当时这些城邦国家规定有钱的人有义务向他们的城市政府借钱。这些政府拿到钱，就去买军火、发军饷打仗，风险非常高，所以借款人的利率也很高，有的一年期借贷利率高达80%！他们得到的是政府承诺的几张债条，这就是政府债券的鼻祖。

第三节　波罗的海—北海年代

荷兰占据欧洲两条最古老的航线

从15世纪开始，随着哥伦布发现美洲大陆，新航路逐渐形成，欧洲商业中心逐渐从地中海转移到了大西洋沿岸，热那亚、威尼斯等渐渐衰落，而大

---

① ［中］张亚非. 瑞士银行秘密［M］. 北京：人民邮电出版社，2015.

西洋沿岸的城市尤其是北欧的城市获得快速发展。

荷兰的崛起与它所处的地理位置有很大的关系。荷兰背靠广阔的德国内地，面向欧洲两条最古老的商船航线：一条为南北方向，从卑尔根（挪威）到直布罗陀；另一条为东西方向，从芬兰湾到英国的交通枢纽。这些航线自古以来就是欧洲最主要的海上贸易通道。比斯开（北大西洋东部海湾）的鲱鱼、地中海地区的酒、英国佛兰德的布匹、瑞典的铜和铁、波罗的海地区的谷物、亚麻、大麻、木材和木制品等是这些古老商贸通道上的主要商品。

荷兰人通过从事这些商品的运输开始了他们伟大的发展。荷兰人创造了"三桅商船"——船身宽、船底平，具有最大的货仓空间，而且价廉物美，这种缓慢丑陋但便宜宽敞的大轮船，在 1600 年时已有超过 1 万艘，是当时世界上最大的船队，开始控制世界海洋贸易。[①]

荷兰东印度公司对华尔街的影响

16 世纪早期，阿姆斯特丹开始成为欧洲最主要海上贸易通道上的转运港口。由于有一条长长的水上路线通往这个港口，这条航道平稳安全，既无暴风雨的侵袭，又无海盗的骚扰，因此，阿姆斯特丹成了天然良港。当西班牙人撤离阿姆斯特丹时，这里就已经开始了重商主义的发展。随着西欧贸易的兴起，阿姆斯特丹成了欧洲的主要商埠，到 16 世纪中叶它更是领先于比利时的安特卫普，成为欧洲的贸易中心和货币市场中心。城市繁荣程度在当时的欧洲首屈一指，荷兰语是当时主要的国际语种。

1602 年，荷兰人将他们的各种私营贸易公司合并成一家国有公司——荷兰东印度联合公司。虽然在两年前的 1600 年，英国人已组织了他们自己的东印度公司，但是他们敌不过荷兰人，因为英国公司认购资本很小。其实东印度公司成立的初衷主要是针对东印度洋群岛（马来西亚、印度尼西亚、菲律宾等群岛）的贸易，那里盛产香料，欧洲早期对香料的需求及暴利（欧洲人吃牛羊肉，需要调料）直接导致了航海大发现的产生。

荷兰的东印度联合公司也是世界上第一家可上市交易的股份公司。同年成立了一个保险业行会，1609 年成立了证券交易所，1614 年成立了一家贷款银行。阿姆斯特丹成了世界谷物、海军供应品和军火的主要市场，成为战争的支柱。资本家可以自由地与敌人进行交易，这样不论哪一方在战场上获胜，

---

① ［美］斯坦夫里阿诺斯. 全球通史［M］. 北京：北京大学出版社，2005.

荷兰人都可以从中获利。

1625 年，荷兰人在北美东岸哈得孙河口曼哈顿小岛上建立了殖民城市新阿姆斯特丹，这就是纽约的前身。如今大名鼎鼎的华尔街，其基础商业文化是荷兰人带来的。当时荷兰形成的一整套金融体系，包括银行、股票交易所、信用、保险、有限责任公司等，都被带到了"新阿姆斯特丹"——纽约。

北欧银行经营模式

1661 年，斯德哥尔摩银行（瑞典中央银行的前身），在欧洲发行了最初的银行纸币（银行券），与硬币一同作为货币流通使用。由于贷款水平远远超出存款规模，最终被自身超发的商业汇票挤兑而倒闭。17 世纪中叶成立的阿姆斯特丹外汇银行，允许商人在银行账户中存储标准化的货币，这可以解决当时交易者 14 种不同货币的兑换，即银行间可以互相交易货币——银行间的交易业务由此产生。

以斯德哥尔摩银行等为主的北欧银行产生了著名的"北欧银行经营模式"，对日后的银行业产生了深刻的影响。这就是如今英美银行的经营模式，也称"盎格鲁—撒克逊银行模式"。盎格鲁是德国与丹麦交界处一个州的地名，撒克逊则是指德国北部的一个民族，它是一千多年前从丹麦、瑞典移居德国的日耳曼民族的一个分支，德国有三个州叫撒克逊。

何为"北欧银行经营模式"？即将银行的股权设计为分散型，股东对银行的控制力较为薄弱，而高管层（理事会）对银行战略决策起着决定性的作用。这就使得工业革命后，一些欧美著名银行的理事会都被君主、军阀、贵族、大财团等家族所控制。理事会的决策，可以超越政府的意志，似乎有超越国家的权力（可从下一节作者对十七八世纪英格兰银行、法兰西银行理事会的描述中略知）。美国总统是由华尔街的金融寡头所控制的。如今许多欧美国家的中央银行相对独立的体制，也有着"北欧银行经营模式"的影子。

第四节　英吉利—多佛尔海峡年代

英格兰银行的对外投资

从 18 世纪起，航海起家的葡萄牙、西班牙、荷兰渐渐退出历史舞台，被英国、法国、德国取代，其主要原因是前者国土面积、资源、人口有限，而后者却显得强壮许多。之后美国和苏联的兴起，取代英国、法国、德国也是这个道理。

1550—1630 年，英格兰朝着日后成为世上最大的商业帝国迈出了最初的几大步。英格兰投资 1300 万英镑设立了数家跨国公司，有 1/3 是风险投资，主要是海盗业，因为海盗业的投资回报率最高。1585—1603 年英格兰平均海盗业的投资回报率高达 60%！还有哪种生意能比海盗业的暴利来得更高？

从 18 世纪中叶起，第一次工业革命在欧洲大陆兴起，以纺织工业、煤矿开采、冶金和运输行业为标志，受蒸汽机及低价能源煤的驱动，轮船和铁路运输得到了前所未有的发展。英、法两国是第一次工业革命主要的发源地。让我们来看一下那个年代著名银行的往事。

老牌帝国——英国在 18 世纪中后期首先完成了工业化，"不列颠制造"遥遥领先，产品横扫全世界。其后便开始了全球化的投资，据英格兰银行统计，19 世纪英国对外投资占了全世界海外投资的 80%，有成功的也有失败的。1845 年 8 月英国《经济学家周刊》文章称，不列颠联合王国至少已在 34 个国家进行了投资，包括法国、俄国、德国、美国、西班牙、意大利、希腊、南非、印度等。投资的重点是：矿山（尤其是金、铁矿）、铁路、造船、军工、纺织、建材、轻工、化工、银行、保险等。

其中，有统计的英格兰银行购买各国政府债券和英国公司对外投资合计约为 13.8 亿英镑，当时英国公民还大量移民到北美、澳大利亚和亚洲等地，带走个人资金约 4.5 亿英镑，两者合计 18.3 亿英镑（1845 年国际黄金价格约为每盎司 19.5 美元，2016 年国际黄金价格约为每盎司 1250 美元，170 年相差 63 倍！）。按此换算，当年不列颠联合王国对外投资相当于 2016 年的 1173 亿英镑，计 1.346 万亿元。不列颠联合王国对外投资最多的年份，其对外投资是对本国投资的 7 倍。[①]

以汇丰银行为例。1915 年上海所有中外金融业的库存金银合计为 8099 万两，其中华商银行和钱庄占 17.3%，其他 9 家外国银行占 44.3%，而汇丰银行一家即独占 38.4%。汇丰银行经手买卖的外汇经常占上海外汇市场成交量的 60%~70%。从汇丰银行的实力便可知当年英国在全球投资中的绝对垄断地位。

---

① ［英］克拉潘. 现代英国经济史（下卷）［M］. 北京：商务印书馆，2014.

伦敦——世界金融中心

伦敦是世界金融中心。这个城市主要是面向国外提供资金，而不是向本国工商业提供资金。商业银行拥挤地坐落在英格兰银行周围的伦敦街附近。银行业的那些家族式核心集团，如罗斯柴尔德银行、巴林银行、摩根—格伦费尔公司、拉扎德公司、汉布罗公司、施罗德投资公司、克莱沃特公司、布朗·希普利银行等使伦敦成为全球最大的融资中心。它管理着世界上最大的贷款和政府债券。每年数额高达 10 亿美元的外国债券，通过伦敦的银行对外发行，1910 年巴林银行和汇丰银行向中国提供了 1.2 亿美元的银团贷款、汉布罗公司为丹麦政府提供了一笔贷款、罗斯柴尔德银行承销了 5000 万美元的巴西政府债券，还有对罗马尼亚、斯德哥尔摩、蒙特利尔和温哥华的债券。[①]

英格兰银行位于伦敦市中心针线街与公主街街角处，看起来是像一座中世纪的城堡。1694 年一群来自英国和法国的新教徒向当时的政府建议，愿拿出 120 万英镑永久性地以 8% 的利率赠给政府，但条件是政府同意让他们办一家银行，并有权发行 120 万英镑的钞票。当时英国与法国打了 6 年战争，已接近破产，就同意了，于是出台了《英格兰银行特许营业执照1694》。

在成立后的前 150 年，英格兰银行以商业银行的功能居多，尽管规模比竞争对手大很多，而且拥有独家办理政府业务的特权，但主要运作为发行钞票、吸收存款、保有黄金储备、通过汇票贴现向商人提供贷款，为其贸易和商品融资。

1844 年《英格兰银行条例1844》在下议院获得通过。该法律把制造货币的垄断特权授予英格兰银行，其他银行不得发行货币。这是因为 19 世纪 20 年代英国各家银行为了追求利润而滥发货币，导致英国恶性通货膨胀，经济几乎崩溃。直到如今，这个法律也没有更改过，但电子货币的产生是当时制定法律的人所没有想到的。

1866 年 5 月，英国 Overend Gurney & Company 银行倒闭，负债高达 1100 万英镑（相当于 2016 年的 12 亿英镑），引发了 200 多家相关银行和公司倒闭，挤兑危机席卷伦敦、利物浦、曼彻斯特，对英国经济造成重创！[②]

此事件以后，英格兰银行条款中额外增加了一条：银行在放贷之前需要征求存款人的同意，这样银行就出现了两种账户：一种保证资金安全，银行

---

①　[美] 利雅卡特·艾哈迈德. 金融之王 [M]. 北京：中国人民大学出版社，2011.
②　[英] 西蒙·迪克森. 没有银行的世界 [M]. 北京：电子工业出版社，2015.

不可以触碰，称为经常性账户，不计利息，而且还要收费，因为银行帮助做各种结算；而对于另一种账户，银行可以随意为我投资，称为投资性账户，这部分账户是要计利息的。这就是如今西方银行账户分类的基本出处。

17 世纪末，英格兰银行有 26 位理事，理事会代表着伦敦各个主要银行业家族的利益，一般情况下巴林家族、格伦菲尔家族、戈申家族各有一个代表，布朗·希普利和安东尼·吉布斯家族合占一个代表，唯一的犹太人代表就是阿尔弗雷德·罗斯柴尔德，他从 1868 年一直任职到 1889 年。

英格兰银行的成立鼓舞了一批居住在伦敦的有影响力的苏格兰人，他们倡议在苏格兰成立一家类似的公共银行。1727 年 5 月，苏格兰皇家银行成立，它是欧洲甚至世界上第一家由私人个人组织的股份制银行，目的是进行银行业交易，完全依靠私人资本，完全与国家无关联。苏格兰银行在世界上率先建立起全国性分支银行体系，比较早地在法律上确立了自由银行的原则。

巴林兄弟银行是英国历史最悠久、最著名的两大银行之一。1802 年巴林兄弟银行资助美国政府，从拿破仑手中购买美国路易斯安那州。曾经的欧洲六强是英国、法国、奥匈帝国、俄国、普鲁士和巴林兄弟银行。1890 年巴林兄弟银行因南美洲的问题贷款而面临破产，由法兰西银行给予支持而渡过难关。不幸的是巴林兄弟银行在 1995 年竟毁于 28 岁的尼克里森之手，这是后话。

1830 年英国的罗斯柴尔德银行成立，它是第一次世界大战前伦敦金融中心向外国政府提供贷款最多的银行。此外，罗斯柴尔德家族在欧洲巴黎、法兰克福、维也纳和那不勒斯均设有银行机构。

英国巴克莱银行成立于 1690 年，是英国最古老的银行之一，起源于在伦敦金融城建立的金匠银行业务，当时主要为皇家和商人提供资金服务。

劳埃德银行是英国最古老的银行之一，成立于 1765 年，由乡村银号逐步发展壮大起来，之后通过一系列兼并成为英国四大银行之一，曾是英国银行业中最早进行国际业务的银行。

从 1830 年到 1913 年欧洲银行业是英国人的天下。19 世纪初期，世界前25 家银行中，英国占据了 10 家。1830 年英国拥有银行 500 多家，而瑞士则尚不足 100 家。到 1850 年英国共有 1700 家银行分支机构，1875 年达到了 3300家，1900 年达到近 7000 家。[①]

---

① ［美］史蒂芬·瓦尔迪兹. 国际金融市场［M］. 北京：中国金融出版社，2005.

英国的银行擅长国际贸易金融业务，而法国、德国的银行擅长基础设施建设贷款。19 世纪末瑞士修建阿尔卑斯山南北铁路的银行资金，主要来自法国的佩雷拉银行和罗斯柴尔德银行。①

法兰西银行的故事

1800 年 1 月 18 日，法兰西银行成立。拿破仑任命瑞士银行家佩雷格和鲁昂富商康特勒为执行官，并授予纸币发行垄断权。拿破仑本人持有 30 股，每股价值 1000 法郎，总资本 3000 万法郎，合 600 万美元（相当于 2016 年的 5.2 亿美元）。

在法兰西银行创建后的 120 多年间，法国经历了至少三次革命、五次变革。其间，法国共产生了 17 位政府首脑，包括一位皇帝、三位国王、12 位总统，一位把自己变成皇帝的总统，而政府更是平均每年就换一届，但是法兰西银行始终由不变的少数几个家族在理事会中掌权。

该机构的权威如此之大，以至就是在巴黎公社时期，他们也在发挥作用，同时满足了凡尔赛政府和巴黎公社的货币需要。弗里德里希·恩格斯说："法兰西银行几乎总能游离于法国的政治体制之外。"这个神奇之处与法兰西银行的前 200 位股东有关。20 世纪 30 年代，这 200 位股东组成的寡头，包括法国最古老、最富贵族的家族托克维尔、罗斯柴尔德、诺阿耶、佩里戈尔等，他们实际上控制了法国的金融。

1926 年理事会的 12 名成员中包括：马利特家族，来自日内瓦的新教徒银行家，他们在理事会中的席位从 1800 年开始已经传承了 4 代；唯一的犹太人家族罗斯柴尔德家族从 1855 年开始就进入了理事会；达维利亚被拿破仑封爵，这个家族一直从事基础工业与银行业；莫里斯·达维利亚男爵已经是第四代进入理事会；简·奈尔弗雷泽男爵曾被路易十五嘉奖而且拥有多家银行；弗朗西斯·温德尔家族是欧洲著名的军火制造商，从事军火制造超过 250 年，他们也曾经给拿破仑提供过军火，到 1914 年已成为欧洲最大的钢铁制造帝国，温德尔在法国已经成了钢铁的代名词，就好像卡内基在美国那样。

1886 年，该行与法兰克—埃及银行和法国兴业银行共同出资建造了埃菲尔铁塔。

除法兰西银行外，1859 年成立的法国工商信贷银行、1863 年成立的里昂

---

① ［瑞］卡西，塔奈尔 .1850—1930 年的瑞士银行和信贷［M］. Banques eat credit en Suisse（1850—1930）.

信贷银行、1864 年成立的法国兴业银行、1869 年成立的法国巴黎银行，共同奠定了法国银行体系的基础。到了 1932 年秋天，法兰西银行的黄金堆积如山。当年美、法、英、德四国的黄金储备分别为 35 亿美元、31 亿美元、8 亿美元和 2 亿美元（当年每盎司黄金约值 33 美元，一吨黄金约为 120 万美元）。据推算，法国的黄金储备约为 2600 吨。这充分说明了法国在第一次工业革命中的地位及所取得的成功。而当时英国的黄金储备只有法国的 1/4，这说明英国"日不落"帝国走下坡路的趋势已经非常明显。[①]

第五节　大西洋年代

美国营商环境赢得了二次工业革命

从 1775 年到 1783 年美国爆发独立战争，加上之前北美 13 个殖民地脱离英国的统治，且在以后的 200 年中，美国比英国、法国和德国更加容易组建经济组织、政治组织和其他社会组织。这使美国成了崇尚自由文化和民主制度的国家，在西方文明中树立了"独一无二"的、自由的、少有政府力量协助的营商环境。

以化学工业、电子技术、石油和钢铁技术为代表的第二次工业革命，以及原本为国防服务的原子能、半导体、计算机、航天技术，为国防科学家研究服务的"万维网"，最终发展为民用产业。汽车制造业发生了翻天覆地的变化，洗衣机、冰箱和真空吸尘器等家用电器，人造丝和玻璃纸等新型材料，收音机以及有声电影，彻底改变了人们的生活。

第二次工业革命中欧洲、美洲互为呼应（大西洋年代），而把机会更多地留给了被欧洲殖民过的美洲大陆，其中被英国、法国殖民的美国和加拿大胜出，是第一次工业革命以英国、法国、德国为核心的传承版，这绝不是偶然的。

19 世纪美国银行业概况

在美国建国之前，作为英国的殖民地，新大陆没有权利独立发展本土的

---

① ［美］利雅卡特·艾哈迈德. 金融之王［M］. 北京：中国人民大学出版社，2011.

银行业，1780 年之前，所有银行的章程必须由英国议会来授予。独立后的美国获得了建立银行的权利，银行业从此开始兴起。19 世纪早期，银行业成为促进美国经济发展的重点行业，尽管早期的银行必须通过专门立法，授予其合法的章程，才能获得通过，但章程的权利被一部分政治团体严格垄断。

在美国早期，几乎所有的法人，无论是制造业、企业、大学、医院、教会，还是行业协会，都必须从州政府获得章程，才得以成立。设立州银行也一样，必须获得州政府议会的批准。

1811 年美国只有 17 个州，曾有人这样描述当年美国居民的生活与银行的场景：马车是乘客们主要的交通工具；第一条通往波士顿的铁路要等到 1835 年才能修建；太平洋海岸只能通过绕过南美洲的船只才能抵达；取火的工具主要是火石和火线，火柴要等到 1827 年才从英国引进；电报要在 26 年后的 1837 年才开始为人们服务；电话则要在 65 年后才会被发明；要用羽毛笔来记录早期的银行档案，用筛入的细沙来防止银行档案纸因潮湿而造成账本之间被粘住导致记账数据识别不清。

19 世纪早期，美国的主要执政机构是各州的州政府。各州具有制定法律、法规和选举的权利。州政府建设了运河、公路、铁路等基础设施，打通了与西部的联系，并建立了统一的市场。与此相比，联邦政府几乎没有为建立全国性的基础设施做过任何工作。为了建设基础设施融资，州政府发展了银行系统，设计了地方债，以及财产税等一系列制度。银行系统的发展为美国 19 世纪的工商业发展，提供了大笔信贷资金。到了 1836 年，在美国各州已经有超过 600 家银行在运营，都是地方性的州银行或更小的社区银行。与之相比，联邦政府在国家层面只建立了美国第一银行（1791—1811 年）和美国第二银行（1816—1836 年）两家银行，而这两家银行的寿命都没有超过 20 年。早在十六七世纪时，荷兰规定股份制公司创立之时，都要定下其解散的日期。所以，美国第一银行和第二银行规定的期限为 20 年，都是受荷兰股份制公司早期设立制度的影响。

纽约大学著名金融史学家西拉在研究了 19 世纪美国银行史后评价说"1820 年以后，马萨诸塞州实现了事实上的自由银行。该州注册法人的银行数量以及投入到银行的资本，几十年来在美国始终保持领先"。到了 1830 年，马萨诸塞州的人口仅占全美国的 4.7%，但拥有全美国 20% 的银行和全美 18.5% 的银行资本。马萨诸塞州 1792—1811 年平均每年颁发 1.2 个银行章程，1812—1860 年平均每年颁发 4.7 个银行章程。同时，发行银行票据是一种特权，到了 1860 年，美国有 1562 家州政府特许成立的银行，流通的银行票据有 1 万多种。银行法人可以为经济提供货币和贷款，也可以成为私人牟利的工具。①

耶鲁大学经济史学家娜奥米·拉莫若的名著《内部人借贷》一书中指出，在 19 世纪早期的美洲大陆新英格兰地区，因为融资渠道匮乏，许多银行是由有亲戚关系的一群人为家族企业融资而设立的。具有亲戚关系的一群人，先购买新银行的股票，并向州议会申请银行章程，其后，他们会通过出让股权的方式，向外部人募集资金。并以银行董事的身份向家族企业发放贷款。因为董事对家族企业及相关行业比较了解，这种做法可以将他们的利益与外部投资人的利益用股权绑定在一起，从而减少信息不对称性。

外部人通过购买银行资本，获得了投资家族企业的渠道，企业的股东对贷款做出可靠的判断，银行的杠杆倍数只有 2 倍，这时的银行更像一个投资俱乐部。19 世纪二三十年代，银行数量大幅增加后，银行法人被看作私人机构，基本上不为公共利益服务。所以，当时的美国银行数量多、规模小，以至到了 20 世纪 20 年代全美有超过 2.5 万家银行，这在其他国家是无法想象的。

1812 年美国马萨诸塞州银行成立，注册资本为 300 万美元（相当于 2016 年的 2 亿美元），比那个年代大多数银行的注册资本大了 30 多倍。这家银行就是如今的美国银行的前身。20 世纪 20 年代，它已成为美国西部最大的银行，在第一次、第二次世界大战期间，加利福尼亚州是美国重要的军火生产中心，战争给美国银行带来了巨额利润。战后，加利福尼亚州成为飞机、导弹、火箭和宇宙空间军火工业的主要生产基地，为美国银行的金融活动提供了极其有利的条件，也加速了该行的扩张。该行所拥有的资产和存款，长期以来在美国商业银行中均占第一位，直到 1980 年才被花旗银行超过，退居第二。

1848 年，加利福尼亚萨克拉门托河一家锯木厂边上的溪流中发现了金块，9 天后消息传到纽约，原来只有 850 名居民的小乡村，顿时涌进大批淘金客，4 年后超过 30 万人，这就是旧金山。其中有 4 万名广东人靠赊票跨洋来淘金。1848—1860 年这里所挖出的黄金，比之前 150 年里全球总共挖出的黄金还要多。这不仅为加利福尼亚的崛起提供了基本的物质保障，更重要的是为美国

---

① Howard Bodenhorn. State Banking in Early America：A New Economic History［M］．Oxford：Oxford University Press，2002.

今后设立黄金储备制建立了康庄大道。

第一次世界大战后美国的银行业

1914 年，美国联邦储备银行成立，它是在纽约联邦储备银行等 12 家州联邦储备银行的基础上创建的。经过第一次世界大战，美国国力大幅提升。1918 年，美国联邦储备银行积累了将近 45 亿美元的黄金储备，占美国、英国、法国、德国总共 60 亿美元黄金储备的绝大部分。[①] 黄金储备大部分以金块 "一夸脱" 大小的金条存储。每条重约 25 磅（合 11.34 公斤），贮藏于美联储和美国财政部的金库。最大的窖藏之处在纽约曼哈顿地下，位于百老汇大街和华尔街传奇交叉路口的财政部金库和美联储金库内（图片见本书第 322 页），其余的分别存放于美国其他 12 个州联邦储备银行的金库内。

JP 摩根作为美国金融业的代表具有典型的象征意义。在第一次世界大战前，JP 摩根的实力已非常雄厚，它为钢铁、铁路以及运输行业提供资金，并帮助其重组。它曾在 1895 年帮助美国政府摆脱困境，1907 年挽救了华尔街的银行体系，但是它的业务大部分仍是在国内开展。皮尔庞特·摩根本人在欧洲的确是知名人士，他的父亲朱尼厄斯·摩根曾在 1870 年普法战争之后为法国政府筹集资金，以支付战争赔款。但是从国际排名来看 JP 摩根是属于第二梯队的财团。

然而，第一次世界大战改变了 JP 摩根的地位，1914 年该公司成为英国政府和法国政府唯一的采购代理人，自身实力大增，该公司的 14 个合伙人估计平均每年可以赚到 200 万美元（相当于 2016 年的 1.2 亿美元）。第一次世界大战结束后，JP 摩根成为美国向欧洲输出货币的主要机构之一。

美国的精彩在于华尔街

人是聪明的动物，但无证据证明人就是天生的 "经济理性" 动物。换句话说，人性是否真驱使人竭尽所能地积累物质，以追求个人最大的福祉，并无证据可资证明。按照亚当·斯密的名言，"以物易物和实物交易" 乃是根本的人性之一。人性的这一本能非常强烈，这种倾向很可能是与人的说话能力一起发展起来的。事实上，现代经济学已将这个观点视为分析人类行为的基本法则。

华尔街的故事充分证明了人性的这一特性。繁荣本身就是一个经典的泡

---

① ［美］利雅卡特·艾哈迈德. 金融之王［M］. 北京：中国人民大学出版社，2011.

沫，资产价格与真实价值无关。几个世纪以来，资本主义世界相当熟悉它。17 世纪早期荷兰郁金香球茎泡沫中，一个球茎的价格是几千美元，但是每个投资者都愿意支付，他们相信这个价格会有更多接手的人，能卖出更多的钱。①

美国的精彩不在于美国的银行，而在于华尔街。因为美国是一个移民国家，世界上心怀"美国梦"的人，都到美国寻求发财致富。华尔街的"繁荣"是这批追梦人的寄托。1842 年英国作家查尔斯·狄更斯在游历美国之后，注意到了美国人渴望投机的倾向。在 1884 年纽约股市陷入恐慌之后，伦敦《旁观者》杂志评论道："英国人虽然也投机，但更害怕贫穷；法国人宁愿枪毙自己，也不愿意投机；美国则是 100 万个人去投机，最后只有 10 个人获胜。而且输的人也能够坦然处之。这种投资自由是值得称赞的，但这也使美国成为世界上最危险的怪兽。"

20 世纪 20 年代之前，美国的银行都是混业经营的，可以投资股票市场。股票和银行系统相互关联，关系非常紧密，大型银行如花旗银行将自己的资本向股票经纪人贷出，以短期同业拆借的形式持有。因此，股市的崩溃将不可避免地引发对各家银行安全性的担忧，进而造成银行系统性风险，加剧股市的危机。美联储成立的部分原因就是要中断这一过程。

1927 年，美国颁布《麦克法登法案》（*McFadden Act*），限制银行跨州设立分支机构，银行只能在限定的区域内经营和提供有限的产品和服务。商业银行被定义为"独家银行"，政府法规保护银行业免予地理上、产品上和价格上等方面的竞争，这个法案直接导致了许多社区银行的形成。小规模社区银行构成了美国商业银行的主体。但是，之前几十年形成的银行混业经营的风险还是发生了。

1929 年美国发生股灾，当时代表世界新兴产业的两大巨头：通用汽车公司的股价从 72 美元/股跌到 7 美元/股；美国无线电公司股价从 101 美元/股跌至 2 美元/股。由此引爆了全美银行体系的全面瘫痪过程。到 1931 年初，美国有 2292 家银行倒闭，约占全国银行的 10%。大部分人涌向银行提取存款，并把钱放到较为隐蔽的地方：桌子、沙发、床下面，保险箱中，也有的放到地洞、厕所、树洞里，总之人们不相信银行，只相信现金和黄金。

---

① Charles P. Kindleberger. Manias, Panics and Crashes: A History of Financial Crises [M]. New York: John Wiley & Sons, 1978.

1931 年 3 月 4 日，新任总统罗斯福发表声明：全美国银行业停业 4 天，以应对全美银行业的挤兑风潮，以及大量黄金出口和私人囤积黄金。经过整顿，2/3 即 1.2 万家银行被允许重新开业，而其余的倒闭或面临并购重组。同时美国政府颁布了《格拉斯—斯蒂格尔法》（Glass Steagall Act），结束了美国商业银行与投资银行混业经营的历史，并限制每个储户在一家银行的存款最高为 2500 美元。

为了恢复美国大萧条以后的经济，美国出台了著名的"罗斯福新政"，新政的内容之一就是刺激房地产市场，让在大萧条中被银行没收房屋的 50 多万户家庭再次拥有房产，继续承贷还款，但这件事情怎么操作呢？1938 年美国联邦国民住房贷款协会（房利美）成立，1970 年经美国国会批准又成立了美国联邦住宅贷款抵押公司（房地美），它们发行债券用于向住房抵押贷款的放贷人（银行）购买住房抵押贷款，目的就是刺激消费者购买房屋。即以政府的信誉向银行购买住房贷款，"次级债"由此埋下了祸根。

我们再回到 1910 年，此时华尔街上成立了一家名叫"所罗门兄弟公司"的投资银行，它专职于债券业务，是华尔街的巨人（1997 年花旗集团以 90 亿美元巨款将其收购）。该公司发明了在房地产崩溃中获利的模式——通过许多房屋抵押贷款为传统债券担保，即按揭贷款证券化。不幸的是，这种抵押贷款支持证券的存量，从 1980 年的 200 万美元增加到 2007 年的 40000 亿美元，其中 56% 的房屋抵押贷款通过这种方式实现了证券化，卖给了全世界投资人。其结果是造成了世界范围内的 2008 年次贷危机，为此，花旗集团危机时期资产缩水 98%！

早期的加拿大银行

让我们来看一下北美另一个大国——加拿大银行初期的情况。

1535 年，当时的法国国王弗朗索瓦一世命令航海家杰克斯·卡蒂埃尔去探寻"新世界"，以求找到一条通往印度的航道。卡蒂埃尔首次探险来到了圣劳伦斯海湾，即如今加拿大的魁北克。1616 年这个地区被命名为"新法兰西"。1756—1763 年，英法两国在加拿大爆发了"七年战争"，法国战败，从 1763 年起加拿大沦为英属殖民地。但是，之前近两百年法国殖民加拿大的文化和基因已深入加拿大各民族，处处都体现了法兰西那种威严、谨慎、浪漫的精神。

加拿大地大物博、资源丰富、人口较少。其银行业产生于 19 世纪初期，当时主要是大量地方性的小银行，这一情况与美国早期银行业的情况类似。从 19 世纪后期开始，加拿大银行业经历了合并重组的历史性变革，最终形成了少数几家全国性的大银行。如今加拿大商业银行有数百家之多，但真正影响着普通百姓生活和国民经济的也只是排名前五位的大银行：成立于 1869 年的加拿大皇家银行（RY）、成立于 1855 年的多伦多道明银行（TD）、成立于 1867 年的加拿大帝国商业银行（CM）、成立于 1817 年的蒙特利尔银行（BMO）、成立于 1832 年的丰业银行（BNS）。几乎所有的加拿大投资者通过互惠基金、养老基金等形式或多或少地持有这几家银行的股票。五大行的兴衰在某种程度上直接影响着全加拿大人的财富。

19 世纪以来加拿大未发生过金融危机

正是因为银行业在国民经济中具有举足轻重的地位，加拿大政府历来对金融业的监管远比美国同行严厉。据统计，从 1840 年到 2010 年，美国至少发生了 12 次金融危机，但加拿大却没有发生过一次系统性金融危机。加拿大银行业的经营风格普遍偏重于保守和稳健，信奉"看不懂的产品不做或少做""没有任何一项业务值得拿自己的名誉去赌博"，对"小概率、大事件"之类的产品审慎经营。这也是加拿大银行业从事较少金融衍生品的重要原因。2008 年以前，在加拿大按揭贷款证券化率不到 20%，远低于美国 60% 的水平；次优级抵押贷款与次级抵押贷款之和，在抵押贷款总额中的比重也不足 5%。抵押贷款违约率明显低于美国。加拿大对住房按揭贷款要求的首付比率为 20%，不能支付首付的借款人必须购买住房抵押贷款公司（CMHC）的保险，银行每 5 年对借款人的信用状况进行评估。

为此，加拿大银行系统成了全球表现最佳的银行系统，世界经济论坛（非官方国际性机构，总部设在日内瓦，达沃斯论坛由该组织发起）将加拿大的银行系统评为全球最稳健的银行系统（美国和英国则分别排名第 40 位和第 44 位）。即便在 2008 年国际金融危机爆发之后，加拿大银行业也几乎未受影响，标准普尔公司仍将加拿大银行系统评为世界上最健康的银行系统。加拿大的银行制度被认为是当今世界上最为高效、可靠和低成本的银行制度之一。

同是美洲两大工业强国，但是美国、加拿大银行经营的风格却具有相当大的差别，这不能不让我们联想到两国殖民时代不同文化遗存所产生的结果。

第六节　环太平洋年代

1800 年，欧洲人和其后裔掌控了世界上 35% 的土地，到了 1900 年掌控的全球土地达到 85%，全世界最发达的贸易路线都要经过西欧的港口，国际金融随之繁荣。但到了 20 世纪末期，每年横越太平洋的贸易量，已远远大于横越大西洋的贸易量，这说明环太平洋地区开始崛起。

第二次世界大战结束后，不久便产生了以美国和苏联为代表的"北约"和"华约"两大阵营，它们以"冷战"的形式对垒，最终以 1990 年柏林墙的推倒和苏联的解体暂告一段落。在这 30 多年中，环太平洋地区的国家包括日本、澳大利亚以及亚洲"四小龙"的经济得到快速发展。日本更是在朝鲜战争中获得了大量军事订单，使经济逐渐恢复。1968 年，日本成为仅次于美国的世界第二大经济体。从 20 世纪 80 年代起，随着中国的改革开放，环太平洋经济区域获得了世界经济的主导权。

日本近代早期的银行体系

日本是亚洲大国中少数几个未被殖民过的国家。19 世纪中叶，日本仍处在小农经济的封建社会，十分落后。1853 年美国海军将领马休·佩里率领四条蒸汽船闯进日本的江户湾（今东京湾），迫使日本打开国门，日本上下惊慌失措。经过与德川幕府封建军事政权的激烈斗争，从 1868 年起日本开始了著名的"明治维新"运动，开启了自上而下的西方化改革。

从 19 世纪 50 年代日本向西方开放，到第二次世界大战前，日本提供大部分出口产品的主要是丝、木材和白银。日本的养蚕技术很发达，创造了一种快速养蚕法，1880—1930 年日本蚕丝产量增长了 9 倍，以至日本在这段时期中进口西方的工业设备和消费品四成用丝支付（蚕在最后一阶段，要吃下相当于体重 3 万倍的食物）。

经过不到 20 年的改革，日本在亚洲的综合实力已首屈一指，随即开始了在亚洲地区的一系列侵略扩张，与西方列强争夺殖民地利益，一直到第二次世界大战战败，接受美国人管控。所以，日本近代早期的银行体系是在这种特殊背景下建立起来的，并成为军火供应、军事占领、以战养战的金融工具。第二次世界大战后日本的银行体系基本上与国际接轨，但保留了早期许多战时的痕迹。

19 世纪中叶，日本的金融机构与中国雷同，基本上都是兑换店、钱庄一类为初级作坊、小农经济服务的金融机构。如日本第一劝业银行的前身是 1873 年由东京三井、小野两个兑换店改制而来的银行；日本住友银行的前身是在德川幕府时代因经营铜矿而起家的住友家族在 1875 年建立的从事抵押贷款业务的钱庄。

1879 年 12 月，日本第一家西式银行开业，这就是横滨正金银行，也是日本第一家根据《日本国立银行条例》发起成立的银行。政府控股 1/3，其余股份由日本爱知县的 23 个商人持有。正金为正币之意，取名立意为本银行是专门供给金银币流通，促进贸易的银行。横滨正金银行开业以来，一直受到日本政府的保护支持与监管控制，尤其是拥有国际汇兑业务的特权，带有浓厚的国家金融机关色彩。

1882 年根据《日本国立银行条例》，作为日本中央银行的日本银行宣布成立，从而结束了长期以来货币发行混乱的局面，稳定了金融市场。此后，日本银行业发展迅速，1901 年达到高峰，全日本有各类银行 2000 多家。随着 1896 年《日本银行合并法》的颁布，通过合并和重组，日本银行的数量逐年下降，银行的规模开始扩大。

由于关东大地震后东京和横滨附近的二流地方银行发行的"震灾票据"得不到妥善处理，1927 年日本发生了大规模的存款挤兑和银行破产事件，一年内共有 45 家银行破产，其中 18 家日本大商业银行无一能够幸免。这一事件在日本金融史上被称为"昭和银行危机"。为此，1928 年日本政府公布了《银行法》，该法要求：普通银行的最低资本金需要达到 100 万日元，资本金不足的银行只能通过与其他银行的合并方式增加资本金，自我增资不予承认。大藏省提出了"一县（省）一行"的银行合并目标。这些银行就是第二次世界大战后的地方银行。

日本战时银行体系

1931 年"九一八"事变后，日本加快了对外侵略扩张的步伐，日本金融业进入战时金融管制时期。金融管制的核心是控制资金分配，以保证军需企业优先获得资金。1944 年日本开始实行"军需企业指定金融机关制度"，将各军需企业与银行"配对"。如日本政府指定住友银行为 82 家军需公司服务。银行不仅保证"配对"企业的资金供应，还参与"配对"企业经营管理和财务监督。这就是战后形成的"主银行"体制的雏形。

"甲午战争"后，在日本发动的一系列对亚洲的侵略战争中，以横滨正金银行为代表的金融机构，始终是日本军国主义的金融服务工具。日俄战争获胜后，横滨正金银行自 1900 年起即在中国东北三省广设机构，一个在本国无权发行纸币的银行，到了 1930 年该行所发行的银圆纸币已是当时东三省的主要流通货币。"满洲铁路"宣称：铁路所通之处，即为货币所到之处，往来乘客、货物运输均以正金纸币计价。

1941 年 12 月香港沦陷，日军占领香港，开始了掠夺性的金融政策，以搜刮香港当地富豪的钱财。日本人摧垮了香港原有的金融体系，战前香港共有 47 家银行，除了准许少数华资银行复业以外，大量在香港的外资银行被横滨正金银行、台湾银行（日资银行）清算。同时在香港大量发行军用券，用作军饷货币。到日本战败前，这种军用券发行了 20 亿元。[①]

1942 年 2 月，日本占领新加坡，日本认为新加坡在战略和经济上具有重要地位，所以打算把它变为自己永久的殖民地，并且将新加坡改名为昭南（意为"南方之光"）。日本占领军为了搜刮南洋富人的钱财，要求新加坡的富人支付"奉纳金"5000 万元（相当于如今的 5 亿美元），当地的富人仅能勉强筹集不到一半，日军同意华人为主的富人向横滨正金银行贷一笔一年内还清的贷款，以补上剩余的"奉纳金"。当时横滨正金银行占领了渣打银行在新加坡的营业场所。[②]

日本战后银行体系改革

第二次世界大战结束后，美国管理当局全面解散日本战时主要的金融体系，如横滨正金银行改名为东京银行（如今三菱日联金融集团的前身，2016 年排名日本第一），住友银行改名为大阪银行（如今三井住友银行的前身，2016 年排名日本第二）。

由于种种原因，改名后的日本大银行，在战后融资能力非常薄弱，为了应对战后的通货膨胀和资金短缺，1946 年日本发布了金融紧急措施令，政府设立了"复兴金融公库"，采取低利息贷款政策，优先向工矿业等重点基础产

---

① ［港］刘蜀永. 简明香港史［M］. 香港：香港三联书店，2009.
② ［英］康斯坦丝·玛丽·藤布尔. 新加坡史［M］. 北京：东方出版社，2013.

业贷款。1947—1949 年，"复兴金融公库"提供的贷款总额达 1239 亿日元。[①]

战时形成的主银行体制，在战后的银行体制改革中发挥了很大的作用。主银行对长期融资对象企业的经营情况了如指掌。主银行又往往是企业的最大股东，通过派遣董事和企业保持密切的人际关系，因此非常容易得到企业的经营情报，对其经营情况了如指掌，能及时准确地决定贷款并能有效地监督企业的资金运用。同时，主银行既可以进行单独全额贷款，又可以以其为首，组织银团贷款，如果银团贷款出现坏账，将由主银行承担全部责任。其他银行愿意参加银团贷款，是因为它们充分相信牵头主银行所掌握的信息和具有的监督能力。所以，战后日本银行能够从整体上提高资金运用效率，降低融资风险，主办银行制度起到了较大的作用。这在世界银行史上也是一个特殊的案例。

日本企业以发达资本主义国家中最低的自有资本比率（高速增长时期，一度只有 20% 左右）几乎实现了 80% 的负债经营。日本的银行不仅及时、长期地提供大量贷款，而且由于政府的干预，其所提供的贷款利率是非常低的。据统计，日本企业的融资成本一直保持在发达资本主义国家中最低的水平。即使在高速增长结束后 1975—1990 年的 15 年间，日本企业的融资成本也一直保持在 2% 左右，大大低于美国约 6%、英国约 4% 的水平。这无疑是促进日本企业和经济高速发展的重要原因。企业发展了，银行当然做大了，到了 20世纪 80 年代末，根据国际货币基金组织的统计，在全球十大银行中，日本占了 8 家。

新加坡早期的开发

1330 年，中国旅行家汪大渊从泉州港起航，一度到达斯里兰卡、印度和东非各地。汪大渊在他的书中记载，他曾到过一个既有马来人又有华人的海盗巢穴，这就是今天被称为"新加坡"之地的最早记载。

1819 年 1 月，东印度公司的代表——斯坦福·莱佛士利用苏丹去世后，两兄弟争夺继承权的混乱局势，将流亡在外未能继承王位的哥哥偷偷带回新加坡，承诺他为合法苏丹，并以每年 8000 银币的价钱，将新加坡租给英国人，还派遣一支象征性的英军武力以吓阻荷兰人。从此，新加坡落入了英国人的掌控之手。约 3 年后已有超过 2839 艘船在新加坡卸货，荷兰、英国接受

---

① ［中］钱磊. 日本银行业的兴衰与启示［M］. 武汉：武汉大学出版社，2011.

了这无可改变的事实，承认新加坡这个繁荣的自由贸易港为英国属地。新加坡的殖民历史由此拉开帷幕。

1826 年，新加坡已成为英国在远东海峡殖民地中最繁盛的基地。各国移民纷纷而来，其中，大量华工移民新加坡，几乎均来自中国的福建、广东两省。李光耀（新加坡建国领袖）、陈嘉庚（南洋华侨领袖）、陈笃生、陈金声（南洋商界领袖）以及南洋首富张弼时（其财富比当年大清帝国一年的税收还多）就是其中的杰出代表。一些华人富裕家族的后代，创建了新加坡最初的华资银行。

当时，英国和印度的贸易几乎完全由欧洲商人所垄断，但新加坡港却成为由亚裔主导的对印度尼西亚、泰国、中国和马来西亚贸易的一处重要交易中心。在帆船时代，每年的季风季 3 ~ 11 月，新加坡港口都停满了几百艘来自中国、阿拉伯和马来西亚的帆船。1833 年，新加坡港几乎已经取代中国广东，成为西方对华贸易的重要交易点。到了 19 世纪 40 年代初，新加坡已拥有商人仓库 43 座，其中英国人占 20 座，犹太人占 6 座，华人占 5 座。但是，第一次鸦片战争后，英国人于 1842 年获得了香港的殖民地，新加坡港开始衰落。[①]

这一时期，华资银行尚未开业，最早在新加坡设立分行的是 1845 年在印度孟买注册的英国政府特许东方银行（前身为丽如银行，也是第一家在中国大陆开设的外资银行），1855 年成立的印度商贸银行，以及 1859 年成立的渣打银行。早期，这些银行在新加坡的业务活动主要包括汇兑、汇票买卖、向商业提供抵押融资等。

19 世纪 50 年代以前，靠近新加坡的马六甲海峡是国际航海界公认的最危险的航道，被称作"葬身鱼腹之海"，而且海盗船只数量几乎与商船相等！从 1841 年起，经过 15 年的艰苦努力，新加坡殖民当局终于测绘出马六甲海峡的航海图，并建立了一系列灯塔照明系统，1855 年完成的莱佛士灯塔，标志着新加坡已具备了日后成为现代化国际港口城市的基础条件。

苏伊士运河与新加坡的繁荣

1867 年，新加坡成为英国王室殖民地事务部直辖殖民地，地位与香港殖民地同级。而之前则是由英国驻印度的机构代管。这显示了新加坡在远东贸

---

① ［英］康斯坦丝·玛丽·藤布尔. 新加坡史［M］. 北京：东方出版社，2013.

易的地位发生了重大变化。

而这一变化的时代背景是：1869年苏伊士运河开通，次年欧洲的电报业务从印度覆盖到新加坡。之前主宰世界航运业的帆船，因运河无风，无法通过苏伊士运河，而蒸汽大吨位船舶可以穿越运河。利用运河，原先从欧洲到远东的航线需要绕过非洲的好望角，如今却大大节省了时间和运输成本。新加坡作为蒸汽船中途添补燃煤、淡水、食品的站点，在远东的地理位置上确保了绝对的优势。新加坡的转口贸易额直线上升，1868年新加坡的贸易额为5800万英镑，到1873年则突破了9000万英镑。1873—1913年，新加坡的贸易额扩展到原来的8倍。其中，随着世界汽车产业的兴起，1905—1914年从马来西亚出口的橡胶从104吨飙升到19.6万吨，占全球供应量的60%，这些都是从新加坡港运出的。1903年新加坡按货运量排名已位居世界第七大港口，1914年新加坡海港局所拥有的船坞规模已排名世界第二。[①]

19世纪末，荷兰与英国合资成立的壳牌石油公司在马六甲海峡的毛广岛建立了第一座油库，随后石油储存和石油炼化与现代社会接轨，新加坡作为国际战略航道的地位，成就了日后新加坡的崛起和繁荣。

早期新加坡银行业概况

在19～20世纪，新加坡的银行业基本控制在三家英国银行手中：渣打银行、汇丰银行和印度商贸银行。1902年美国银行在新加坡开设了第一个办事处，而第一家法国银行则于1905年开业。稳定的汇率首次得到确立，在此之前，新加坡元汇率波动很大，1874年值4先令6便士，而1902年则贬值为1先令8.5便士。这种剧烈的波动造成了商业麻烦、个人困境以及政府在制定预算时毫无把握。1903年创制了一种新的海峡元（Straits Dollar），其汇率在1906年固定为2先令4便士，并一直维持到1967年。

在此期间，英国、法国、荷兰、瑞典、意大利、美国、日本等发达国家纷纷在新加坡设立商业机构，主要是大型商贸公司、海运公司、保险公司、电信公司等。

经过19世纪后期资本的原始积累，华资银行开始在20世纪初出现，但在当地是辅助性的小银行，主流银行仍然是国际上的大型银行。

新加坡最早的6家华资银行分别是：1903年广益积聚银号有限公司开张，

---

① ［英］康斯坦丝·玛丽·藤布尔. 新加坡史［M］. 北京：东方出版社，2013.

注册股本为 85 万元，1911 年改为广益银行有限公司；1907 年四海通银行有限公司开张，注册股本为 200 万元；1912 年华商银行有限公司开张，注册股本为 400 万元；1917 年和丰银行有限公司开张，注册股本为 800 万元；1919 年华侨银行有限公司开张，注册股本为 2000 万元；1919 年利华银行有限公司开张，注册股本为 1000 万元。这些银行就是如今新加坡两大银行——华侨银行、大华银行的前身。[①]

早期华资银行的主要服务对象限于华商，只从事对华贸易的金融业务，在成立初期很受华商欢迎，因而获得了较快发展。但是，它们毕竟资本薄弱，属于小型银行，无法与欧洲的大银行竞争。另外，由于经验不足，缺乏专业管理人才，因此往往经营不善而导致亏损。如最早成立的广益银行，因 1912 年中国发生辛亥革命，新加坡华人出现恐慌，开始挤兑华资的广益银行，次年该行宣布倒闭。1917 年林秉祥家族创立的和丰银行，一度发展顺利，但是在世界经济危机爆发后，英镑宣布贬值，该行所存大量英镑损失惨重。为此，1932 年，华侨银行与华商银行、和丰银行宣布合并，成立新的华侨银行，资本实力大大增强，才渡过了这次危机。

日后新加坡成为世界主要金融中心，也正是在这一基础上才建立起来的。

香港早期开发概况

1842 年英国接管香港的时候香港只是一个荒岛，1939 年香港已超越上海成为远东第一的金融中心。

1842 年《南京条约》割让香港本岛、1860 年《北京条约》割让九龙、1898 年再次"租借"新界等 235 座大小岛屿，至此，香港的陆域面积达到 1104.3 平方公里，海域面积约 1650 平方公里。

开埠之初，基于香港幅员狭小，自然资源贫乏，但香港靠近广州，海港优良，是西方各国商品进入中国市场的理想通道。根据上述特点，英国在占领港岛后将香港辟为自由港，转口贸易很快收到实效。据统计，1843 年已有 22 家英国商行、6 家印度商行和一批来自新南威尔士的商人在港岛落户。1848 年在香港清关的外贸商船已经超过 700 艘，总吨位达到将近 30 万吨。[②]到了 1860 年，港英政府的税收已自给有余，达到 94183 英镑，为有史以来的最高纪录。同年，来港商船 2888 艘，总吨位 116 万吨。中国内地进口货值的

---

① ［新］宋旺相. 新加坡华人百年史［M］. 吉隆坡：马来亚大学出版社，1967.
② ［英］英国议会文书，第 31 卷，1852 年。

1/4、出口货值的 3/4 由香港周转资金，并通过香港进行分配。香港已实际上取代广州，成为中国南方地区进出口货物的集散中心，初步奠定了转口贸易港的基础。①

建港初期，运入香港的货物有鸦片、百货、棉花、棉纱、茶叶、丝绸、大米、盐糖、木材、煤炭等。其中印度的鸦片、棉花和英国的百货绝大部分转销中国内地。来自内地的茶叶、丝绸和土特产主要销往英国和印度。各种大宗商品交易主要控制在少数几家洋行手中，如英资怡和、颠地洋行和美资旗昌洋行。在此期间，因香港内销市场活跃，在太平山、上环、中环等地开设了华人店铺 500 多家，经营者大多为小本微利，与垄断进出口贸易的洋行不可同日而语。

19 世纪 50 年代，中国内地农民起义和列强殖民争夺不断，大批来自珠三角和潮州一带的地主、军阀、买办、商行和其他商家，为躲避战乱，纷纷来香港创业或居住，给香港经济以"决定性的推动"。同时，鸦片走私和苦力贸易带动了航运、造船、仓储、客店、饮食和金融业的发展。新设的店铺商号如雨后春笋，沟通长江南北和中美、中澳贸易的华人商行、南北行、金山庄等乘时而起。

鸦片、苦力贸易与香港繁荣

英国人与清朝的"鸦片战争"，其目的就是要把鸦片输入中国，赚取中国的银子。1729—1800 年，中国的鸦片进口量增长超过 20 倍，当时中国 3 亿人口，有 10 万鸦片瘾君，占总人口的 0.00033%；到了鸦片战争前夕的 1839 年，已有 1000 万鸦片瘾者吸食；占总人口的 0.03%；60 年后的 1900 年，达到 4000 多万人，占当时人口总数的 12%。② 香港被英国占领后，鸦片贸易在 40 余年中一直是香港的主要转口货物，也是当时政府的主要税收来源。1847 年香港的贸易有 86.7% 是鸦片贸易，1845—1849 年五年中，印度所有出口的鸦片 3/4 从香港转运到中国大陆，平均 3.9 万箱/年，1855—1859 年增至 6.85 万箱/年。③

鸦片走私是早期香港西商的主要业务，利润丰厚。该贸易主要控制在英资怡和洋行与颠地洋行两家手中。怡和洋行被称为洋行之王，从鸦片贸易中

---

① ［英］英国议会文书，第 40 卷，1861 年。
② ［美］彭慕兰，史蒂文·托皮克. 贸易打造的世界［M］. 上海：上海人民出版社，2018.
③ ［英］沙琴特. 英中贸易与外交［M］. 牛津：牛津大学出版社，1907.

获得暴利后开始投资航运、造船、码头、仓储、金融、保险等，迅速成为英国在远东的最大洋行。然而，1840—1860 年中国向印度输出的白银年均高达 200 万英镑。据统计，鸦片收入在印度的税收中，从 1840 年的 4.19% 上升到 1860 年的 13.5%。1918 年港英政府的鸦片税收占了全部税收的 46.5%，① 港英政府还直接给各国鸦片船注册，悬挂英国国旗，甚至进行武装贩运。以"鸦片贸易"为代表的香港繁荣，其实是以中国蒙受的巨额损失为代价。

不仅如此，而且鸦片还是 19 世纪推动整个世界经济增长的引擎，因为它使英国得以赚取中国、印度的金银，为西欧提供资本，这些金银又有许多是来自美洲。

从香港开埠到 19 世纪末，半个多世纪的华工苦力贸易，也是促使香港繁荣的又一特殊因素。1855—1867 年从香港出洋的华工达 14.77 万人，其中去美国加利福尼亚 62000 人，去澳大利亚 62147 人，大部分成为淘金苦力。② 1860—1874 年 19 万多名华工从香港出洋，其中赴美 11.2 万人③，还有的去了巴西、秘鲁、葡萄牙等地。1861—1872 年从香港出洋的苦力船达到 426 艘。④ 1880—1899 年经香港赴南洋的苦力达到 1252507 人，年平均 62625 人，同期有 1846660 人由国外取道香港回国，年平均 92333 人。

苦力贸易，带动了香港航运、码头、修船、商业、住店、兑换、贸易等一系列产业的发展。50 余年中，每年每人携带数千上万甚至更多的财富过境香港，这是促进香港繁荣的重要因素。

香港早期的法律制度建设

港英政府自开埠以来，就将英国政府在营商环境方面的经验带到了香港。其中一点就是十分重视法治环境建设。例如 1854 年的《市场条例》、1856 年的《购买地产条例》、1860 年的《银行票据及诈骗法修正条例》《受托人欺诈治罪条例》、1862 年的《本港发明创造专利条例》、1863 年的《防止假冒商品条例》、1864 年的《破产条例》《动产抵押条例》《商贸修正条例》、1865 年的《伪造货币治罪条例》等。这些最基本的营商法律制度，对于香港日后成

---

① ［英］英国议会文书：皇家鸦片委员会第一次报告书（第一卷）［M］. 伦敦：伦敦出版社，1894.

② ［港］王省吾. 华人出洋的组织工作（1848—1888）［M］.

③ ［日］可儿弘名. 近代中国的苦力与"猪花"［M］. 东京：岩波书店，1979.

④ ［中］陈翰笙. 华工出国史料汇编（第四辑）［M］. 北京：中华书局，1985.

为国际性的贸易港口、国际金融中心，起到了非常重要的作用。

19 世纪香港银行业概况

金融与贸易相辅相成。起初转口贸易中的大部分金融业务由洋行控制，随着经贸的增长和金融周转业务的扩大，专营金融业务的银行在香港应运而生。1845 年 4 月总行设在伦敦的金宝银行（今东方银行）在香港设立分行，这是香港设立的第一家现代银行。1857 年英资友利银行、1858 年呵加剌银行（Agra and United Service Bank）、1859 年麦加利银行（今渣打银行）在香港开业。金宝银行以鸦片押汇为主要业务；渣打银行主要经营中、英、印三角棉花、鸦片汇兑业务。金宝银行、渣打银行分别于 1845 年和 1862 年获准在香港发行钞票，流通于香港、广东一带。中国近代第一批外国银行纸币启于此。

19 世纪四五十年代，第二次鸦片战争后，发达国家获得了在中国的航运权，使香港成为欧亚重要的港口。电信出现后，增强了海上航行的安全性与准确性，推动世界航运业快速发展。到了 19 世纪末，香港已成为继伦敦、利物浦之后的第三大英属港口，这为香港金融业发展打下了重要的基础。1869 年苏伊士运河开通，进一步加快了欧亚的贸易，减少了成本，欧洲、北美、南洋、澳大利亚、印度、菲律宾、新加坡等各条航线纷纷开通，转口贸易需要大量的金融服务。

因此，19 世纪 60 年代，香港进入金融业快速发展的时期，其标志是 1865 年香港上海汇丰银行的成立，其股东为香港宝顺、沙逊等十大英资洋行，并获得港英政府的大力支持。当时英镑为国际清算货币，又因香港为自由港，货币自由兑换，各国对华贸易因清政府币值非常不稳，吸引了各国资本先到香港套利保价，英资银行（主要是汇丰银行）操纵国际外汇市场，大获其利。

19 世纪 70 年代以后，随着转口贸易的增长和出洋华工的增多，汇兑业务扩大，汇丰银行在南洋、美洲设立分支机构，包揽了海外华人对国内的汇款业务。汇丰银行还充当香港政府的公库，代理发行公务员薪俸，这些都是汇丰银行在香港金融界的独特优势。汇丰银行在中国大陆的业务是该行的主要利润来源。该行 1866 年 4 月在香港和上海两地同时开业，后又迅速在福州、宁波、汉口、汕头设立了分支机构，到 1894 年已在中国主要的城市，如北京、厦门、广州、九江、澳门、烟台等完成布局。据统计，从 19 世纪 80 年代到中日甲午战争前 15 年，清政府对外借款 22 笔，英国包揽了 18 笔，汇丰银行承揽的 14 笔，占借款总额的 68%，英资银行不仅收取高额利息，而且加强了对清政府的财政控制，这也奠定了其在中国金融市场的主宰地位。[①]

同一时期进入香港的外资银行还有 1889 年的法兰西银行、1896 年的法国东方汇理银行、1893 年的日本横滨正金银行、1902 年的美国万国通宝银行等。

与外资银行并存的银号是早期华人经营的重要金融中介机构，他们大部分来自广东南海、顺德、潮汕等地，以经营汇兑、存放款、小规模作坊的资金融通，以及货币兑换为主要业务，性质与内地的钱庄大体相同。银号资本稀少，通常依靠外国银行拆放资金，双方由此建立了较多的关系。

20 世纪初香港银行业概况

20 世纪初期，香港已成为仅次于上海的远东金融中心，当时的银行清一色为外资，有香港上海汇丰银行、渣打银行、友利银行、东方汇理银行、正金银行、台湾银行、万国通宝银行、荷兰小公银行、荷兰安达银行等。上述外资银行分别代表当时在亚洲拥有殖民地的 5 个国家：英国、法国、日本、美国、荷兰。其任务是"协助"所在国政府开发殖民地，扩展对华贸易和投资。

20 世纪初期，华人的数量和华商的规模与实力与时俱进，华人开始经营百货、制造业、航运等，投资需要大额融资。与此同时，华人也学习了西方银行的管理经验，具有了创办新式银行的能力。1912 年广东银行在香港注册成立，这是首家在香港成立的华资银行，1919 年东亚银行注册成立，到了 1935 年在香港注册成立的华资银行已达 11 家。但是，随着 1929 年美国经济大萧条的出现，除了东亚银行以外，其他 10 家中资银行几乎都以倒闭结束。[②]

抗日战争爆发后，内地主要金融机构如交通银行、上海商业储蓄银行、金城银行、新华银行、盐业银行、中南银行、国华商业银行、华侨商业银行、浙江第一银行、浙江兴业银行、大新银行等陆续到香港开设分支网点。民国政府对外融资、发售公债、外贸交收都在香港进行。香港自然成为远东外汇交易中心，银行业的规模持续扩大，到了 1939 年，香港已代替上海成为中国金融的枢纽，也成了远东的国际金融中心之一。

第三章

西方银行与科技

第一节　科学技术的基本原理 ·············· 052

第二节　科技对世界的作用与反作用 ·············· 053

第三节　纸质年代的银行 ·············· 057

第四节　电磁年代的银行 ·············· 064

第五节　硅与网络年代的银行 ·············· 071

第六节　移动互联网年代的银行 ·············· 080

第七节　人工智能年代的未来银行 ·············· 091

第一节　科学技术的基本原理

何为科学技术

时代越是快速发展，越是需要呼唤人们对发展经历的回顾，需要对历史遗产的研究。因为过去的经历代表一种规律，而未来的历程须在历史的基石上去开拓。所有科学概念和理论都是在历史的持续发展中前进，一种思想导致另一种思想产生，我们今天的科学现状依赖于昨天的科学成就。

什么叫科学技术？我们居住的地球曾拥有上亿个物种，只有人类征服了这个地球，这是为什么？因为人类具有两种特殊的能力：一是具有探索天体万物理论体系的能力；二是具有将这个理论体系使用到改造环境中的能力。前者为科学，后者为技术。这就是人们所说的科学技术。

何为科学周期

科学是建立在这样一个循环上：首先进行观察，发现有规律性的东西，然后把规律写成一个理论，把理论通过某种技术手段，变成下一个预测的成果。从观察开始到发现规律变成理论，通过技术手段变成下一个成果，这就是所谓的"科学周期"。科学家往往乐于偏离传统进行观察，另辟蹊径，经过不知道多少次的失败，甚至是几代人的努力，找到新的与之前完全不同的观察结果，新的科学从此诞生！

如果您想了解世界，或者说您想创造发明，那么就请您走出去，去进行观察。这句话，对每一个人和每一个行业都是有用的。事实上经过观察，我们这个世界有许多令人惊讶的规律和可预见性。近代的科学巨匠：1543 年哥白尼的《天体的革命》、1597 年克卜勒的《神秘的宇宙结构》、1610 年伽利略的《星夜先知》、1687 年牛顿的《自然哲学的数学原理》、1905 年爱因斯坦的《运动体的电动力学》（提出相对论）几乎都是根基于前人的理论之上，并通过大量的甚至是终身的观察和实验，才成为当代科学发展的基础理论。

所以，正是科学与技术这两种密不可分、相辅相成的人的能力，才使人类文明在数千年的发展过程中变得繁荣昌盛，推动人类社会发生了翻天覆地的变化。

第二节　科技对世界的作用与反作用

人类学是一面巨大的镜子

人类在 5000 年前才学会用文字进行记录，但人类的起源却已有 4 万年之多，人类学是一面巨大的镜子，可以让人类看清自身伟大的变化。从地质学、考古学、人类学、古生物学到现代的量子技术、空间技术、航天技术、遥测传感技术、人工智能技术等，科学技术对社会的影响是全方位的。

目前，地球上只剩下 4000 万个不同的植物与动物物种，而之前曾一度达到 50 亿 ~400 亿个物种，只有 1‰ 的物种存活下来，99.9% 的物种灭绝了。20世纪以来人类对地球的破坏，比之前全部加起来还要严重得多。教皇保罗六世称：如今处处受科技神奇的影响，技术进步与社会变化之快呈指数级增长。[1]

我们从世界人口增长的角度，观察科学技术所发挥的作用，足以证明科学技术是社会性的，而不是只对单一行业有影响，本章论述的重点是银行业与科技发展的关系，但是我们必须以全局的视野去认知科技与金融的关联。无视科技对金融的影响是愚蠢的，但夸大科技对金融的影响也是无知的。

据考证，4 万年前东非出现了人类，2.5 万年前维持在 2 万 ~3 万人。远古时期，每个部落占地至少 500 平方公里，依靠狩猎和野果采摘，过着很休闲的原始生活。公元前 6000 年有了农业，虽然人类已经有 3 万年的历史，但此时地球人口只有约 500 万人，公元元年人口到达 1 亿人。到了约 1340 年也才只有 1.5 亿人，在工业化前的 1650 年世界总人口约为 5.6 亿人。

但工业化后的 1800 年，世界人口就突破了 10 亿人，1927 年达到 20 亿人，1960 年突破 30 亿人，以后几乎每间隔十年就增加 10 亿人。联合国人口计划署宣称 2017 年全球人口约为 75.4 亿人，并预测 2050 年全球人口将接近100 亿人！但联合国人口计划署同时指出，目前有将近 55 亿的人口居住在贫

---

① ［美］斯坦夫里阿诺斯．全球通史［M］．北京：北京大学出版社，2005.

民窟（见图3-1）。想一想，原本只承载1亿人口的地球，将要增加99倍的压力！这是以灭绝物种多样性、侵占森林湿地、江河湖海为代价的。然而，地球的承载能力毕竟是有限的，最终，人类将面临毁灭性的后果。

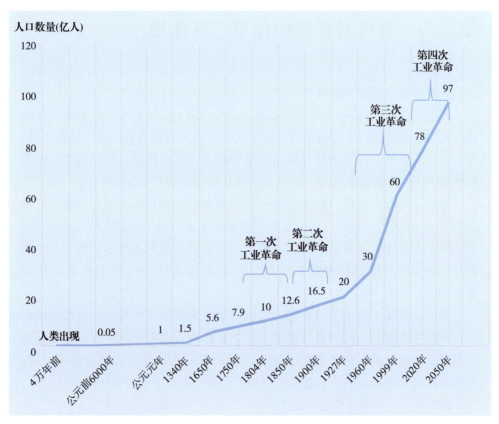

注：1. 主要数据来源于联合国人口计划署，经作者整理。
    2. 公元前6000年出现农业。

第一次工业革命：18世纪60年代至19世纪中。
第二次工业革命：19世纪下半叶至20世纪初。
第三次工业革命：20世纪40年代至21世纪初期。
第四次工业革命：21世纪头十年开始……

图3-1 全球人口增长与产业革命示意图

自从世界进入高科技（电脑、互联网、人工智能……）社会，贫富差距进一步扩大，这是不争的事实。一系列社会问题更加尖锐，饥饿、生存权、就业，以致出现贩毒、走私、恐怖活动、战争。当今社会有一种倾向，认为高科技什么都好，一些科技大佬鼓吹科技对社会的价值贡献。其实，高科技用于军事是政治的需要，也是对人类的严重威胁；高科技用于商业，改善民生，也要看它对社会可持续发展的贡献，对环境保护的作用，绝不能进一步造成财富被少数人控制。所以，任何事物都有它的两面性，需要人类用智慧加以控制。只有法律对高科技的使用条件做出限制，这个社会才可能出现和谐。

我们不难看出，世界人口高速增长的主要原因来自三次工业革命，而科技成果是工业革命的基础，从而大幅度提升社会的生产效率。在医学领域，尤其是在免疫防疫领域所获得的科学成就，使人类免除了绝望的灾难性疫情，使世界人口大幅增长。这些疾病包括天花、麻疹、白喉、沙眼、百日咳、水痘、黑死病、疟疾、伤寒症、霍乱、黄热病、登革热、猩红热、阿米巴痢疾、流感以及各种肺结核等。仅天花病曾一度吞噬了欧洲1/3的人口。

科学技术主宰世界格局

科技不仅改变了世界人口的格局，同时又主宰了世界格局的变迁。人类历史上将科研成果占全球25%以上的国家称为"世界科学中心"。据统计，符合这一条件的国家分别是意大利（1540—1610年）、英国（1600—1730年）、法国（1770—1830年）、德国（1810—1920年）、美国（1920年至今）。[1] 所以，美国建国初期，公派留学最多的国家不是英国，而是德国。并由留学回来的主要骨干创办了英皇特许的三所大学——哈佛大学、耶鲁大学和哥伦比亚大学的前沿学科。美国建国后的头一百年，科技的输入远超过输出，事实上那时的美国往往偷取别人的技术，特别是英国的技术。但1900年后，情况有所改变，美国人开始输出"美式精巧发明"，以赢取威望和利润。

世界金融中心的变迁也基本遵循了这一历史脉络。唯一不幸的是德国没有成为国际金融中心。其原因是德国的崛起受到了老牌帝国英国与法国的遏制，这是第一次世界大战的真正原因。第一次世界大战前，美国总体上还非常落后。举个例子，1919年以前旧金山通往圣何塞（硅谷）的唯一道路是国王大道（EI Camino Real），但这是一条乡间土路，它蜿蜒于果园和贫瘠的山脉之间，却被称作"美国101公路"。英国人曾经预言德国可能会成为先进的工业国，而美国被排除在外，因为在英国人看来，美国只是一个大农场。第一次世界大战前，美国对基础研究投入很少，钢铁大王卡耐基之类的慈善捐款是部分大学基础科学研究资助的主要来源。

---

① ［美］科泽. 国际移民［M］. 南京：译林出版社，2009.

影响现代文明的主要发明都诞生于英国，如电动机（约 1861 年）、无线电台（1897 年）、真空电子管（1904 年）、彩色电视机（1928 年）、计算机（1943 年）等。但由于英国社会的绅士精神，只做高大上的发明，却把基础应用领域的发展空间留给了会模仿的美国、日本科学家。当人们突然发现，主宰当今科技与财富的世界著名公司——苹果、惠普、英特尔、脸书、谷歌、甲骨文、思科、施乐、eBay 扎堆在美国"硅谷"名扬天下时，也许是在告诉人们一个道理：基础研究与应用研究同样重要。

科技商业化的反作用

如今，人们常常将科技与现代化联想在一起，认为科技进步就可以为人类创造福祉。其实科技具有它的两面性，让我们看一下古柯、大西洋森林和手机、数字社会的故事，对此，必须引起人类的高度反思。

古柯原是秘鲁、玻利维亚高原上海拔较低地区热带河谷中的一种植物，是当地宗教仪式、纳贡的天然物质。但当先进的化学，将其萃取为古柯碱的工业品后，不幸的事发生了，它成了毒品，对个人和社会带来了巨大的危害。所以，科技进步不一定给人类带来精神的升华，反倒有可能带去更多的物欲与肉欲。另一个例子是大西洋森林的毁灭。目前，人类只留下了不到原大西洋森林面积的 8%（地球上的森林缩减比亦然）。毫无疑问，近代科技是摧残大西洋森林的主要罪魁祸首。铁路使遥远的森林变得可以进入，使原始森林被开垦为咖啡、可可、橡胶、甘蔗的种植园，炼铁业者则乐于享用更廉价的木炭。悲剧是所有类似于大西洋森林倒下的树尸，使世界气候变暖成为不可逆转的现象，严重危害地球的生态环境。

在互联网普及的今天，高科技使人对致瘾性电子工具——手机，不可自拔，无法控制。当你用现金支付时你会看一眼现钞，而使用手机支付一扫描钱就是别人的了，它更容易让人透支上瘾。专家测算，用现金支付至少比电子支付每年节省 5%，这高于你一年储蓄的利息回报，如果你每月电子支付 2500 元，5 年后为你省下的钱是 8000 多元（复利计息）；更可怕的是，一旦你陷入透支的境地，无数个信用卡公司、网贷公司在等你落井下石。自从有了互联网，这个社会就为高利贷公司的畅通运行提供了土壤。如安道尔在互联网上有超过 8380 万个网址与它有关，以电子大盗伪造信用卡而闻名于世。高利贷是宗教和历代社会都被严格禁止的商业模式，哪怕是在封建社会和民国时期都是这样。高科技带你不知不觉地来到了更加落后的年代。

数字社会来了，不过正在抢夺你最宝贵的生命时间。人类落入了自己创造的数字化陷阱之中，而且随着时间的流逝越陷越深，它夺走了我们充分发挥职业潜力、个人潜力、文化潜力所需的时间。在过去 20 年内所发展起来的互联网在线技术，原本是为了把我们自身从耗时的日常事务中解脱出来，从而让我们有更多的时间去创新创造、学习娱乐。然而，我们却慢慢淹没在了朋友圈、电邮、推特、点赞、推送通知的汪洋大海之中。据尼尔森研究中心调查发现，当下的美国人平均每个月上网 60 个小时，每年 720 个小时，相当于 90 个 8 小时工作日。而这 90 天里，20 天花在社交网站上，38 天用于浏览视频和新闻，还有 32 天则用来阅读与回复各种邮件。在线世界正在把我们转变为一个分心上瘾者的社会。1975 年图灵奖和 1978 年诺贝尔经济学奖得主赫伯特·西蒙（Herbert Simon，1816—2001）就曾经断言"信息的丰富会导致注意力的缺乏，而注意力将成为一种稀缺的资源"。《休息与分心成瘾》（*Rest and the Distraction Addiction*）一书的作者 Alex Soo jung – Kim 表示"在数字经济中，繁忙的表象已经成了效用的代名词，技术发展越来越快，我们既无法跟不上，也无法落不下"。它对这个世界带来的伤害显而易见。

第三节　纸质年代的银行

承蒙前述章节所启，银行业与社会上的其他行业一样，在人类文明与科学进步的进程中逐渐成长与发展，而并非如今所出现的电子货币、量子通信，乃至今后可能出现的"星际区块链"。

我们将 13 世纪至 19 世纪中叶这一时期划为"纸质年代"，即在"电磁年代"出现之前。其原因是现代银行业的根基都是从这一年代中发展过来的，涉及的学科范围非常广泛，且不说银行记账的纸张是如何产生的，数学、经济学、法学、会计学、审计学、统计学、档案学、铸造学、印刷学、笔迹学、工艺美术学、邮政学等学科在"电磁年代"出现之前就已经存在，并且与银行业的发展息息相关。我们将纸质年代的银行划分为四个阶段，每个阶段都有社会进化与技术进步的影子。

数学/复式簿记法——初级银行

银行业起源于货币兑换，随着中世纪欧洲货币兑换业的扩大，当时很多城邦规定借贷活动不许取息，但雅典、佛罗伦萨等城邦对利息的限制比较少，其中一些钱币兑换商就选择在这些城邦定居下来。一些钱币兑换商脱颖而出成为银行家。在商业发展规模以及顾客群体方面，银行家与钱币兑换商有了显著的差别。因为以国际贸易为主要服务对象的商业银行家，以稳定的国际市场贸易为前提，而钱币兑换店只从事短期的地区性贸易金融服务。①

银行业在技术层面开始进步，特别是记账技术的进步促进了银行业的发展。银行家与钱币兑换商不同，对记账技术的要求很高。钱币兑换商的主要活动限制在手工兑换领域，商人拿来的钱币当下就被兑换掉了，交易活动具有瞬时性的特点，对记录的要求不高。银行家不一样，无论是吸收存款、发放贷款，还是经营汇票买卖，这些交易一般都要持续一定的时间，而且交易量也很大，因而对记账的要求很高。记账逐渐成为银行家正常经营活动的一部分。12 世纪中叶至 13 世纪中叶，复式簿记法的出现和逐渐完善，为银行业的发展创造了基础条件。

复式簿记法是西式银行的会计方法，其主要构成为七大要素：_1._ 文字；_2._ 算术；_3._ 私有财产制度；_4._ 货币经济；_5._ 信贷；_6._ 商业；_7._ 资本。前三个要素是簿记的基本要素，也是单式记账法的前提，但是当"资本"来到这个社会时，资本主义经济关系促使复式记账的产生，地中海地区如佛罗伦萨的银行是创造这种算法技术的先驱。

当时，佛罗伦萨银行的会计记录由单式转变为复式。凡客户的往来，若委托银行转账，银行便可以根据债权债务清算关系，在借贷这两个记账地位代客户转账，即从某一客户的贷方转入另一客户的借方，或从某一客户的借方转入另一客户的贷方，同时做出两笔相对应的会计记录。世界上第一本关于复式记账的书籍于 1494 年由修道士卢卡·帕索里出版。②

复式簿记以账目的双重性和平衡性为主要特征。一笔交易分两次记账，即借方和贷方，这样，无论发生多少次交易，理论上借方和贷方总是平衡的。换句话说，借方和贷方的平衡与否，决定了记账是否准确，这也成为判断代理人诚实与否的标准之一。中世纪银行家在使用复式记账以后，定期审核账

---

① ［法］让·里瓦尔. 银行史［M］. 北京：商务印书馆，1997.

② ［美］史蒂芬·瓦尔迪兹. 国际金融市场［M］. 北京：中国金融出版社，2005.

册也成为他们监管各地分行的一种方式，记账与银行的经营管理活动也密不可分地结合在了一起。会计学、审计学、统计学等都开始为银行业务服务。

当然记账的基础是数学，顺便再说几句数学产生的历史。数学语言是一种具有较高精确性的表述语言，伟大的科学家都以数学语言进行表达。数学最早是由在古埃及和美索不达米亚发明的，比罗马人早1000多年。约公元前3000年，埃及的尼罗河每年涨潮退去后都需要重新丈量耕地面积，从而产生分数等概念的数学，没有分数的概念，建造宏伟的古埃及金字塔是不可想象的。而对于罗马人，约公元前2000年，主要信奉伊斯兰教，需要建造很多清真寺，朝拜时必须面向伊斯兰圣地麦加。从地球上任何一个地方面朝麦加方向的计算是非常复杂的，因为地球是圆的。如今人们使用的把1小时划分成60分钟，把1分钟划分成60秒，以及一个圆是360°，在数学上被称为"巴比伦系统"，这是一个奇怪的十进制的混合体，是阿拉伯人发明的。而0的概念和负数的概念是在约500年时由印度人提出并解决的，如0+0等于0。

在测距世界中，世界各地的衡量标准大多拟人化：一臂等于一寻；一手等于一拃；一足等于一尺等。但也有各种奇怪的衡量标准。比如撒哈拉沙漠的游牧民族把一个人在骆驼背上能看多远作为一个单位；拉脱维亚人使用的距离单位是人能听到下一头公牛的声音。最后只有到了18世纪末期，法国大革命创造出米制系统并加以传播，才最终获得世界认可。1米是从赤道到北极的子午线长度的千万分之一。

银行业与社会上的其他行业一样，都是在人类长期积累的科研成果中获得发展，并为社会创造服务价值。

商业汇票/银行券——中世纪银行

中世纪的银行就其性质而言，类似于近代的储蓄银行，以储蓄和借贷为基本内容，不从事政府和公共事务方面的金融活动。如英国早期的银行，主要服务对象之一是自由奴，他们从英国农村到早期工业化萌芽的城市（如利物浦、伯明翰、诺丁汉、伦敦等）打工，为了来日有一个体面的葬礼，每人每月拿出6便士设立"葬礼互助基金"；为了防止大病付不起医药费，每人每六个星期拿出1先令设立"大病互助基金"，这些互助会一般由行业协会牵头，如织匠社、鞋匠社、船匠社等，差不多各个城镇都会有。据估算，17世纪中叶在英格兰和威尔士这一类互助会有7000个以上，会员六七十万人。这些基金由某些银行保管,随后其就变成了后来的储蓄之一。①

这一时期,支票开始被广泛地使用,它给人们支付带来了极大的方便。英国早期银行的创新就是支票、内陆汇票以及银行券等纸质支付文件。汇票市场传统上是以安特卫普和阿姆斯特丹的外汇市场为主导,伦敦的早期银行长期参与这个市场,由于比较了解汇票发行者和背书者的信用状况,就将其在处理海外贸易汇票方面的专业经验扩展到处理内陆汇票。银行券是对原钱币兑换券收据的一种改造。之前,银行券只签发给存款人,后来英国早期银行进行了创新,也签发给借债人,打下了现代银行业的基础。

欧洲早期较著名的银行有意大利的美第奇、斯特罗西、奇吉等家族银行;德国的富格尔家族银行;法国的雅克·科尔银行;英国的托马斯·格雷沙母银行等。这些银行开始从商人和大地主手中吸取存款,包括活期存款和定期存款,活期存款不支付利息,而定期存款则会按存期确定不同的利率。其业务范围也不断扩大,通过活期存款账户开立信用证或垫款提供有息贷款,贴现国内或国外汇票以及各种正式的有价证券。它们还接受可以随时通过支票转让的存款,以附有持票人条款的本票发行有息证券,其票据也不限于存款证明书,还发行为贴现业务和贷款融资的票据。

作为初始形态的银行,这一时期银行创造了如今大部分银行正常使用的产品和服务,如储蓄、企业存款、结算、商业汇票、承兑汇票、本票、有息证券、保险契约、保兑契约、贴现、清算和发行银行券等,为近代银行的发展奠定了基础。这些对当时来说,是一个伟大的创造或技术革新。

政府债券/防伪铸币——近早期银行

从 16 世纪下半叶起,由政府担保的公共银行开始大规模地兴旺起来。如1552 年帕勒莫和那不勒斯银行、1586 年热那亚银行、1587 年威尼斯银行、1593 年米兰圣安布罗焦银行、1597 年米兰银行、1605 年罗马银行、1609 年阿姆斯特丹银行以及 1619 年汉堡银行等相继建立,进一步促进了欧洲金融制度与金融技术的发展。

所有这些公共银行,与早期私人银行一样,都是以储蓄或转账银行为主。一般而言,它们接受政府或其他机构的贷款,很少向私人个体发放贷款。经营的困境经常来自政府的贷款过多,影响了银行利用现金进行偿付的能力。

---

① [英] 克拉潘. 现代英国经济史(上卷)[M]. 北京:商务印书馆,2014.

大部分银行既不经营票据贴现，也不经营汇票。这些活动仍是私营银行家的领域。

早期公共银行以政府的信誉做担保，最主要的目的在于利用银行吸收的储蓄存款，赎买政府的债券，减轻政府的债务。这时公共银行发展的威胁并不是来自私营银行的竞争，而是来自城市政府。公共银行实际上等同于政府的财政机构，其所有的金融资源都服务于政府政策的大局。政府有时候甚至利用公共银行推行新的金融政策。在面临战争和饥荒的危急时刻，政府需要大规模借款时，通常也都会动用公共银行的资源。公共银行经常因为这些大规模的借款，现金储备枯竭，支付受损，大部分公共银行因此而倒闭。

在公共银行阶段已开始出现货币发行权、财政性存款、公共基础设施贷款、政府债券、政府信用贷款、政府性银团贷款、政府保函、可撤销政府承诺函、不可撤销政府承诺函、国债质押贷款、凭证式国债、记账式国债、政策性银行委托专项贷款（军火采购）等，是如今中央银行及商业银行中政府类金融产品的雏形。

如今在发达国家，电子货币已占流通货币的 90% 以上，但在 17 世纪之前，纸币尚未流通，也不被社会认同，所以这一时期银行经营的货币主要为金属货币，而金属货币与"铸造技术"密切相关。"铸造技术"是一门古老的技术，在机械造币发明前中世纪前后欧洲各国普遍采用三种技术进行钱币铸造：平板范竖式浇铸、叠铸、母钱翻砂铸造。分别代表单面（型）范和双面（型）范浇铸；两两相对叠合，形成规模铸造；用母钱替代母范，省去了大量子范的翻制，大大提高了铸钱效率。具有代表性的欧洲古老造币厂有：成立于 864 年的巴黎造币厂开始生产克朗币（直径 38 毫米、重 27 克的硬币）、成立于 886 年现位于南威尔士兰特里桑特的英国皇家造币厂、成立于 1581 年的荷兰造币厂铸造了"荷兰马剑"银币（重 33.6 克）、成立于 1871 年的慕尼黑造币厂、成立于 1872 年的汉诺维造币厂等。

打字机/防伪纸币——近代银行

早期私人银行、公共银行的贷款对象主要是特权阶层，新兴的资产阶级工商业无法得到足够的信用支持，而资本主义生产方式产生与发展的一个重要前提是要有大量的为组织资本主义生产所必需的货币资本。因此，17 世纪末到 18 世纪初，随着资本主义的发展，近代股份制银行开始兴起。在欧洲，资本主义商业银行的产生，基本上通过两种途径：一是旧的高利贷性质的银行逐渐适应新的经济条件，演变为资本主义银行；二是新兴的资产阶级按照资本主义原则组织的股份制银行，这一途径是主要的。其实"股份制"是第一次工业革命中的伟大创造，如果没有"股份制"就不可能有第一次工业革命。直到19世纪中后期电气化时代来临之前，银行广泛享受了机器时代所带来的各种文明成果。

1851年，第一次世界博览会（伦敦万国大工业博览会）在伦敦举行。博览会展出了1.4万件展品，其中不仅有一块24吨重的煤块，一颗来自印度的大金刚钻石，还有引擎（Engine）、蒸汽机、锅炉、水力印刷机、纺织机械、农业机械等，向参观者展示了现代工业发展的成果和人类焕发出的无限想象力。

关于当代人的"电子鸦片"——手机，可能很少有人知道当你每天不知道要敲击手机键盘多少遍时，是什么时候谁发明了它。最初的创意是1714年英国人亨利·米尔想做一台替代抄信的机器——抄信机。1860年美国人克里斯托夫·拉森·肖尔斯（Christopher Latham Sholes）发明了柯蒂全键盘（QWERTY）打字机，也就是如今电脑、手机上的英文键盘。在一次打字比赛中，法院文书以万分之三的盲打差错率令社会各界震惊。1873年美国雷明顿·兰德（Remington Rand）公司推出了第一台量产的打字机和QWERTY键盘。打字机迅速取代笔蘸墨水记录的年代，进入社会各个领域。

从19世纪80年代到20世纪70年代文字处理机（电脑打字机）出现之前的近一个世纪中，打字机是银行工作用的主要机器之一。19世纪90年代左右，西方银行已全面使用英文打字机，而中国银行业第一家系统采用打字机的银行是"上海商业储蓄银行"，它于1931年引进打字机。打字机配合当时的银行公章、密押等完成了银行业务中的印钞，记账，存单、支票、汇票、有价凭证的签发，贷款合同、信用证、公函、文档记录等工作。这些银行有价凭证、账册、合同也是日后银行的重要法律文件或契约。打字机使银行大幅度提升了信息记录的准确性、标准性和工作效率。

用打字机记录的银行账户档案还是很有价值的，让我们来看一个故事。1997年，瑞士银行苏黎世营业部大量销毁该行60多年前在第二次世界大战期间留存的账册（每本账册重10~15公斤）。原因是瑞士银行业正面对7000多名纳粹受害人无主后裔的集体诉讼，要求瑞士银行业返还和赔偿25亿美元。

不幸的是，本行员工克里斯托夫·梅利（Christoph Meiji）把这件事给捅了出去，并在美国国会作证。最终，瑞银集团和瑞士信贷银行代表瑞士银行业以 12.5 亿美元的总金额，结清瑞士银行业应返还的第二次世界大战期间纳粹受害人的无主财产。①

如果换成如今的电子账务档案，有可能"一键归零"，历史痕迹荡然无存。现代社会信息记录，从磁化到云端，但是人的贪婪本性却没有因此有任何改变。需要全社会从法律上加以严格控制，否则像第二次世界大战纳粹受害人的经济补偿官司是不可能打赢的。

第二次世界大战结束后，瑞士央行国库黄金增至 5000 吨！美联储的黄金存量也只不过是 10000 多吨，而当时全球产金量为 1000 吨/年，瑞士

照片出自：维基百科。

图 3 - 2　克里斯托夫·梅利向媒体展示他从瑞银集团获得的将被销毁的客户账户资料

是在第二次世界大战中除美国以外唯一一个大发战争横财的国家。至今，瑞士法郎与美元价值相当是这么来的，当然这是另话。

此外，当时纸币已经开始流通，印刷高质量防伪的纸币成为需要，以蒸汽为动力的印刷机、硬币造币机开始出现。1814 年，伦敦《泰晤士报》用蒸汽动力印刷，这是一件比下一年拿破仑垮台更为重大的事件；1846 年霍氏滚筒轮转印刷机在费城汇报社安装，单价一分钱的报纸问世，在美国开辟了一个新的时代。②

在信函传递方面，随着蒸汽火车和蒸汽轮船的出现，银行票据交换时间大幅度缩短。煤气照明，给银行营业或晚间加班带来方便。大多数西方银行装备了节省人力的办公机器，如 1873 年投产的雷明顿·兰德（Remington Rand）打字机、1894 年发明的约翰·帕特森（John Patterson）收银机、1911

---

① ［中］张亚非. 瑞士银行秘密 [M]. 北京：人民邮电出版社，2015.

② ［美］查尔斯·A. 比尔德，玛丽·R. 比尔德. 美国文明的兴起（上卷）[M]. 北京：商务印书馆，2012.

年发明的国际商用机器公司（IBM）制表机、1925 年发明的伯劳斯的加法机等。

第四节　电磁年代的银行

电器时代标志性创造

1861 年，时任英国首相帕麦斯顿（Henry John Temple Lord Palmerston）巡视了英国著名科学家法拉第的实验室，看到了世界上首台发电机的原型。"这非常有趣，法拉第先生，"他说，"但这有什么用呢？"法拉第回答道："首相先生，有一天，您将可以对它用来征税！"其实人们不知不觉中已开始迈入电磁时代。发电机是电磁时代大量创造发明的最主要动力设备，它几乎产生了现代文明中所有的电力。同时还有电报、电话（1860 年发明）、电台、气象台、收音机（1895 年发明）、磁带（1927 年发明）等。科学技术继续高歌猛进，人类的生产效率和生活质量因此获得大幅度提升。

1844 年 5 月，美国著名画家、电报之父摩尔斯在华盛顿国会大厦向 40 公里外的巴尔的摩市发出了人类历史上第一份长途有线电报，这份电报的电文是《圣经》上的一句话："上帝创造了何等奇迹！"从此，以摩尔斯命名的摩尔斯电码（Morse Code，又译为摩斯密码）即一种时通时断的信号代码，通过不同的排列顺序来表达不同的英文字母、数字和标点符号，开启了电子通信为人类服务的时代。

19 世纪 60 年代，最早在商业上使用有线电报（电话尚未发明）的单位是英国的铁路部门，用于火车的调度。所以，世界上最早的邮政系统——英国皇家邮政局其电报站是设立于火车站内的。坐着马车（汽车尚未发明）的达官贵人、商务人士到电报站内拍发电报。初期电报价格非常之贵，可以用"一字千金"来形容。1897 年英国的马可尼公司在大西洋两岸架设了无线电台，把美国总统西奥多·罗斯福的无线电报传给了英王爱德华七世。随后，英国劳氏船级社（LR）、劳埃德保险公司等要求蒸汽远洋船配备电报设备，以便掌控船的位置，使 SOS 紧急信号可以传达。同时又产生了新的行业——气象站，因为有了电报，伦敦的气象信息可以马上传递给巴黎、纽约、香港、芝加哥、旧金山或新加坡，而之前如果用信函传输，这个气象信息没有任何意义。

如今，电报仍然是外交、军事、贸易、航运、航空、金融、海关等领域的重要通信工具。只不过是每个专业为了简洁、保密都有各自专业复杂的电报专业报码。每个密码代表一定的商业/军事/外交/金融等术语和句子，不同行业使用不同的密码本，如金融行业主要使用彼得森密码（Peterson Code）。

从 19 世纪 60 年代到 20 世纪 60 年代的一个世纪中，科技影响银行业进步主要通过以下三条主线展开：一是电的普及和电报的发明，使银行业的清算——联行结算，由邮划结算普及为电划结算（中国银行业直到 20 世纪 90 年代仍然普遍使用邮划清算，原因是加急电报价格很贵），这对银行业是一次革命性的变革；二是磁的应用广泛化，银行卡是银行业中应用磁科技的一个典型代表，社会开始对信用有衡量标准；三是电磁结合，即通信与磁科学跨界合作，银行出现了初级的 ATM（现钞发放机），不仅可以异地取款，同时还可以 7×24 小时取款，不受银行关门的限制。

电/电报/联行/银行革命性变革

19 世纪中叶，在英国等西方资本主义国家，商品贸易高度发达，各国银行随着殖民地的占领与开发，分支机构遍布全球重要港口，如位于英国伦敦的丽如银行（Oriental Bank）1845 年后在孟买、锡兰、上海、神户、多伦多等地广设机构。在电报发明之前，该行内部与该行外部之间凡涉及清算的支票、汇票、信用证、担保证明、信函、信札一般都通过国际邮轮或货运轮船传递，少则 20 多天，多则 2~3 个月，既占用资金，又不安全。如 1845 年半岛暨东方轮船公司（Peninsular and Oriental Steamship Company）开通了新加坡、地中海、伦敦的蒸汽船定期航班。从新加坡起航先到加尔各答港，转至亚历山大港，让旅客和货物下船，乘骆驼穿越苏伊士地峡，再从苏伊士运河登上同公司的船，继续前行到伦敦，耗时两个多月。①

银行是高度依赖通信技术的行业。与制造业不同，制造业的重点是研发与制造过程，而银行的本质是因贸易需要产生兑付结算，有了结算才有存款，有了存款才有贷款。所以，结算是银行所有业务的起点。结算需要快捷方便的通信工具或通信技术做支撑。电报发明以后，以及后来一系列的通信技术

---

① ［英］康斯坦丝·玛丽·藤布尔. 新加坡史［M］. 北京：东方出版社，2013.

进步，对银行业的结算，尤其是跨行、跨国联行系统的清算，产生了革命性的变革，为银行业服务社会，提供了基础性的科学解决方案。

我们来看个案例。总部位于比利时布鲁塞尔的环球同业银行金融电信协会（SWIFT）成立于20世纪70年代初，是一个国际银行同业间非营利性清算合作组织，遍布全球200多个国家/地区的9000多家金融机构。SWIFT已成为国际结算、收付清算、外汇资金买卖、国际汇兑等各种业务系统的通信主渠道。SWIFT的设计能力是每天传输1100万条电文，这些电文划拨的资金以万亿美元计，它依靠的便是其提供的240种以上的电文标准。SWIFT每周7天、每天24小时连续运转，任何用户都可以在任何时候收发电文，电文传递只需要几秒钟即可完成。

19世纪末前，近代世界银行业的主要法律、制度、产品和清算主要是在英国、英镑为主的环境中创造、创新和发展，其特点是围绕硬币和纸币的流通与服务；而进入20世纪后，世界银行业开始依赖现代技术文明带来的成果，以美国为核心，美元为世界结算货币，美国高科技产业的不断演进，使银行业许多新的业态开始一个又一个地颠覆传统银行业的服务模式，电子货币从产生、运行到深入社会的方方面面，使银行业面临全新的挑战和机遇。

磁/信用卡/银行开启电子货币

第一次世界大战后美国迅速崛起，世界上最先进的生活用品先在美国普及和畅销。当时收音机发明才不久，有了收音机可以获得各种新闻、收听音乐，尤其是在重大灾害发生时能获得避灾的信息，不过价格昂贵（每台40～85美元，相当于2016年的1600～3485美元）。然而，美国台式收音机（便携式收音机还未发明）的销量从1920年的0.5万台增长到1924年的2500万台，4年中增长了5000倍；美国无线电零售额从1920年的200万美元飙升到1925年的3.25亿美元（相当于2016年的约135亿美元）。①

当时，美国的汽车已开始向家庭普及，统计显示，美国每百户家庭的汽车拥有量是德国的5倍。而当年的德国正在砸锅卖铁赔偿协约国提出的125亿美元（约相当于2016年的5500亿美元）战争赔款。为了应对赔偿，德国马克大幅度贬值，1923年11月20日达到峰值：6300亿马克兑1美元！②

在这种背景下，纳粹主义开始抬头，希特勒上台前承诺让德国每户家庭

---

① ［美］阿伦·拉奥，皮埃罗·斯加鲁菲. 硅谷百年史［M］. 北京：人民邮电出版社，2014.
② ［美］利雅卡特·艾哈迈德. 金融之王［M］. 北京：中国人民大学出版社，2011.

都拥有汽车，这就是德国"大众汽车"的由来，后来大量生产"甲壳虫"汽车进入德国普通工人家庭。事实上，我们现代科学技术很大程度上与第二次世界大战有关。计算机的发明（世界上第一台可编程的计算机——英国"巨人马克I"）破译了德军的密码，希特勒至死也不知道德军的密码已被英国计算机破译；原子能的发明是为了对抗德国正在研发的原子弹；航天技术的开发是因为德国人的导弹技术已遥遥领先；万维网的发明是因为欧洲原子能研究机构（CERN）的科学家需要相互交流实验室的数据。

我们再回到美国，有了汽车就要消耗汽油，所以20世纪20年代前后随着公路建设的普及，美国各地加油站如雨后春笋般快速发展，如埃克森美孚石油公司的加油站，为了促销推出了"美孚加油卡"。这是世界上最早有关"商业卡"概念方面的介质，具有"储值卡"的含义，实际上只是个"记账卡"。因当时电磁记录技术、计算机尚未发明，人们还得再等待半个世纪。

1949年，纽约曼哈顿商人麦克纳马拉推出"晚餐俱乐部卡"（Mc Namara Diners Club），即"大莱卡"的前身，其革命性的创意是该卡向餐馆收取折扣，从而使卡的经营公司可以维持开支或盈利。这种商业模式最终被银行所模仿，出现了后来的银行信用卡。

20世纪50年代，第二次世界大战结束后美国工业释放出巨大的能量，战后10年美国工业生产增长近50%，一举成为世界超级强国。这是世界精英们向往的国度，欧洲和亚洲高学历青年学子的梦想之地，进一步促进了美国经济的高度繁荣。随着高速公路网的建成，美国人口重心从都市迁往郊区，规模庞大的刚刚兴起的连锁店是人们的最爱，加上"婴儿潮"的来临，使美国民众消费需求迅速膨胀。银行、储蓄放款协会、信贷公司等，不仅积极提供按揭贷款给大众购房，提供汽车贷款给大众买车，而且还大力推出各种消费信贷产品，以便人们开着新车到处去逛新开的连锁店，随时为他们的新房迅速购买喜欢的家具、电器、食品、衣物等各种商品。银行的信用卡开始流行起来。

不过令人遗憾的是，1950—1958年美国各地银行推出的信用卡全部严重亏损，并相继夭折，只有1958年美国运通公司推出的运通卡被人们所接受。其原因是运通是美国的百年老店，它于1850年以快递业务从纽约布法罗市起家，第二次世界大战以后已经是世界知名的公司。它当时最赚钱的业务是通行于全世界的旅行支票，被公认为与美元一样可靠。所以发行运通卡的消息一传出，立刻得到了广泛响应，尤其是经常旅行的生意人，更是积极申请。

本来，预测在 5 年内达到 20 万名用户，结果在发卡后两个月就突破了这个指标，有 1.7 万家商户加盟。特别是美国旅馆联盟的 15 万名用户和 4500 个成员旅馆的加入，标志着运通卡终于被美国主流商界所接受。

同样在 1958 年，美国银行比运通公司早半个月推出了第一张信用卡。美国银行研发部主管威廉斯在仔细研究了以往各家银行发卡失败的教训和大莱卡的优点后，设计出了具有滚动信贷性能的信用卡。持有这种信用卡的人，不仅可以像持有大莱卡那样付账，而且可以在月底收到账单时不必全部付清，余额滚入下个月，银行则开始在余额上收取利息。推出后广受人们的欢迎，该卡业务快速上升，但鱼目混珠，很多没有偿还能力的人也大量开卡，最终造成美国银行的银行卡业务大面积坏账，开发者威廉斯也因此被迫辞职。

早期进入信用卡领域的西方银行，几乎每家银行都要经历一段严重的亏损期，付出高昂的学费。这种控制坏账和防止假冒的经验积累经历了二三十年。而"运通卡"的成功主要依靠的是原品牌的力量，属于个案。绝大部分银行失败的真正原因在于这个时代计算机和网络正在研究与开发之中，还不能为商业所使用。

美国大规模研发计算机

第二次世界大战结束后，美国为了保持军事上的绝对领先地位，开始大规模研究原子弹和导弹技术。一方面，1946 年到 1958 年美国在马绍尔群岛的比基尼岛等地共进行了 60 多次核试验，其中最大的爆炸吨量是投在广岛的原子弹的 750 倍！另一方面，第二次世界大战结束前夕，美国人抢在苏联之前，把以海森堡（量子力学创始人）为首的德国科学家以及欧洲、日本等地的 2000 多名航空航天、化学、原子能等顶尖科学家弄回美国，[①] 主要集中到美国亚拉巴马州（Alabama）亨茨维尔（Huntsville）小城，把他们圈养在这个四周都是棉花地的小镇上，让他们专心研究火箭及卫星技术。阿波罗登月计划、大力神火箭等都是在亨茨维尔研究出来的。它现为世界主要宇宙航天研究中心之一，也是美国导弹部队司令部所在地。

而原子弹、导弹、航天技术全部严重依赖于计算机的快速运算，以及"系统工程"等方法论。这样，研制高质量、高速度的计算机，成了国防工业的主要难题之一。尤其是 1957 年苏联发射了第一颗人造卫星"史布特尼克"

---

① ［中］张瑾. 第二次世界大战后英国科技人才流失到美国的历史考察［M］. 北京：中国社会科学出版社，2013.

号，美国对科研的投入直线上升，军方开始大规模资助美国的著名高校，1958 年 2 月成立了"国防部先进研究项目署"。作为美国的国策，对以计算机为主的当代信息技术的研究，从此拉开帷幕。

所有计算机的第一批用户都是军事部门。如美国海军水面武器中心、美国空军雷达探测系统。从 1946 年美国海军设立绝密的工程研究所（ERA）开始，美国国防部对计算机的大规模投入就没有停止过。参加研究的美国一流大学有：麻省理工学院、斯坦福大学、哈佛大学、哥伦比亚大学、宾夕法尼亚大学、康奈尔大学、加州大学伯克利分校等。成立于 1924 年的 IBM 公司是美国制表机（处理穿孔卡片上存储信息的机器）的主要制造商，被军方认可也参加到这一时期的计算机研发中来。但是，作为研究，最终什么时候有实质性的突破是未知数，商业机构无法承担这种遥遥无期的巨大研发开销。

1958 年，一台为美国空军计算拦截敌方导弹轨迹的计算机，也即著名的 B－52 战略轰炸机导弹计算机 AN/FSQ－7 终于面世，这台计算机重 275 吨，占地 2000 平方米，包含 5.5 万个真空管，累计研发费用超过 5 亿美元。[①] 如此昂贵与笨重的计算机，离社会化商业生产和使用还有相当长的路程要走。IBM 公司当时参与了这一研发过程，这使 IBM 公司后来成为世界商业计算机行业的霸主。

总之，计算机是由那些对解决复杂的数学问题（如非线性微分方程）有兴趣的科学家们共同研究发明的，它在军工方面找到了第一个实际应用的领域。第一批认识到其非军事用途的公司是制造打字机、收银机、加法机、制表机的公司，而不是电子元器件制造商。

电磁/ATM/银行信息化起步

20 世纪 50 年代，信息化社会正在酝酿之中，初级计算机和网络的规则，只在科学领域和军事领域小范围进行尝试，还不能为大众所利用。但是，制造业已经非常发达，在商业领域，替代人工的自动零售机器比比皆是，比如销售香烟、饮料、零食、地铁卡等的自动贩卖机被摆放于人群密集的场所。银行的 ATM 也是属于这一类型，在 60 年代开始出现。

1967 年 6 月 27 日，位于英国米德尔塞克斯郡安菲尔德的巴克莱银行（Barclays Bank）安装了世界上第一台现钞发放机。巴克莱银行请来了英国著

---

① ［美］阿伦·拉奥，皮埃罗·斯加鲁菲. 硅谷百年史［M］. 北京：人民邮电出版社，2014.

名电视演员雷吉瓦尼，他在新闻记者的见证下，从机器中提取了 10 英镑的纸钞，完成了 ATM 历史上的第一笔交易。当时由于信用卡还无法在 ATM 上使用，所以，这台现钞发放机的工作原理是使用一种经过化学加工的含有碳—14 的特殊支票，用户只需将支票放入取款机抽屉，让取款机检测到，并输入密码，另一个抽屉便会开启，提供 10 英镑面额钞票。

这台机器名为德拉罗自动现金系统（DACS），实际上，DACS 是一个安放在银行门外的大盒子，顾客从银行职员那里购买 10 英镑的银行凭证，然后就可以在这个大盒子里将凭证兑换成钞票。银行有开门和关门的时间，而 DACS 则一周 7 天、一天 24 小时提供服务。对急用现钞的人来说，这提供了许多方便。一年后，一些英国银行也安装了类似的设备，只是将中介的银行凭证改为银行卡。由于机器没有联网，顾客兑换时不能及时处理相应的账户，所以每次使用后，机器需要保留这张卡，等银行事后处理完毕再将卡送回到顾客手中。

现代意义 ATM 的原型机出现于 1969 年。英国的 Docutel 包裹自动化设备公司花费 500 万美元，开发出世界上第一台 ATM，其最大的进步在于交易结束后磁片还能再度使用。1973 年，Docutel 公司申请了 ATM 的专利。从应用实践看，第一台 ATM 只能取款，且不能与银行主机相连。这种离线模式意味着客户从 ATM 取钱后，并不实时扣款入账。因此，银行非常在意给哪些客户开通使用 ATM 的权限，仅允许有良好信用记录的用户在 ATM 上操作。接着，Wetzel、Barnes 和 Chastain 共同开发了第一个真正用于 ATM 的塑料介质银行卡，该卡拥有客户账户的相关磁条信息和一个个人 ID 号，以在客户取钱时验证其身份。研发中革命性的创造是将信息加密后存储在磁条上，然后将磁条印制在专用卡上。

研制成功后，他们把 ATM 卖给了纽约化学银行。1969 年，纽约化学银行将其安装在洛克菲勒中心的办公室。起初，ATM 主要用来处理信用卡，1972 年，克里夫兰城市国家银行成功引进一种可在 ATM 上使用的借记卡。20 世纪 70 年代中期，花旗银行研制出使用芯片卡的 ATM，这使该行的存款市场占有率快速增加。

第五节 硅与网络年代的银行

1943 年，IBM 公司董事长托马斯·沃森说："我看全世界对计算机的需求量总共可能只有五台。"直到 1977 年，DEC 公司（1957 年成立的美国数字设备公司）总裁和创始人肯·奥尔森还是认为："没有任何理由能证明，人人都想在家里拥有一台计算机。"但是，科技进步的巨大空间的确令人无法想象。

半导体/集成电路/网络/概述

从 20 世纪 60 年代中期到 21 世纪初期的半个世纪中，以半导体与通信网络为主的技术逐渐成熟，并走向社会应用。从而使计算机和网络通信成为社会进步的巨大推动力，促使社会各行各业在原有单一机器（流水线）为主的生产力模式中，引进了计算机控制、网络链接联动带来的革命性变革。在陈述这一时期银行业利用计算机与网络所引发的变革之前，很有必要回顾一番技术领域创造发明的关键节点。

毫无疑问，主宰当今世界计算机与互联网的"创新圣地"乃是美国的"硅谷"。但人们为什么叫它"硅谷"？主要原因是促使半导体集成电路替代电子真空管的主要材料来自"硅"，而"硅"这种材料方便易找，又不那么贵。1971 年，美国《电子新闻》周刊刊登了一篇《美国硅谷》的文章，描述了"硅谷"地区数千家半导体企业蓬勃兴旺的景象，将其称为"世界半导体之都"。

硅谷（Silicon Valley），正式名称为圣塔克拉拉（Santa Clara）谷。它伸展于圣塔克鲁兹山和旧金山湾之间，旧金山和东湾部分地区——伯克利和埃默里维尔也是硅谷的一部分，硅谷成了旧金山湾区中一个抽象的地理概念。"硅谷"的名声不仅仅在于其拥有一大批当今世界最顶尖的科技型企业，同时"硅谷"在基础科学研究领域更令世人震撼。截至 2013 年，旧金山湾区共有 54 名科学家荣获"诺贝尔奖"（含斯坦福大学、加州大学伯克利分校），获奖数量仅次于英国（96 位）、德国（74 位）。"硅谷"没有港口，也没有矿产资源，100 年前这里绝对是个穷乡僻壤，如今 100 多万（人口已超过旧金山）来自全世界科技人员汇集于此，只因延续"硅"与"网络"的故事。

对于硅谷的崛起，"仙童半导体公司"功不可没。它曾经是世界上最大、最富创新精神的半导体企业，为"硅谷"培育了成千上万的技术骨干，是美国电子产业界的"西点军校"。其中两项技术的研制和生产，对半导体电子器件直接成为计算机的核心零部件起了关键作用。其一是 1963 年发明制造了互补性金属氧化物半导体集成电路。金属氧化物半导体元件由三层构成：导电极（金属）、绝缘衬底（玻璃）和半导体（硅），大幅降低了工作电流，具有低功耗、低发热和高密度的优点，从而使数百个晶体管得以被压缩进单个芯片。其二是 1968 年发明制造了硅制门控电路。硅制门控电路比普通的铝制门控电路更快、更小、更省电，这项发明使芯片的集成度（1 个芯片中可以被封装的晶体管的数量）得以呈指数级增长。

集成电路的第一个大买家是美国航空航天局，为实施"阿波罗载人登月计划"，阿波罗导航计算机（AGC）是第一台使用集成电路的计算机。它使用了 4000 多片仙童半导体公司的集成电路。

计算机正变得越来越小，越来越便宜。然而，仍然很少有人亲眼见过一台计算机，知道如何操作的人更是凤毛麟角。拥有一台计算机对很多企业和个人来说仍然遥不可及。1966 年，全美共有 2623 台计算机，其中 1967 台为国防部所有，占比 75%。①

1965 年，戈登·摩尔曾经预言，电脑的处理能力每 12 个月会增加 1 倍（后来修正为 18 个月），这就是后来著名的"摩尔定律"。半导体产业正在向着更强的能力、更小的尺寸和更低的价格飞速进步，从而催生"计算机时代"的来临。

我们再来看一下网络的发明进程。

还是出于国防需要，1962 年美国著名智库"兰德公司"提出，分布式计算机网络是在核打击下最不容易受破坏的通信方式。1966 年美国国防部"先进研究项目署"终于启动了"核战争下的生存分布式网络项目"，并委托麻省理工学院的科学家劳伦斯·罗伯茨领导，进行对计算机通信网络系统的研究。经过 3 年的努力，1969 年 10 月"阿帕网"（ARPANET）终于诞生。"阿帕网"首度确立四个节点：加州大学洛杉矶分校（计算机通信交换数学理论实

① ［美］阿伦·拉奥，皮埃罗·斯加鲁菲. 硅谷百年史［M］. 北京：人民邮电出版社，2014.

验室）、斯坦福大学（益智研究中心）、加州大学圣芭芭拉分校和犹他大学，将这四所大学的大型计算机实现共享联网。"阿帕网"的作用非常像一个邮局：尽最大努力在一个合理的时间范围内递送数据"包"，但是"包"可能延迟投送，甚至丢失。在"阿帕网"上是禁止进行电子商务的，"阿帕网"在理论上仅由国防部"先进研究项目署"资助的研究项目使用。

"阿帕网"自 1973 年开始向非军用部门开放，已有 2000 个用户，许多大学和商业部门开始接入。斯坦福大学的温顿·瑟夫（Vinton Cerf）将它命名为"互联网"。研究表明它的访问流量约 75% 是电子邮件。互联网已经成为电报、电话、信函通信之后的一种潜在的通信替代方式，尽管这并非发明者的原意。但世界就是这么奇妙，如今，通过互联网的邮件，已成为最主要、最廉价的通信工具，到了 2000 年，每天有 100 亿封电子邮件在互联网上交换。

到了 20 世纪 60 年代末，以大规模集成电路为核心的计算机以及以"阿帕网""万维网""犹太网"技术接口为规范的互联网技术已基本形成，具备了向社会商业性转移的技术基础。但是，计算机应用于社会的实践还是非常难。

计算机产业始于政府合同，在美国如国防部、国家统计局、航空航天局等。基本上是由大学研究实验室与计算机制造商合作设计计算机供政府使用，然后制造商给计算机取个商业名称，把它作为通用机器予以推广，并对大客户进行培训，教他们计算机可以帮他们做什么事。到了 20 世纪 60 年代中后期，这种情况有了改变，越来越多的技术指标因企业用户的需求而设置。成功的制造商学会了倾听用户的意见。如 IBM 公司生产的 1401 数据处理系统，它是最早采用晶体管（而不是真空管）的计算机之一，60 年代销量超过 10000 台。[①]

软件的重要性日益凸显，软件代表着应用，这也正是用户购买或租用计算机的原因。软件使计算机脱离了通用的趋势，而朝着专业垂直市场的方向发展。垂直市场反过来也增加了对专业软件的需求，计算机应用逐渐走向社会。

在硅与网络年代，西方银行使用计算机后的业态，以及计算机对银行盈利模式和全社会货币形态变化，产生了深远的影响。但必须指出的是，信息科技是一把"双刃剑"。利用信息技术能够快速成为巨型银行，但是信息技术

---

① 资料来源：IBM 公司官网，IBM 百年简史（1911—2011），2012 年 10 月访问。

也是巨型银行粉身碎骨的通道。这种案例在西方银行业中比比皆是。花旗银行、苏格兰皇家银行、瑞士银行、第一劝业银行都曾因利用现代信息技术，迅速扩张业务种类，进行大规模兼并收购，最终导致资本金严重不足，面临破产。因大而不能倒，导致政府救助、纳税人埋单！

在硅与网络年代，银行使用计算机的历程大致可以分为以下三个阶段。

银行纸质信息机器/数字化

第一个阶段是从 20 世纪 50 年代到 70 年代后期，这一时期主要是将银行的纸质信息移植为数字信息，即传统业务机器化，并开始利用计算机进行日常业务处理。先是单个网点使用计算机对储蓄账户、企业账户等进行记账结息管理，随着计算机局域网的普及和稳定，专线费用开始降低，银行计算机中心机房开始筹建，先是区域性的，然后是全国性的银行业务得以普及。如通存通兑、支票录读、信用卡与银行账户链接、ATM 联网等，银行的盈利模式仍然以利差收益为主。从全社会的货币形态来看，纸质货币已开始准备进入电子货币阶段。ATM 设备是一台很特殊的机器，它通过信用卡可以取现，但同时以电子货币的形式记录账户的电子货币信息。其间，银行的中后台，开始为接纳电子货币做大量的准备工作。

西方银行电子计算机的商业应用始于 20 世纪 50 年代初，此时大通曼哈顿银行、花旗银行等开始将计算机运用于记账和结算。美国银行为了处理大量的支票业务，从 1950 年起就开始了一个将银行会计业务自动化的项目，即"电子会计记录机"项目（Electronic Recording Machine-Accounting，ERMA）。限于当时电子技术的水平，该项目耗时超过 10 年。1959 年部分投入使用，1961 年才全面完工。但这一早期的电子商务项目运作得非常成功，该系统中的支票读录设备每秒钟可以读录 10 张支票，差错率却可以控制在十万分之一的高水平。这一系统极大地提高了美国银行业务处理的效率，使美国银行每年可以处理 7.5 亿张支票，美国银行因此也成了世界上第一家能够提供与用户银行账号相关联的信用卡的银行。ERMA 项目还使美国银行的利润率水平超过了其他银行，最终使美国银行在 1970 年一跃成为世界上最大的银行。

不过，在很长一段时间里，计算机在银行领域的应用都集中在单一业务的自动化方面，原因是通信上的互联网技术还没有出现，数据保密技术也不过关。例如，1954 年，美国富国银行率先安装了一台 UNIVAC 计算机，这台昂贵的计算机被用来进行银行会计和工资计算，借助这台计算机，数千人的工资在 4 个小时以内就可以计算完毕并打印出单据。到 20 世纪 60 年代中后期，西方的主流银行已全部使用计算机进行数据处理工作，一些小银行也使用月租金为 5000～10000 美元的计算机处理数据，并有不少取得了实效。

20 世纪 60 年代，美国和欧洲、日本等地的一些大银行开始运用计算机将各营业网点分散的业务处理系统联结起来。

这一时期计算机对银行的影响，还更多地体现在对银行传统中后台业务处理的革新方面。如 1967 年，花旗银行总裁瑞司顿雄心勃勃，决心把花旗银行发展成美国第一大银行，其扩张战略的重点是发展消费信贷业务。但是，当时花旗银行内部中后台管理方式还是非常传统的手工操作，根本无法适应迅速增长的消费信贷业务。如果想要大力开发消费信贷业务，必须重新构建中后台架构，大力引进计算机与网络技术，实行自动化信贷流程。1969 年，花旗银行聘请麻省理工学院的计算机专家瑞德全面整合花旗银行的中后台运行。花旗银行投入巨额资金购买 IBM 公司的计算机等先进设备。过去，美国的银行业有所谓"3—6—3"制一说，即用 3% 的利息从储户那里借钱，用 6% 的利息贷出去，每天下午 3 点下班去打高尔夫。此时，银行开始毫不留情地解雇冗员。6 年之后，即 1975 年，花旗银行的中后台运行彻底改观，有人形容像是自动装配线一样规范与高效。

随着中后台的改造完毕，花旗银行开始了一轮"巨无霸"的个人消费业务营销活动，并取得了最后的成功。从 1977 年 8 月开始，在短短几个月内，花旗信用卡在全美投放了 2600 万封开卡征信书，通过计算机阅读审批，一举获得 300 万 VISA 新卡户，成为第二大 VISA 成员行。加上它原来的 MasterCard 卡户，花旗银行一跃成为世界上最大的银行信用卡发行商。直到今天，花旗银行仍保持着它在信用卡领域的全球霸主地位。

花旗银行的成功，让人们认识到银行中后台计算机管理的重要性，计算机替代人工的优越性成为共识，花旗银行利用计算机对银行中后台的改革，成了西方主流银行的一个样板。

计算机/互联网/中间业务勃兴

第二个阶段是从 20 世纪 70 年代后期到 90 年代后期。随着技术的进步与成熟，利用计算机"时分计算"的强大功能和互联网技术，银行不断开辟新的业务领域，盈利模式开始发生质的改变。其间，证券业、保险业、期货业、信托业、租赁业等利用计算机不断拓展新的业务品种，从而使银行业产生了一大批以计算机为依托，代理和托管金融同业业务的新产品和新服务。如外汇交易业务、衍生产品交易业务、结构性产品交易业务、理财产品交易业务、托管类业务等，一批新创造的国际业务、投行业务、私人银行业务、代理业务使银行的盈利模式逐渐由单一的利差收入为主，向以突出"中间业务"收入为主的方向转型，西方主流银行利润的50%以上，有的甚至达到90%，来源于中间业务收入。这一时期产生的另外一个现象是金融的电子化交易，它以电子货币计价的特征出现，从而使全社会慢慢开始容纳和接受电子货币这一事实。

同时，这一时期随着西方金融监管的放松，西方银行由传统银行业务向多种经营业务不断扩张，兼并非银行类金融机构使银行规模越来越大、管理链条越来越长，复杂性业务、结构性业务、金融衍生品业务在为银行带来巨额中间业务的同时，也在不断集聚风险。

自20世纪70年代后期以来，金融自由化浪潮席卷整个西方世界，政府放松监管刺激了银行的发展空间，信息和通信技术的进步，加速促进了金融产品的创新，资本市场和非银行金融机构快速发展，冲击了传统商业银行原有的生态。1994年美国《里格尔—尼尔州际银行及分行效率法》和1999年《金融服务现代化法》《格雷姆—里奇—比利雷法案》实施，替代了1927年美国颁布《麦克法登法案》限制银行跨州设立分支机构的规定，政府重新允许银行跨州设立分支机构和混业经营。这些变化对美国银行业产生了深远的影响，商业银行开始全面涉足新兴业务。

美国银行业和监管机构将银行营运收入分为净利息收入和非利息收入两大类，银行非利息收入（NII）即收费业务收入、中间业务收入、表外业务收入，是银行除利息收入业务以外其他多种业务收入的总称。从银行业态的动态观察，发达市场银行经历了从商品流动相关服务、资金流动相关服务，再到资本流动相关服务的战略转型。

首先，银行从贸易融资和结算开始公司业务，然后向贸易服务环节纵深发展，涉及商品流动中的物流管理和贸易咨询等中间业务，这时融资与结算是关键产品，服务对象以中小企业客户为主。其次，随着清算尤其是全国性、全球性清算的展开，银行通过为客户提供支付清算系统，全国、全球现金管理、外汇交易管理、票据买卖管理等服务使中间代理业务更加丰富，这一时期银行服务的客户对象已转向大中型客户。最后，银行为客户提供公司财务管理服务，逐渐用财务管理取代传统信贷服务作为维持客户关系的主要手段。在财务管理的产品组合中，大量使用的并非耗费本行资本的信贷业务，而主要是通过各种资本市场、证券市场中的产品，为企业流动性管理提供性价比更优的产品与服务。为此，银行产生了大量的中间业务收益。这一时期银行服务的主要对象已转向大公司、跨国性企业等。但这类业务一般只有大银行才能完成，所以大银行的 NII 收益所占的比例要远远高于中小银行。

另外，从银行业 NII 的产品观察，随着信息技术的进步，处理手段更加自动化，技术投入迅猛增长。公司业务的资金托管、供应链管理、贸易咨询、财务顾问成为主流。零售业务的小额贷款、消费信贷批量化，个人理财、投资咨询，共同基金、养老基金等资产管理更加丰富，保险代理和资本市场代理成为银行重要的代理业务。

美国银行监管机构将 NII 划分为四大类：_1._ 存款账户服务。_2._ 信托服务。_3._ 交易账户活动：利率、外汇、股权和商品交易利得和收费。_4._ 其他非利息收入：投资银行收费/佣金、风险资本收入、证券化收入、服务收费、贷款出售利得、保险销售佣金等。

据统计，在 20 世纪末的美国 BankScope 数据库中，具有完整数据记录的银行有 5781 家，其数量和总资产已超过美国银行业的 70%。按照美国社区银行业协会的定义，社区银行的总资产应在 10 亿美元以下，这样上述银行中社区银行有 5513 家，其中大银行 268 家，占 4.86%。另据 2005 年美国货币总监署（OCC）统计，上述大银行的 NII 结构为：存款账户收益占 16%、信托收益占 13%、交易收益占 9%、投资银行收益占 6%、风险资本收益占 1%、服务收费占 7%、证券化收益占 11%、保险佣金占 2%、贷款销售占 3%、其他占 32%。当年，美国资产超过 100 亿美元的大银行中 NII 占了 91%。

美联储和美国有关部门提供的资料显示，1983 年美国的共同基金只有 700 余只，2005 年全美已有共同基金 5500 余只，在调整了通货膨胀因素后，资产达 6 万多亿美元，增加了 10 多倍。同期，相对应于美国的家庭，平均所持有的储蓄资产从 22% 降低为 12%，证券资产和基金从约 50% 上升为 65% 以上。

上述数据表明，这一阶段美国银行业的科技革命促使美国银行业的业态及盈利结构发生了根本性的变化。

这一时期也是银行网点迅速扩张的时期，因为银行网点因网络链接而产生了巨大的效益，仅从 ATM 的网络共享就能深刻感受到。1962 年 IBM 和美国航空公司联合推出世界上首个计算机驱动的机票预订系统 SABRE，它是实时在线商务和 ATM 的先驱。起初，ATM 网络专属于单个银行。后来，不同银行的 ATM 连在同一网络，逐渐形成共享网络。这样，扩大了银行服务的地理范围，客户可以使用网络中所有的 ATM，而不仅限于发卡行。在美国，共享ATM 网络在 20 世纪 70 年代初初步形成，70 年代中期开始飞速发展。70 年代初，Docutel 公司推出与银行主机联网的 ATM，可以存取款并转账。1977 年，MPS 建立了 Jeanie 网络，这是第一个在线共享的 ATM 网络。1980 年，共享网络只占所有 ATM 网络的 18%，1985 年，纽约化学银行等 7 家金融机构为对抗花旗银行，组建了名为"纽约现金交易所"的网络，实现了所辖 800 台 ATM联网通用。这迫使花旗银行遵从行业标准，转而使用磁条卡。

1988 年，国际电信联盟（ITU）经过协调研究，正式命名 Asynchronous Transfer Mode 技术标准，即 ATM 技术标准，标志着全球银行业 ATM 联网标准的出台，这是全球银行业利用互联网技术获得"共享"的主要成果之一。

1990 年，全球联网 ATM 的比例上升到 94%。如今，几乎所有的 ATM 网络都可共享，客户可实时了解账户余额和支付情况，ATM 数量与银行机构的比例约为 4：1。从行业发展上看，20 世纪 80 年代和 90 年代，ATM 行业一直在经历转型。1996 年 4 月，VISA 和万事达卡两大国际银行卡组织取消了不准对顾客收取附加费的长期禁令，这使 ATM 成为可盈利的行业。独立经营商蜂拥进入 ATM 市场，他们几乎在全美各地的家庭便利店都安装了 ATM，使 ATM总数在 4 年内翻了近一番。截至 2017 年，全球共有 ATM 约 320 万台，99.9%是联网的。

计算机网络时代的银行管理

第三个阶段是从 20 世纪 90 年代中期到 21 世纪初期，这一时期银行已基本全面进入计算机网络时代。同时，由于银行已经积累了一定的数据，所以开发相关管理系统成为可能。如个人客户管理系统、公司客户管理系统、企业商业在线管理系统、企业在线支付管理系统、金融市场业务管理系统、企业证券业务管理系统、外汇业务管理系统、私人银行客户管理系统、信贷授信管理系统、银行风险控制管理系统等。这一时期，电子货币已经深入到社会的方方面面，以信用卡为代表的电子货币支付现象被社会大众所广泛接受，西方发达国家电子货币率已接近 90%。

最早提出"客户管理系统"理念的是美国，20 世纪 50 年代就出现了

"接触度管理"理论，70 年代又出现了"客户关怀管理"理论，两者结合提出了"客户关系管理"的思想。1968 年，美国 IBM 公司开发出"客户信息控制系统"的软件。接着，美国相继出现了"销售力量自动化系统"（SFA）和"客户服务系统"（CSS）等。到了 80 年代，美国的银行结合"营销策划"与"现场服务"，并将"计算机电话集成技术"（CTI）融合在其中，这就形成了早期银行客户关系管理系统的雏形。

到了 20 世纪末，美国又提出了新的理念，即营销管理者通过信息技术，对所有销售的数据和交易文件建立"数据仓库"，应用计算机硬件和软件技术，深层次、大流量地把"数据仓库"的文件进行整合，从而赢得客户满意度与保留度。统计显示，争取一个新客户是保留一个老客户成本的 5 倍。银行客户关系管理系统正是在这些理论的基础上逐渐形成的。其最终的目标是：让银行选对客户，并向客户提供正确的产品、正确的价格、正确的销售时点和正确的销售渠道，以此提升银行的盈利能力。

澳大利亚国民银行是较早开发"银行客户关系管理系统"的西方银行之一，该行在 15 个国家开展业务，聚集了 250 亿澳大利亚元的资产。"核心业务伙伴关系优化系统"使澳大利亚国民银行在客户精细化服务中迈出了一大步。据统计，到 2000 年 10 月，这个计划为澳大利亚国民银行带来了约 40 亿澳大利亚元的增长机会。

美国富国银行从 2001 年起实施新的客户关系管理系统，让客户可以浏览自己所有账户的交易及问询历史记录，更有效地追踪问题及其处理结果，同时为数据管理（如更改地址、检索记录等）提供方便。该行"企业数据仓库"存储着来自本行 180 个离散系统的客户、账户和交易信息。过去，如果想寻找两年之前的数据，可能要花上好几天，但是后来利用"企业数据仓库" 1 分钟内就能够获得满意的结果。

第六节　移动互联网年代的银行

市场似乎正在沿着农业经济—工业经济—信息经济—智能经济的方向发展。美国式资本主义的新经济走在全球的最前沿，以横扫美国及全球的"．com 公司"为革命特征，已远远超过技术进步原来的含义。20 世纪 90 年代美国一片繁荣，房价高企，更高的房价导致更多的"．com 公司"出现。市场总是有起有落，每一次泡沫都由其自身内在的动力导致其最终毁灭。这就是人性的弱点——贪婪，最终带你进入贫困。

2001 年，美国新经济"后院起火"。有迹象表明新经济没有终结经济的商业周期，两年内 8.5 万亿美元股票市值蒸发，这个代价远远超过了当时除美国以外任何一个国家一年的 GDP。美国的互联网泡沫就是由典型的"电信＋金融放松管制"所导致。结果，50 万人失业，道琼斯通信指数下跌 86%，约 25%"．com 公司"破产。①

从历史上看，繁荣与衰退常常与新技术的过度投资交织在一起。20 世纪 90 年代以美国为代表的电信泡沫，与 19 世纪美国曾经出现过的电报业、电话业、铁道业过度投资而产生的泡沫是何等一致。特别是金融业放松管制带来的泡沫令国家陷入黑暗，一场由互联网泡沫引发的争论在世界范围内展开。

国际电信联盟报告

2002 年，国际电信联盟（ITU）发表了一份《盛极而衰　峰回路转》的年度发展报告。报告指出：2000 年的互联网泡沫对全球电信行业造成了重创！或许还需要很多年，才能够实现移动互联网的真正商业化。但是，这期间人们仍需要投入大量的资金，并不断改现有技术。全球通信产业在经过大规模投资和技术革新后，进入重新调整的周期，长期被认为是有价值、富有竞争力的东西开始受到怀疑。同时一些新的利润增长点正在出现。一股富有创

---

① ［美］约瑟夫·斯蒂格利茨. 喧嚣的九十年代［M］. 北京：中国金融出版社，2005.

造力和破坏力的飓风，席卷全球通信产业。我们何时才能看到技术革新的成果？答案是：需要一个漫长的过程。为什么康德拉捷夫周期（Kondratieff Cycle）一般需要 40~60 年时间？其中一个原因就是一项发明要商品化和大规模传播就是需要这么长时间。一些历史的观点可以说明这一现象。

电的发明可以追溯到 19 世纪，但是电真正在世界范围内普遍应用是 20 世纪的事情，从 1890 年到 1920 年这段时间，电费以每年 6% 的速度下降，在电被发明 90 年后，才建造了第一座发电站，又过了 40 年，电才为美国制造业提供 50% 的能源。1874 年打字机首次批量生产，在随后的一段时间内做了大量的革新，直到 1900 年每年才只卖出 15 万台。电话的发明可以追溯到 1826 年，但是直到 1900 年才达到 5000 万台，花了 74 年时间。

当今两大高新技术——互联网和移动电话的起步和应用要快得多。互联网在美国用 27 年达到 5000 万用户（1969 年），移动电话在日本经过 15 年就实现了商品化。但是，这两项发明在不久的将来将对商业和消费者产生巨大的影响。电子商务现在仍处于"婴儿期"，但预计几年后就会进入"繁荣期"，到时许多传统产业将重新决定其商业模式。同样地，移动电话真正的潜能在于它能作为一种设备，将通信、娱乐和定位功能集于一体，其实现在才刚刚开始。第二代移动电话的有限消息功能，在将来看似乎是十分可笑的，但是到 2001 年 12 月，全世界共发送了 300 多亿条短消息。

国际电信联盟（ITU）对全球通信的定位是：20 世纪的目标是实现"任何地方、任何时间、任何人"的通信；而 21 世纪的目标是实现"所有地方、所有时间、所有人"的通信。

毫无疑问，国际电信联盟在 2002 年所做的预测，是完全正确的，事实上全球电信的发展比人们想象的要快得多。2016 年国际电信联盟发布调查报告称，预计至 2016 年底，全球 47% 的人口将用上互联网，总人数约为 39 亿人，移动宽带已覆盖了全球 84% 的国家及地区。人们不再"接入"互联网，而是活在"互联网"环境中。网速提高、网络成本下降、互联网教育深入，使年青一代印上"互联网基因"的胎记，作为基础生活工具，无人能脱身。

互联网应用快速发展成因

移动互联网技术能够快速实现社会应用，其中的核心是当代科学技术的研究速率大大提高，风险资本对高新技术和新商业业态的投资，已成为一门成熟的投资艺术。

从主要技术开发的进程上看，1994 年，开发了使用硅锗制造的低成本半导体，硅锗合金大幅提升了芯片的速度和通用性。1996 年，诺基亚推出了第一款智能手机。1997 年，推出了电子商务（E – Business），使互联网转变成了商业工具，这是互联网时代的一个转折点；同年，铜互连使微处理器变得更快、更小、更经济。1998 年，硅锗芯片制造技术成为主流，开创了移动计算的时代；同年，世界上第一个铜基微处理器诞生，更好地解决了高性能芯片的散热问题。

2001 年，世界上第一个碳纳米晶体管实现了在原子尺寸上传输信息，使用电子代替了电线；同年，新出现的"自愈"技术可以实时预测、确定和拦截计算机网络上的问题（即仿照人体生物学所谓的"自主计算"）；2009 年通过纳米技术，DNA 晶体管和 Nano MRI 技术问世（三维分辨率比传统核磁共振成像高出 1 亿倍）；2017 年，10 纳米（Nanometer）手机处理器量产（1 纳米 = 0.000001 毫米）；2018 年，7 纳米手机处理器即将研发成功。全球半导体行业研发协会主席 Paolo Gargini 表示，到 2020 年，芯片线路可以达到 2 ~ 3 纳米级别。麻省理工学院的研究发现，石墨烯可使芯片的运行速率提高百万倍。科学无止境，所有这一切都是为了让移动设备具备更低的功耗、更高的性能、更长的电池续航能力，从而提升用户对移动设备的体验。

进入 21 世纪后，曾经的世界通信巨头：北欧的爱立信、诺基亚，美国的摩托罗拉，日本的索尼，纷纷被硅谷的互联网企业所替代：英特尔（半导体第一）、苹果（智能手机第一）、谷歌（网络搜索第一）、脸书（社交网络第一）、甲骨文（ERP 软件第一）、思科（路由器第一）。但是，如果回顾一下这些独角兽公司的初创时期，假如没有风险资本的投入，就不可能有这些公司的今天。也就是说，高科技风风火火的背后，是那些风险资本体制、风险资本家的运作。高新技术与风险资本是一对孪生双胞胎。

在高科技领域，唯一可以与美国相匹敌的国家是日本。下面这些产品是日本当年称霸世界的潮流产品：晶体管收音机（1954 年）、石英晶体手表（1967 年）、掌上计算器（1970 年）、彩色复印机（1973 年）、便携式音乐播放器（1979 年）、磁带录像机（1982 年）、第三代视频游戏机（1983 年）、数码相机（1988 年）等。1987 年，世界上最大的半导体制造商是日本的 NEC 公司、东芝公司和日立公司。尽管日本在 1995 年普及了 PHS（相当于中国的小灵通），1999 年已率先在全国普及了移动电话和互联网，但是日本的电子产业最终还是败给了美国，没有把握住全球互联网时代的话语权。其中一个重要的原因是，日本没有风险投资行业，因此，高科技创业群体无法浴火重生，完全是传统的大公司（如索尼、精工、雅马哈、任天堂、富士通、佳能）与传统的资本运作。

英国前首相撒切尔夫人在总结欧洲的教训时称："欧洲在高新技术方面落后于美国，并不是由于技术落后，而是由于欧洲的风险投资落后美国数十年。"美国风险资本的投资实力和法律体系以及全球最繁华的股票市场，促使美国的高新技术产业拥有强大的资本支持。

早在 1946 年，美国就成立了美国研究与开发公司（American Research and Development Corporation，ARD）。该公司是第一家公开交易、封闭型的投资公司。ARD 主要为那些新成立的和快速增长的公司提供权益性融资。美国国会为了加快小企业的发展，通过国内收入法规（Internal Revenue Code）中的第 1244 部分，允许当个人向新企业投资 25000 美元遇到资本损失时，可以从收入中抵减这一损失。最重要的立法是 1958 年通过的《小企业投资法》（Small Business Investment Act，SBIA），成立了"小企业管理局"（SBA）。美国政府规定：小企业投资公司的发起人每投入 1 美元，就可以从政府指定的银行得到 4 美元的低息贷款，并享受特定的税收优惠，[1] 以帮助开发新技术和能够开发市场的新产品。如信息科学技术、空间科学技术、海洋科学技术、环境科学技术和管理科学（软科学）技术等高技术。由于政府的积极促进，法案实行后的头 5 年即 1963 年就建立了 629 家小企业投资公司，这些公司管理着 4.64 亿美元的私人资本，其中，47 家公司控股的小企业投资公司从公开上市中筹得资金 3.5 亿美元。与此同时，美国 ARD 公司在前 16 年中又筹集了740 亿美元，以支持美国高新技术的中小企业发展。[2]

由此可见，美国高新技术领先世界的发展势头，不只是因为风险资本的运作，还要看到美国政府在 20 世纪 50 年代就为高新技术产业在法律、税收、管理政策以及资本运作上进行了精心策划和设计，然后才有一大批风险投资家跟进。如 1976 年 4 月苹果公司的创始人沃兹尼亚克和乔布斯两人各出 500美元创立了苹果电脑公司，1977 年 1 月风险投资家迈克·马库拉在看了苹果公司的车库（车间）后就断言该公司在 5 年内将入围财富 500 强（他说对了）。他马上向苹果公司投资 9.1 万美元，并有意向再投资 25 万美元。如今，

---

① ［中］李东云. 风险投资与高科技［M］. 北京：中国财政经济出版社，1999.

② ［中］胡海峰，陈闽. 创业资本运营［M］. 北京：中信出版社，1999.

苹果公司是全球最挣钱的企业。这种故事只能在美国产生，而不是欧洲和日本。[①]

说完移动互联网技术飞速发展和其幕后推手风险投资的故事，我们再回过头来看一下西方银行业是如何面对新时代的技术变革潮流的。

目前，国际上互联网金融业务模式分为四种。

第一种为传统金融业务互联网化，即传统金融业务的服务信息化，也称为金融互联网化。包括商业银行、证券、保险、个人理财、公司资产管理等。

第二种为互联网信用业务。包括网络存款、贷款、众筹等新兴互联网金融信用业务。其代表是 P2P 业务，通过网络贷款平台，资金需求和供给双方在互联网上完成资金融通。该业务完全脱离于传统商业银行体系，是金融脱媒的另一种表现。

第三种为基于互联网的金融支付体系。移动支付、第三方支付等新型支付体系在移动终端智能化的支持下迅猛发展，非金融企业利用互联网这个媒介，积极推进支付业务的网络化。

第四种为互联网货币。一种新型电子货币——比特币（Bitcoin）脱离了中央银行，甚至不需要银行系统参与。该数字货币不但使用方便而且难以被追踪，脱离了政府和银行的掌控。

传统金融互联网化

我们先来看第一种情况。从 21 世纪初到 21 世纪 20 年代中后期的近 20 年中，面对移动互联网时代，以美国为代表的西方发达国家银行业体系，在经过了长期的发展演进以后，因其自身的服务和产品系列较为完善，在移动互联网技术出现的初期，即开始了对自身的信息化改造和升级。西方银行业不仅没有因移动互联网化而对传统金融业务造成损害，还充分利用了移动互联网技术，进一步确立和巩固了其金融市场上的强势地位。

下面我们列举西方银行在设备、网点、贷款、国际业务、平台共享和投资银行业务 6 个方面的案例，以说明其是如何在移动互联网时代大有作为的。

1. 随着移动支付的快速增长，电子货币成为主流，银行的 ATM 是以提供纸币为主要功能的机器，它该如何转型？新加坡华侨银行（OCBC）认为 ATM 不仅仅是一台存取款机，还是银行的客户服务中心，是银行发展新客户、

---

① ［美］阿伦·拉奥皮埃罗·斯加鲁菲. 硅谷百年史［M］. 北京：人民邮电出版社，2014.

维系老客户并向其销售金融产品的重要渠道。当华侨银行的客户把银行卡插入 ATM 时，屏幕上就会出现一句带有客户姓名的个性化问候，还会邀请客户到柜台体验新产品。华侨银行还根据 ATM 进行目标市场大数据分析，选择恰当的营销策略和推广方式，由此，华侨银行的客户响应率较直邮方式提高了300%，在亚洲居于领先地位。

2. 美国银行是全美最大的零售银行之一，它十分重视网上银行业务的研发和推广，提供了几乎全系列的零售在线金融产品，包括传统业务和创新业务两大部分。该行早在 2005 年就研发建立了金融中心（Banking Center），它类似于"金融超市"，有两个重要特征：一是数字化；二是专业化。数字化体现为智能柜员机的应用，新的智能柜员机不仅可以实现 80% 的柜台业务和多种语言服务，还能提供 24 小时在线视频对话和咨询服务；专业化体现为设置理财专员服务，有视频对话系统，客户可以通过远程终端、手机客户端进行在线咨询，也可以与理财专员在单独的房间内进行交流，使用更多的高科技产品，提升客户的体验度，添加专业金融新闻，接入社区网络，允许即时登录互联网，采用触摸屏辨识科技，这些几乎已成了美国银行大部分网点的"标配"。[①]

3. 在美国北卡罗来纳州的一个小镇上，有一个拥有 400 多人的汽车经销商金融服务中心，它是美联银行零售业务部下属的批发金融部。至 2008 年末，该中心服务于 3500 个汽车零售经销商、800 个汽车批发商，贷款余额近70 亿美元。然而按美国提供汽车贷款的银行排名，其只能排到第 10 位。客户服务中心的经销渠道包括手机银行、网上银行、电话银行、经营网点、直接邮递、经纪人和经销商。不同部门面对不同客户，专业化管理，如非个人用途的汽车信贷主要面向小企业，属于非不动产，由零售业务部的小企业零售部管理。而私人飞机、游艇、高级娱乐休闲汽车信贷属于财富管理部业务。受理渠道不同，使用的评分标准和决策模型也不相同，如同一客户的汽车消费贷款因受理渠道不同、部门不同、经销商不同，其得到的贷款利率、额度、期限也不相同。申请贷款时，客户还可以通过进行网上招标，看哪家银行贷款安排得更合适。客户也可以通过网上查询 3500 多个经销商的任何一辆汽车的品种、价格，决定购买地点和结算日期。

银行对零售商的服务包括：全部安装使用美联银行开发的经销商在线销

---

① 资料来源：美国银行官方网站，《美国银行 2010 年年报》，2012 年访问。

售管理软件，监督存货和销售资金变化，提供最新价格信息；有经验的关系经理团队为汽车经销商、游船经销商、休闲车经销商设计服务方案；信贷经理提供及时、专业、持续的服务；电子化贷款申请处理，可以当天申请当天发放；24 小时内答复零售商提出的问题；一天 24 小时、每周 7 天提供支付报价和账户信息服务；经销商保证金支付通过美联银行专用支付系统清算；通过系统自动处理经销商的贷款申请，审批贷款。

以上这些美联银行销售汽车的案例，只是众多西方银行金融服务的一角。关于汽车、游艇、私人飞机等的金融服务经验，西方银行已探索和积累了 90 多年，在西方国家，大银行一般都有自己的汽车租赁公司，如英国劳埃德银行集团下属的莱克斯（Lex Auto lease）汽车租赁公司，2017 年，在英国道路上跑的 270 万辆汽车中有 38 万辆由该公司提供各种服务。[①] 它们的竞争对手主要是著名汽车品牌下的汽车金融服务公司，如梅赛德斯—奔驰汽车金融有限公司，它在全球 35 个国家和地区开展业务。

移动互联网的出现只是在技术上多了一种选择或使买车的体验更加丰富。纯电商在销售能力、资本实力、风险控制上都存在着很大的差距。这还只是买车，其实西方国家买房的服务也基本类似。即通过银行的网页去选房、选房贷利率和选购房的服务。我们再来看复杂一点的金融服务。

4. 汇丰银行在 74 个国家有 6200 多个网点，向约 300 万家企业和跨国公司提供服务。国际业务是汇丰银行历史遗留下来的强项，已有一个半世纪的积累。面对互联网时代，汇丰银行利用全球化网络将环球贸易融资、环球资金管理和环球外汇服务作为新的突破口，推出了一系列电子贸易产品，如网上贸易服务、电子速递、文件追踪器等。通过汇丰财资网为外汇和货币市场交易提供电子交易渠道，全天 24 小时运作，通过网上应收款平台，客户可以在全球任何地方上网接入平台，只要输入发票单号就可以进行融资。

5. 摩根大通银行在全球 60 个国家拥有超过 6 万家公司客户。利用互联网平台，摩根大通银行推出了全方位的公司业务电子交易渠道。如"企业商业在线平台"，可以实现管理现金流和监测融资账户、转账支付以及日常的银行手续；"企业在线支付平台"，可以向全球账户转账，并且在转账中锁定较佳的汇率、支持向有美国邮箱地址发送纸质或电子支票、纳税，使用扫描仪扫描自己的支票、存款单或货币基金账户；"企业证券业务平台"，为公司客户

---

① 资料来源：劳埃德银行官方网站，2018 年 2 月访问。

提供全球证券投资组合管理服务；"金融市场业务平台"，提供全面的金融市场解决方案，包括研究分析结构化工具、多产品贸易和交易后管理能力；"外汇业务平台"，提供外汇结算和支付功能以及汇率管理。

6. 法国巴黎银行是欧洲地区公司与投资银行业务的行业领跑者。进入 21 世纪后，不断向亚太地区的新加坡、中国香港、上海、纽约等地拓展新兴业务。互联网技术为该行的传统优势业务拓展提供了强劲的支持。其设计的各类外汇、担保、息票、支付凭证等结构性公司业务产品，由于该行拥有大量具备丰富经验和超高核算能力的交易员，能够快速地提供有竞争力的定价，同时该行凭借大型复杂的后台支撑和 IT 互联网系统，建立了严谨适度的评分和回馈机制，50% 的新产品在内部就遭到否决。在重要的贸易中心——纽约、伦敦、东京、中国香港、新加坡和巴黎该行设立了专职交易后团队，提供定价、营销和结算。该行全球贸易与交易银行部将商品贸易融资贷款证券化，再由固定收益部将证券化产品出售给有资产管理需求的客户，固定收益部积极为投资者寻找新的投资和避险方案。在一级市场将中型公司引入产品设计，帮助金融机构进行结构化资本品交易；为新建资本市场上的上市公司引入产品设计；允许投资者在本行的电子平台上进行交易；辅助没有商品衍生品交易经验的客户提升避险能力。[①]

互联网信用业务

我们再来看第二种情况，即完全脱离传统金融机构体系的互联网金融。这类纯互联网金融的业务平台，从目前国际上的案例看，存活期只有 3 ~ 5 年，最长的也没有超过 10 年，处于艰难的探索期，原因错综复杂。

1995 年成立的美国安全第一网络银行（SFNB）是全球第一家无任何分支机构的"只有一个站点的银行"，其前台业务在网上进行，后台处理集中在一个地点进行。SFNB 依靠业务处理速度快、服务质量高、存款利率高和业务范围广等，在成立后的前 2 ~ 3 年里高速发展，一度拥有 1260 亿美元资产，位列美国第六大银行。不过，SFNB 只是昙花一现。它存在三个突出问题：一是客户黏性差；二是产品开发少；三是风险管理没有经验。1998 年 SFNB 就出现严重亏损，最终资不抵债被加拿大皇家银行以 2000 万美元收购，并且拒绝接收它的技术团队。

---

① ［中］朱加麟. 国际先进银行转型路径比较［M］. 北京：中信出版社，2016.

1995 年成立的 Ins Web 保险公司号称拥有全球规模最大的保险电子商务站点，在世界上具有非常高的声誉，曾经荣获"福布斯最爱"的殊荣，也是世界上最值得信赖和拥有的站点之一。该站点的保险范围大到人寿、房屋和汽车，小到宠物，涵盖面非常广。不过由于互联网的诸多限制，Ins Web 的主营业务还是意外险和车险，想要把规模做大是非常困难的，在被收购前，其公布的当年前三个季度的营业收入仅为 3900 万美元，而当年美国的保费营业额达数万亿美元规模，可见它的营收之低。2011 年，Ins Web 被美国著名理财网站 Bankrate 收购。Ins Web 倒闭的主要原因在于保险产品大多为复杂产品，如寿险中的传统险、分红险、变额年金、健康险，以及财险中的责任险、家财险、企财险、船舶险、农险等，条款均较为复杂，往往需要代理人面对面的讲解，而单纯网络上难以迅速了解产品性质，这导致绝大多数保险产品无法依靠纯互联网进行销售，限制了互联网保险做大。

基于互联网的金融支付

我们再来看第三种情况。随着世界范围内智能终端（手机）的普及，非传统支付迅猛发展，非金融企业利用互联网积极推进支付的网络化，目的是想占用金融资源。比如脸书（Facebook）的 Credits 支付系统、PayPal 的 Digital Goods 系统、Square 公司的读卡系统、星巴克（Starbucks）的移动支付程序等，美国三大移动运营商 Verizon、AT&T 和 T－Mobile 利用其话费账户也积极切入支付领域。此外，还有荷兰的支付服务商 Global Collect 公司，英国的 Worldpay 公司、Skrill 公司，加拿大的 Alertpay 公司，澳大利亚的 eWAY 在线支付公司、Paymate 公司等。不过由于西方银行体系的严密及有关政策法规的限制，这些第三方支付平台在西方国家均不能构成主流支付体系。尽管 2017 年阿里巴巴欲以 12 亿美元收购美国第二大汇款和支付服务商速汇金公司，但最终被美国外国投资委员会（CIFUS）否决，没有获得成功，这也充分说明了速汇金公司在美国前景黯淡。

互联网货币

关于第四种情况，的确，在移动互联网时代，电子货币已占绝对主导地位，如英国的电子货币率已达到 97%。[①] 但必须清楚地认识到，货币是一个国家的主权象征，无论是以金属、纸币还是以电子货币形态存在，它必须得

---

① ［英］西蒙·迪克森. 没有银行的世界［M］. 北京：电子工业出版社，2015.

到法律管辖国（地区）中央银行的管理，绝不允许冲击各国的金融秩序。如中国曾出现的QQ币，腾讯公司曾以1QQ币对应1元人民币在工商部门进行备案，但最终仍被当局所禁止。所谓的纯网络货币——比特币、莱特币、无限币、泽塔币等，都只是电子技术上的虚拟货币。尽管美国芝加哥期权交易所和芝加哥商品交易所于2017年11月推出了比特币的期权交易。但这是为了满足互联网时代某种特殊领域、特殊爱好者的需要，或者说是交易所提供了一种另类的炒作品种，愿者上钩、对赌风险。如今，一些发展中国家对众筹、区块链等技术炒得很热，人们应该保持开放与谨慎的态度。

西方国家对互联网金融监管

综上所述，当世界进入移动互联网时代，西方发达国家的主流金融机构并未受到影响，因为这些大金融机构高度重视科技在金融业服务中的作用，从20世纪50年代计算机开始出现起，就凭其财大气粗的实力，一直斥巨资引进计算机等设备，不断提升金融服务的综合能力。2007年笔者曾参观了瑞士银行亚太总部，根据介绍人的介绍，瑞士银行中与IT有关的人员占了员工总数的60%！这在发展中国家的银行中是无法想象的。

但在部分新兴市场国家，在经济高速增长阶段，银行处于垄断者的地位，利润来得实在太容易，对用户的服务不到位。从而产生了一大批以创新为名的第三方支付、互联网金融平台、理财网站、财富管理平台、众筹平台等类金融机构，在监管缺位之下异常活跃，埋下了严重风险隐患，社会已开始品尝苦果。

西方成熟国家的市场经济，已经历了至少200年的曲折考验，多次面临处于崩溃的金融局面（见本书第一篇第二章），制定了非常严谨的法律制度。以美国为例，美国是世界上互联网技术和互联网金融最早发展和最为发达的国家。但以下部分联邦法律，是互联网金融机构开展业务无法逾越的：1950年修正颁布的《反托拉斯法》、1968年颁布的《诚实借贷法》、1970年颁布的《公平信用报告法》、1974年颁布的《公平信贷结账法》、1974年颁布的《隐私法案》、1977年颁布的《社区再投资法》、1983年发布的《遏制欺骗性广告意见》、1986年颁布的《电子通讯隐私法》、1986年颁布的《控制洗钱法》、1988年颁布的《电脑匹配与隐私权法》、1988年颁布的《网上儿童隐私权保护法》、1991年颁布的《公平信用储蓄法》、1994年颁布的《抑止洗钱法》、1996年颁布的《公平债务催收法》、2002年颁布的《创业融资/萨班斯法案》等。

欧洲发达国家的法律，相比美国更加严格。2014年3月英国金融行为监管局（FCA）正式对外发布《关于通过互联网众筹及通过其他媒介发行非易于变现证券的监管方法：对于CP13/13的反馈说明及最终规则》。该政策声明正式确立了包括P2P网络借贷在内的众筹监管基本规则，并于2014年4月1日起实施。根据政策声明，金融行为监管局将需要纳入监管的众筹分为借贷类众筹和投资类众筹两大类，其中借贷类众筹是指个人与个人、企业之间通过互联网平台以本息偿还作为回报形式的借贷，包括P2P（个人对个人）和P2C（个人对公司），但不包括C2C（公司对公司）。FCA认为，鉴于实践中平台多数兼营P2C业务，故用借贷类众筹取代P2P更能准确地反映市场现状。同时，鉴于债券与借款具有不同的表现形式和风险特征，尽管两者在本质上都是债权债务关系，但FCA在监管上依然做出区分，将网络平台发行未上市债券归为投资类众筹而适用不同的监管规则。

FCA出台借贷类众筹监管规则前，大多数借贷类众筹平台都不是作为金融服务商进行监管，少数借贷类众筹平台作为消费信贷经纪人受到原公平贸易局监管；法律公布后，此类平台的经营需得到FCA的授权。围绕金融消费者保护这一监管目标，FCA建立了平台最低审慎资本标准、客户资金保护规则、信息披露制度、信息报告制度、合同解除权（后悔权）、平台倒闭后借贷管理安排与争端解决机制七项基本监管规则，其中信息披露制度是借贷类众筹监管的核心规则。

剑桥大学2016年关于欧洲市场互联网金融的一份研究报告显示，截至2015年，欧洲互联网金融市场总规模约为55亿欧元，其中44亿欧元来自英国。而当年欧洲的经济总量（GDP，2015年世界银行统计）已超过16万亿欧元。这基本反映了成熟市场国家对名目繁多的纯互联网性质的金融创新的看法。因为它们明白金融是一个高资本、高风险、高技术的行业，需要随时面对全球性经济危机的挑战，而并非只是信息技术就可以解决的简单行业。

香港之所以能够成为远东国际金融中心，其在20世纪40年代由港英政府制定的一系列市场与金融法规起了非常重要的作用（见本书第一篇第二章第六节）。1997年9月，香港八达通卡公司推出了"八达通卡"电子收费系统，可以在巴士、地铁、火车、商店、食肆、停车场等地使用。这是世界上第一个具有互联网共享意义的储值卡系统，因为该卡拥有存款人的存款，最终，香港金融管理局直接给予香港八达通卡公司金融牌照，比照金融机构进行监管。

笔者并未对互联网金融持否定的态度，认为互联网金融发展必须在严格的法律和监管环境中谨慎前行。从全球视野看，至今相对比较成功的互联网金融案例之一就是成立于 2005 年的英国 Zopa 公司。Zopa 对借款者的利率进行"量身定做"，约 24 小时内确定。Zopa 会查询借款者在英国各家信贷机构的信用记录，然后根据 Zopa 自己的信用评估系统打分，给出最后利率。如 2014 年 2 月 18 日到 3 月 3 日的投资回报：5 年期 4.9%、3 年期 3.9% 左右。这在英国已是比较高的投资回报。该公司的不良贷款一直控制在较低水平，2014 年，1 年期违约率维持在 1.5%。该公司还设立了"Zopa 安全基金"，由英国一家非营利性信托机构托管，承诺向投资人偿还本金，但时间可能会比较长，一直到还清为止。需要指出的是，这家全球首家 P2P 平台，在经历了漫长的 11 年之后（2016 年 9 月）才开始盈利，11 年累计利润还不到 6 万英镑。①

无独有偶，美国最大的网贷平台 Lending Club 已累计完成 200 亿美元的贷款发放额（截至 2016 年 9 月），但盈利只在 2013 年短暂出现，其余年份均为亏损。2014 年 12 月 Lending Club 在纽约证券交易所上市，一年半后（2016 年 5 月）市值蒸发 80%。② 这就是典型的互联网泡沫。可想而知，互联网金融有多难。同时，我们也必须明白：P2P 的性质是信息中介。

第七节　人工智能年代的未来银行

2016 年 10 月，美国出台了《国家人工智能研发战略规划》；2016 年 12 月，英国发布了《人工智能：未来决策制定的机遇与影响》；2017 年 4 月，法国制定了《法国国家人工智能战略》；2017 年 5 月，德国颁布了全世界第一部自动驾驶法律。美国作为全球人工智能领先的国家，截至 2017 年 6 月，拥有 1078 家人工智能企业，占全球人工智能企业总数的 42%。其中，语言处理类企业 252 家，

---

① 资料来源：Zopa 官方网站（www. Zopa. com）。
② 资料来源：Lending Club 官方网站（www. Lending Club. com）。

机器学习应用类企业241家，计算机视觉及图像类企业190家，技术平台、智能无人机、智能机器人、自动驾驶类企业分别为144家、91家、91家、41家。2017年全球人工智能融资出现井喷，仅美国人工智能产业融资额达到451美亿元。专家测算2016年全球人工智能市场规模为1650亿美元，2018年将超过2000亿美元。图3-3显示的是截至2017年6月美国当年人工智能投资情况。

世界各个大学纷纷将人工智能列入热门的研究课题，如纽约大学的科学家正在研究如何利用海豚的美妙声音来治疗青少年的"自闭症"；香港科技大学的科学家正在研究当成人闻到某种特定香味时会迅速联想到初恋情人。的确，人类已经站在了"合成智能＋互联网时代"的边缘，这相对于移动互联网时代是一次伟大的飞跃。

但是，截至2018年，我们还未开发出真正的机器人。盖理·马库斯（纽约大学认知心理学家，他创作了大量AI主题作品）向美国《生活科学》透露"我认为，我们根本不了解'机器'人工智能，在模拟人类思维方面，我们远没有实现系统化"。斯坦福大学人工智能实验室主任吴恩达向《生活科学》表示，"眼下，计算机已经可以完成人类的很多任务，但若要拥有像人类一样的智慧，还有很长一段路要走，我们距'奇点'还有很长距离。"

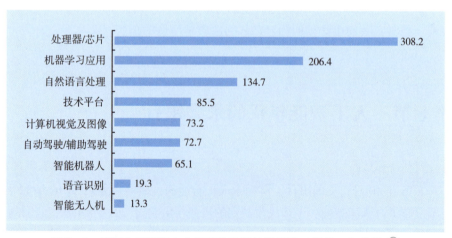

图3-3 美国人工智能九大领域的融资统计情况（单位：亿美元）①

① 资料来源：中商产业研究院官方网站，2018年4月访问。

人工智能的概念及潜质

欢迎来到未来，但未来由过去走来。

自工业时代拉开序幕，人工智能概念就已出现在我们的生活中。下棋机 Turk 是首个载入史册的 AI 机器，Turk 诞生于 1770 年，由 Wolfgang von Kempelen 制造，它的问世使奥地利女皇大为震惊；20 世纪 50 年代出现的翻译机，首次将英语—俄语互相翻译，AI 概念开始流传。但真正确认人工智能概念的是一批来自贝尔实验室、哈佛大学、普林斯顿大学、麻省理工学院等的科学家，他们于 1956 年夏天在一场大会上一起讨论如何制造一台"模拟人类各方面智能"的机器。这些年轻气盛的科学家耗时两个月，在雄伟的佐治亚尖塔和郁郁葱葱的达特茅斯学院花园里进行头脑风暴。这次活动的组织者曾大胆预言："如果我们精心挑选出一组科学家在一个夏天内通力合作，至少一个关于计算的问题将会获得重大推进。"通过此次活动，他们一致认可了"人工智能"这一概念，其中一位提出者正是活动的主持人——数学家约翰·麦卡锡（John McCarthy），被誉为"人工智能之父"。

经过 60 多年的探索，人工智能的概念被不断深化和细分，截至 2017 年，以下部分人工智能的研究与开发，已经开始影响社会的方方面面。

机器学习

机器学习是一门涉及统计学、系统辨识、逼近理论、神经网络、优化理论、计算机科学、脑科学等诸多领域的交叉学科，主要研究计算机怎样模拟或实现人类的学习行为，以获取新的知识或技能，是人工智能技术的核心。研究从观测数据（样本）出发并寻找规律，利用这些规律对未来数据或无法观测的数据进行预测。机器学习又分为监督学习、无监督学习、强化学习等。

知识图谱

知识图谱本质上是结构化的语义知识库，是一种由节点和边组成的图形数据结构，以符号形式描述物理世界中的概念及其相互关系。通俗地讲，知识图谱就是把所有不同种类的信息连接在一起而得到的一个关系网络，它提供了从"关系"的角度分析问题的能力。知识图谱已用于反欺诈、不一致性验证、组团欺诈等公共安全领域。

自然语言处理

自然语言处理是计算机科学领域与人工智能领域中的一个重要方向，主要研究能实现人与计算机之间用自然语言进行有效通信的各种理论和方法，涉及的领域较多，主要包括机器翻译、语义理解和问答系统等。

A. 机器翻译是指利用计算机技术实现从一种自然语言到另一种自然语言的翻译过程。基于深度神经网络的机器翻译在日常口语等一些场景的成功应用，已显示出了巨大的潜力。**B.** 语义理解，是指利用计算机技术实现对文本篇章的理解，并且回答与篇章相关问题的过程。语义理解更注重对上下文的理解以及对答案精准程度的把控。**C.** 问答系统，分为开放领域的对话系统和特定领域的问答系统。问答系统是指让计算机像人类一样用自然语言与人交流的技术。人们可以向问答系统提交用自然语言表达的问题，系统会返回关联性较高的答案。

人机交互

人机交互主要研究人和计算机之间的信息交换，主要包括人到计算机和计算机到人两部分信息交换，是人工智能领域重要的外围技术。人机交互是与认知心理学、人机工程学、多媒体技术、虚拟现实技术等密切相关的综合学科。人机交互研究主要集中在以下四种场景。

A. 语音交互，是指人以自然语音或机器合成语音同计算机进行交互的综合性技术，结合了语言学、心理学、工程和计算机技术等领域的知识。语音交互不仅要对语音识别和语音合成进行研究，还要对人在语音通道下的交互机理、行为方式等进行研究。作为人类沟通和获取信息最自然便捷的手段，语音交互比其他交互方式具备更多优势，能为人机交互带来根本性变革，是大数据和认知计算时代未来发展的制高点，具有广阔的发展前景和应用前景。**B.** 情感交互，是一种高层次的信息传递，它在表达功能和信息时传递情感，勾起人们的记忆或内心的情愫。情感交互就是要赋予计算机类似于人的观察能力、理解能力和生成各种情感的能力，最终使计算机像人一样能进行自然、亲切和生动的交互。**C.** 体感交互，是指个体不需要借助任何复杂的控制系统，以体感技术为基础，直接通过肢体动作与周边数字设备装置和环境进行自然的交互。体感技术主要分为三类：惯性感测、光学感测以及光学联合感测。目前，体感交互在游戏娱乐、医疗辅助与康复、全自动三维建模、辅助购物、眼动仪等领域有了较为广泛的应用。**D.** 脑机交互，又称为脑机接口，指不依赖于外围神经和肌肉等神经通道，直接实现大脑与外界信息传递的通路。也就是将两个生命体/群接入脑机交互系统，一方的意志另一方可以执行。这已在许多人与动物的实验中获得了初步成功。

计算机视觉

计算机视觉是使用计算机模仿人类视觉系统的科学，目的是让计算机拥有类似人类的提取、处理、理解和分析图像以及图像序列的能力。自动驾驶、机器人、智能医疗等领域均需要通过计算机视觉技术从视觉信号中提取并处理信息。计算机视觉研究主要集中在以下五种场景。

A. 计算成像学，是指探索人眼结构、相机成像原理以及其延伸应用的科学。在相机成像原理方面，计算成像学不断促进现有可见光相机的完善，使得现代相机更加轻便，可以适用于不同场景。*B*. 图像理解，是指通过用计算机系统解释图像，实现类似人类视觉系统理解外部世界的科学。*C*. 三维视觉，即研究如何通过视觉获取三维信息（三维重建）以及如何理解所获取的三维信息的科学。*D*. 动态视觉，即分析视频或图像序列，模拟人处理时序图像的科学。*E*. 视频编解码，是指通过特定的压缩技术，将视频流进行压缩。所有大规模视频传输通过压缩解码才可获得应用。

生物特征识别

生物特征识别技术是指通过个体生理特征或行为特征对个体身份进行识别认证的技术。生物特征识别技术涉及的内容十分广泛，包括：*A*. 指纹；*B*. 掌纹；*C*. 人脸；*D*. 虹膜；*E*. 指静脉；*F*. 声纹；*G*. 步态等多种生物特征，其识别过程涉及图像处理、计算机视觉、语音识别、机器学习等多项技术。目前，生物特征识别作为重要的智能化身份认证技术，在金融、公共安全、教育、交通、医疗等领域得到了广泛的应用。

据《纽约时报》报道，2012 年 6 月，谷歌创建了一个包含 1.6 万台计算机的神经网络，该网络通过 YouTube 视频观看数百万只猫科动物的图像自学识别猫。同时，合成智能机器人能够生成数以百万计的高精度计算机建模程序，因此可以帮助我们发现并理解新的化学元素和化合物。但是，截至目前，大多数 AI 系统只达到及格水平：它们非常有效，但远不及一般智能。由于其功能是具体的，因此缺少灵活性。例如，玩围棋的系统通常不会玩国际象棋。

不管怎样，移动互联网时代的一个普遍现象是：第一部智能手机的存储空间可能很大，有 8G，对当时来说已经算是一个小小的奇迹了。两年后，如果想升级的话，可能会扩充到 16G，然后是 32G，再然后是 64G，2017 年上市的苹果 8 手机内存为 256G。在接下来的若干年内，很有可能手机会拥有 2T

（2048G）内存。IBM 的超级计算机沃森已经接入了两亿页内容，这些内容需要用 4T 的内存来存储。我们可以确信，沃森的后代将会成为你身边的智能手机。人工智能的时代才刚刚开始，一切皆有可能，世界没有终点，让我们永远面向未来。

人工智能对未来银行的影响

19 世纪 40 年代，纽约街头有很多小男孩在不同的银行之间来回奔走传递支票、汇票、现金、黄金等。1853 年纽约成立了清算所，每天早上 10 点 54 家会员的交换员统一向清算所清算，这使街头传递票证的职业消失了。如今的计算机代替了交换员，交换员的职业消失了。但是，这些进步均未使银行业消失。1997 年，比尔·盖茨曾预测银行在未来将不复存在。但过去 20 多年，银行依然存在。那么，接下来的 20 年里我们果真能够见证银行的消亡吗？答案当然是否定的。比尔·盖茨的预言针对的是未能满足需求的银行服务。在过往的 20 年中，新兴高科技企业对银行业（一大批传统产业之一）的革命，促进了银行业的觉醒和转型。银行业这个肩负着管理社会财富职能的古老贵族并没有倒下，也没有撼动其资本服务的垄断地位。但是，如果说银行没有危机感，那我们就太天真了。一个个传统产业巨头的倒下，不是败在同行的手下，而是败在新兴科技企业及其所创造的新型商业模式手中，这在互联网时代已经得到反复证明。事实要求旧体制下的银行，必须推进更加艰巨的改革，快速应用高技术场景，适应社会进步的要求。

"闭环价值交换"平台

以 5G 为基础的智能互联网平台，将促进细分更多行业的自循环。即如果一个专业平台做得足够好，具有行业影响力，这个平台就是某个行业的老大。但这个平台是以去中心化的形式存在的，以行业公认的"打赏""粉丝"作为价值评价依据，形成这个行业的定价体系，并产生这个平台的价值/电子货币。这一电子货币在行业/平台内是可以交换对应价值的，而且一般不会贬值，原因是这个平台越做越强，这就是所谓的"闭环价值交换"。平台内的交易是公开透明的，不可篡改，具有良好稳定的分布形式，以及可靠与可持续的合作算法。

比如影视业，传统的做法是：创作拍摄、订购授权、播出回款；平台的做法是：拍摄订阅、打赏定价、回款、授权播出。这里，制作方与播出方围绕平台"打赏"做生意，平台起了核心作用，所以平台完全可以制定平台的价值/电子货币，平台成员之间的价值交换不需要经过银行，就可以得到清算。平台改变了商业生态，这就是目前区块链技术被普遍看好的基本道理。

科技型公司的成长之道就在于此，寻找合适的应用场景，行政、通信、交通、运输、建筑、消防、自动栽培、环境测试、工业监测、照明管控、零售、餐饮、家居、医疗、美容、教育、培训、文化、艺术、设计、养生、养老、家政等各种应用层面，都是科技型公司追求"闭环价值交换"的平台。因此，必须跳出传统金融的思维，从科技或数字化的角度探讨"闭环价值交换"平台之间的多样性需求，满足它们最大化的适配性，在法律允许范围内支持多中心化，支持平台间的价值认证与兑换，实现一键部署。这对银行来说是一个全新的挑战！

颠覆旧体制，创建"实验银行"

社会为什么会进步？这是因为没有经验的年轻人敢于创造和试验，没有经验，意味着没有束缚，所以没有经验，造就了社会的突破。

传统银行是上百年演化下的产物，擅长操作成熟的商业模式。但是，当它开始保护这种商业模式时，就意味着它开始规避风险。因此，对传统银行来说，和初创公司那样思考问题基本上是不可能的，因为它有其内在的标准，会不断重复它一直所做的事情。你如何说服高管开始一个对其部门、业绩有威胁的项目？的确，现有的银行体制过于陈旧，体系庞大，制度繁杂，反应迟钝、部门沟通难、论资排辈，与智能互联网时代的要求差距甚远。

必须清楚，年青一代的银行客户是在"智能＋网络"环境中长大的，同时，国际电信联盟预测，到2020年全世界80%的成年人也将习惯这种互联网模式。他们对银行行为的衡量，同样要求以"智能＋网络"的商业模式，银行面临的困难从自身去克服是很难的。怎么办？银行可以尝试在其体制外创建一个"实验银行"，以应对不断变化的世界。创新、速度、客户体验是它的竞争优势，同时，它也具有可持续的发展模式和长远的发展观。

具体而言，"实验银行"不同于现在的银行，它有不同的总部和独立的管理层，因此，它可以自由独立地做出决定。"实验银行"经营的是一整套数字化业务，它的数字化不仅体现在服务的产品上，主要是它看待世界的方式。"实验银行"可由母银行发起，引进新型的高科技公司组建一家独立的金融公司，不使用母银行的品牌，但由母银行控股。它并不是针对所有人群服务，只为明确的客户群和客户行为提供少量优质、与众不同的产品和服务。可以从母银行切割其中的一块业务，如"大学生金融""高净值老龄客户""科技小企业"等，从小做起，有明确的试验目标和价值取向。由专注于设计、精于数字化的专家引领。整个公司都围绕一个新型产品进行组织、尝试和学习。它的操作系统由应用程序接口驱使，并嵌入母银行的技术网络。

"实验银行"的价值取向很明确："有强烈的目标感，有优异的金融表现""传递幸福""将烦琐留给我们，把方便留给客户""组织来自全世界的信息，让客户触手可及""帮助人们在金融方面更加得心应手""在每一个时点和金钱单位上，比别人有更多的'球数'"等。

"实验银行"的运作模式很特别，自始至终都保持它的灵活性，团队设计为 6~8 人，快速形成新型服务能力。数字化产品是"实验银行"的真正发动机，整个银行都围绕它进行设计。设计思维，即从目标客户的角度发现问题和解决问题；创新方法，尽早发布最小化可行性产品，在进行大额投资之前减少盲目投资。

"实验银行"的原始股东可能就是人工智能领域的佼佼者，让领先于社会的科技企业拥有使用其优秀产品的平台。"实验银行"的根本目的在于加快银行的产品创新，如果试验成功，可以进行复制。通过引进新的科技基因、商业模式和优秀人才，达到脱胎换骨地扬弃银行的旧体制，淘汰不适应的队伍。当然，任何试验都是有代价和风险的。

生物识别技术提升用户体验

随着指纹识别、脸部识别技术进入银行账户控制系统，声纹识别技术也在快速试验中。2016 年汇丰银行引入声纹识别技术，一年多的试验中，只发生了一起异卵双胞胎兄弟的破解特例，系统错误地接受了兄弟的声音作为账户持有人。但声纹控制技术已经大大减少了欺诈行为，被证明比密码更安全可靠。这是因为"山寨"声音并不容易，人耳听到的声音和电脑听到的声音是不一样的。通过模仿，我们的声音可以很像，但模仿一个人声音 ID 里所包含的 100 多种音质、生理的特征几乎是不可能的。就算因感冒导致变声，系统还是有能力分辨出他的声音，因为系统会分析很多种不同的特征：口音、节奏、发音，而且很多身体特征并不会因为鼻塞而产生变化。就算手机话筒不太好，声纹系统还是能精确地进行识别，除非手机在录音时突然掉到地上。即便是客户在大街上或者非常吵闹的办公室里，智能手机内置的降噪技术也会去除很大一部分环境噪声，剩下的一小部分噪声也能被系统排除。

　　银行还可以利用三维步态技术，只要客户来过一次营业厅，就可以识别他的身份。当客户第二次光临银行时，即便客户并没有提前预约，银行却已知道客户的贵宾身份，整套贵宾流程服务随即开始。原因是智能步态技术将客户上次进入营业厅中的步态进行了分析与集成，如上肢测量数据，头、躯干、臂和肩的运动学数据；下肢的运动学、动力学数据，再加上动态视觉、图像序列技术，完全可以识别来宾的身份。类似这种利用人工智能技术，改进银行用户体验的尝试才刚刚开始。

从智能等待到智能合约

　　合成智能从各种各样、越来越多的工具和模块中集成素材、建立目标，把它们指向一系列实例，然后将其解放。很快地，通过合成智能，银行对你的了解程度会超过你的母亲，对你的金融行为的预测会比你自己还准确。同时，银行有可能比你自己更了解你的财务安排。以前是用过去的数据预测未来，而在智能时代则是用海量数据等着你过来。知道你在什么时点需要处理什么样的财务问题，比如会知道你在什么时候有多少钱，准备做什么样的投资。银行经理已经整理好一套优选的方案，可以随时发往你的邮箱；也可以开始执行"智能合约"，即达到某个条件，合约自动执行。

　　银行可以做的智能分析、智能预测、智能执行包含了银行的整个服务链。事实上，西方银行早就已经开始转型，从金融服务商向金融咨询服务商转变（本书中列举大量此类案例），其中一个重要手段就是金融数据外包，让更加专业的科技公司来完善对银行客户的服务链，提升满意度。就如同一家鞋店，如果有客人在店内买不到合适的鞋，老板会千方百计地从其他店买来这双鞋交给客户。移动互联网时代的金融竞争以低价竞争为特征，而智能互联网时代的金融竞争以智能评价预测、提升可持续优化为特征。这恰恰是银行的优势，因为高科技企业争夺银行业务的主要手段往往是低价切入。

　　人工智能最常见的应用是在大批量的数据中发现共同模式，实现自动化，提高分析任务的复杂描述性、预测性和规范性。人工智能的潜力是巨大的，牛津大学在 2013 年的一项研究中预测，美国注册在案的 720 个职业中，将有 47% 被人工智能取代，花旗银行预计，2015—2025 年这 10 年间，欧美银行将裁员 30%，数量最多达到 170 万人。[①]

---

① ［美］Kalman Toth. 人工智能时代［M］. 北京：人民邮电出版社，2017.

第二篇

西方银行服务

第四章　信用体制建设

第五章　个人金融

第六章　企业金融

第七章　社会金融

引　言

　　银行、保险、证券等金融业与教育、运输、通信、交通、医疗、保健等都归属于服务业。这些行业向客户提供的是一种服务。那么什么叫服务？服务是一方向另一方提供的任何一种无形的行为或活动，不导致任何事物所有权的变更，其生产过程可能与实物有关。但服务仍然通过一定的形式或内容向被服务方提供，我们称为"服务产品"。那么什么叫产品？任何向市场提供的，能满足消费者的需求，能引起人们注意，并去购买、使用、消费、享受的物质或事物。从广义上来讲，总统候选人、军队、太平洋岛礁、可持续发展的观念等都可视为可销售的产品。就银行而言，所有银行的服务，包括账户、存款、贷款、储蓄、现金管理、国际业务、信用卡等都是产品。产品是公司存在的理由，所有公司包括银行都在千方百计做产品，目的是满足客户的需求。如果不能提供满足客户需要的产品，公司就无法生存下去。所以，"产品为王"一言九鼎。

　　美国银行业协会将美国银行业服务的产品划分为四大类。

　　1. 存款/集资服务：支票、货币市场存款账户、储蓄账户、定期存单、个人退休金账户、国库券税和贷款账户。**2.** 信贷/资金使用服务：活期贷款、定期贷款、分期贷款、限额贷款、抵押贷款、租赁筹资、承兑筹资、信用卡、透支债务转期、出口资金融通、设备租赁。**3.** 收费服务：账户调节、余额报告，零数余额账户、加锁信箱、集中账户、受托过户验证、通过汇票付款、工资直接存款、电汇、信用卡汇票存款、预先授权支票/借项、受控制支付款、自动投资、投资服务。**4.** 国际服务：国内/外托收、信用证、国际资金汇兑、外汇汇率服务。[①]

　　提炼与归纳西方银行的服务精华是本书的重点。笔者经过 20 多年的努

[①] ［美］玛丽·安娜·佩苏略. 银行家市场营销［M］. 北京：中国计划出版社，2001.

力，收集了西方银行上千个服务产品，在本篇中，将它们划分为三章进行详细解读，分别为个人金融、企业金融和社会金融，共分三十余个专题。同时，附带介绍与点评了西方银行的监管制度、金融立法、银行风险控制、销售模式和金融消费者习惯等背景情况。

在展开"西方银行服务"这一篇之前，很有必要介绍一下西方国家的信用体系。因为银行的服务和所在国的信用环境直接相关。美国是西方国家中全社会对信用法律制度建设较全面的国家，又是国际著名征信企业的集中地。因此，笔者将对美国的信用体系做简单介绍，以方便读者大体了解西方国家的信用体系状况，这是了解西方银行服务的前提。

第四章

信用体制建设

第一节　美国信用法律与监督机构 ……………………………… 106

第二节　美国征信产业高度发达 …………………………………… 106

第三节　个人信息来源及保存年限 ………………………………… 107

第四节　个人信用评分五大内容 …………………………………… 108

第五节　银行对信用评分的利用 …………………………………… 108

第一节 美国信用法律与监督机构

　　美国信用法律体系完善，涉及信用制度的法案就有 14 项之多，如《公平信用报告法案》《信用机会平等法案》《公平债务采集实施法案》《信用维护机构法案》等，它们已成为人人遵守的社会制度。这些制度对个人、企业的金融消费行为、银行的各种业务产生了重大的影响。

　　美国政府对信用管理法案的主要监督和执法机构分为两类：一类是银行系统的机构，包括财政部货币监理署、联邦储备系统和联邦存款保险公司。另一类是非银行系统的机构，包括联邦贸易委员会、国家信用联盟办公室和储蓄监督局。这些政府管理部门颁布的监管规定及惩处手段的实施对失信者产生了强大的约束力和威慑力，对提高全社会的信用状况起到了重要的作用。

第二节 美国征信产业高度发达

　　美国个人与企业征信产业高度发达，已有上百年历史。这不仅有利于社会各行各业的健康发展，同时也是社会稳定的基石。银行只是众多使用者之一，政府部门、商业企业、雇佣单位都会加以利用。《公平信用报告法案》要求信用局将收集的个人信息每年免费向个人披露一次，要求金融机构对潜在的借款人不能因种族、性别、宗教、国籍、婚姻状况而影响其信用，严禁信用局的个人信息被第三方滥用等。

　　美国征信体系分为机构征信和个人征信，其中机构征信又分为资本市场信用和普通企业信用，资本市场的三大信用机构为：成立于 1860 年的标准普尔、成立于 1900 年的穆迪公司、成立于 1913 年的惠誉国际，即对国家、银行、证券公司、基金、债券及上市大企业信用进行评级的公司。普通企业信用机构包括邓白氏集团（Dun & Bradstreet，成立于1841年）等；而个人征信的三大机构为益百利、爱克非、环联。有些机构已存有全球6亿多个人信用资料，时间跨度为70多年。以上机构均为全球知名征信企业。隶属于它们的小型信用服务机构有数千家，它们负责收集、整理、发布个人信用记录和评分。

这些评级业务具有悠久的历史，如从1910年起开展证券风险评级，如市政证券；1920年开始评估外国的政府债券；1930年开始根据有关法律对美国的银行、退休基金、慈善基金等进行评级。最重要的是，穆迪与标准普尔等国际信用评级机构是向那些购买他们评级信息的人收费，而不是对发行证券、做银行的人收费。这种安排消除了想把证券或银行的安全性评估得高于实际值的任何动机。

信用局是个人信息采集、整理、评估、发布机构，不是政府部门，属于现代服务业，通过个人社会保障号码有偿查询。其产品主要有两个：一是有关客户付账记录、裁决和查询情况的信用报告。二是通过模型和数学统计产生的信用评分。使用这两种产品时需要分别付费，机构用户根据查阅数量，可以协商定价。一个人信用记录被查询次数越多，对个人信用报告越不利，个人的信用评分越低。

第三节　个人信息来源及保存年限

个人信息主要来源于零售商店、银行、金融公司、按揭公司、公用事业单位、交通警察局、税务机构、法庭裁决、破产报告等，虽然没有强迫它们向信用局提供信息，但出于保护自身利益和社会信用文化的影响，社会各界都会主动向信用局输送。信用报告不包括工资、储蓄、医疗、种族、性别和国籍等信息。

信息报告保存年限：个人已关闭或不活跃的账户保存10年，公共信息记录保存7年，个人破产信息保存10年，大于5万美元的贷款以及保险单永久保存。信用报告使用分为法院命令、消费者授权许可、贷款业务、雇佣目的、保险承销、政府执照的有效性、投资人、偿债人信息需要，经州政府要求，离婚和儿童抚养费用，其他合法需要等。

第四节 个人信用评分五大内容

个人信用评分分为五个方面内容：**1.** 付账历史，占35%，包括是否准时付账，每个账户的付账信息、有关催收欠款的公共记录，欠缴或迟缴账款的详情，有迟缴账款记录的账目数。**2.** 个人当前欠账情况，占30%，包括欠多少，所有账户的总欠款，不同种类账户的欠款，特定账户的欠款，有欠款账户的数量，支付用了多大比例的总信用额度，分期付款账户上的原始欠款和剩余欠款额。**3.** 个人信用历史长度，占15%，包括客户最早账户的账龄，所有账户的平均账龄，特定账户的账龄，所有账户启用至今分别有多久。**4.** 新的信用活动，占10%，包括是否有新的债务，新账户的数量，最新账户建立多久，查询信用报告的次数，最后一次查询至今多久。**5.** 拥有各种信用情况，占10%，包括客户是否有正确的信用组合，不同信用种类的配比和使用，如房贷、车贷、信用卡、学生贷款等使用情况。

第五节 银行对信用评分的利用

2006 年，美国有75%以上的贷款申请决策是根据信用评分完成的。美国消费者有 11 项贷款责任须向信用局报告。统计显示，40% 的人贷款逾期 30 天，20% 的人贷款逾期 60 天，85% 以上的人不会逾期 3 个月。平均最长账户账龄为 12 年，平均使用的贷款和信用额度之比为 34% 。信用局和银行内部还有不同年龄、不同种族、不同金额等因素划分的违约率数据，对贷款决策起参谋作用。对于信用记录内容的准确性和分数的准确性，银行和信用局只负责提供信息和发布信息，准确性由消费者个人负责，如有误差，则提供依据，申请修改。

个人信用评分等级的起止分数为 365 ~ 850 分。一般得分大于 660 分可获得贷款，大于 700 分保证获得贷款。近年来美国的平均分约为 680 分，正常情况是年龄段越大评分越高。信用评分从侧面反映了个人的档次。统计显示，760 分以上的客户贷款违约率为 1%，550 分以下的客户贷款违约率为 24%，金融机构根据分数进行贷款定价，如 30 年房贷，500 ~ 559 分比 720 ~ 850 分平均贷款利率高 57%；5 年期车贷 500 ~ 589 分比 720 ~ 850 分平均贷款利率高 275%！①

很多美国个人和家庭缺乏预算，对个人金融管理不当，如支出过度、负债过度、房子太大、汽车太多、收入低、离婚、失业、丧失工作能力、经营失败等因素都会影响个人支付能力及信用记录。部分家庭和个人过度使用个人贷款和透支信用卡，背上了沉重债务包袱，2006 年全美有 160 万人宣布破产。

在美国，一旦因恶意欺诈被起诉，除难免牢狱之灾外，从此以后也将与现代信用社会无缘。对于那些欺诈、恶意赖账之徒，法律绝不姑息，至少 10 年甚至终生不再享有信用社会的一系列权利，触犯刑律者还要被追究刑事责任。因此，美国人十分重视和珍惜个人信用，健全的法治体系甚至可能使坏人变好，这就是法治在保障诚信方面的作用。同时，诚信作为市场经济基础，降低了市场经济运行的成本，市场经济与法治、诚信的结合保证了美国经济的持续、稳定、健康发展。

---

① ［美］戴维·H. 布泽尔 . 银行信用卡 ［M］. 北京：中国计划出版社，2001.

第五章

个人金融

第一节　个人账户 ………………………………………… 112

第二节　储蓄存款 ………………………………………… 117

第三节　短期贷款 ………………………………………… 120

第四节　少儿/大学生/新婚金融 ………………………… 123

第五节　个人动产/不动产金融 …………………………… 128

第六节　银行卡 …………………………………………… 133

第七节　个人投资 ………………………………………… 137

第八节　私人银行 ………………………………………… 144

第九节　养老金融 ………………………………………… 150

第十节　个人保险 ………………………………………… 156

第十一节　教育/文化/管家服务 ………………………… 160

第一节 个人账户

个人账户开立与关闭

开设个人账户是接受银行服务的开始，同时，各种个人账户所包含的服务内容和法规要求，也是银行与客户共同承诺的要约。开户管理在西方银行中是一项极为重要的工作，审核严密。根据各国的法律和法规，可大致分为六种类型，以供不同个人、家庭、社群等方面的需要及监管上的特别要求。同时，这六大分类之间又是交叉和有机共享的。

西方银行对个人账户开立和关闭都要进行详细分析。仅个人账户关闭一项，一般每周应有专题报告，详细到每个客户、每个网点、开户时间、网点地址、个人姓名、账户关闭原因、具体账户类别等。仅账户关闭原因就分为13项：死亡、支票丢失或被盗、陷入欺诈、转移到该行另一账户、便利性需要、转到他行、银行决定关闭、存款系统关闭、利率原因、服务原因、电子升级账户合并、信用报告、客户理财需要关闭。根据这些原因分析产品和客户，从而使个人账户管理科学化。

个人账户六大分类
个人账户按年龄分类

以年龄为中轴线的个人账户分类方式，是大部分西方银行所采用的开户标准，其理念是为不同年龄段的客户提供尽可能多的对应金融产品和服务，也是社会公众所能接受的大众化账户分类。同时，还能获得政府有关政策上的支持。一般而言，11岁以下为儿童账户，11岁到15岁为少年账户，以上两类账户开户时，均需监护人陪同，得到监护人签名同意方可开户；15岁到17岁为青年账户，可以在银行独立开户，不需要监护人陪同签名；满18周岁后可开设大学生账户，该账户允许有一定额度的信用透支；根据各国退休年龄的规定，可以从55岁到68岁起开设老年人账户，也称松柏账户、乐龄账户等，这类账户的存款利率有一定的优惠，在网点服务上有特殊的尊老规则，还有乐龄俱乐部、银行乐龄期刊等服务。西方银行普遍重视老年群体的金融需求，因为这部分群体的银行存款、不动产和证券资产相对而言是所有群体中拥有率最高的。

个人账户按收费分类

一是收费账户，西方银行的大部分个人结算类账户都是收费的，年收费标准从几十美元/欧元到几百美元/欧元不等。而且一家银行收费的标准还根据不同地区生活成本的高低来区分，比如纽约、伦敦、巴黎人工成本高，相对于本国较低人工成本的城市，一家全国性银行所制定的年账户管理费标准是不同的。账户管理费的高低，主要看该账户可获得服务的多少，比如可以访问总行的某些数据库、有在线专家支持、电子服务渠道纵深等。所以，西方银行一般把收费账户分为高、中、低三类，根据科学计算，能满足不同层次社群的需要。二是免费账户，一般儿童账户、青少年账户、大学生账户、老年人账户、社保账户、公积金账户是免费的；月存款余额达到一定金额是免费的；在该行缴纳公共事业费达到一定数量后是免费的。比如在英国，一般要求缴纳以下公共事业费：个人所得税、移动电话、固定电话、电视费、网络宽带费、燃气费、电费、水费等。

个人账户按利息分类

一是无息账户，大部分西方银行的个人或家庭结算类账户，都是没有利息的，而且还要缴纳年费。许多托管类账户也是没有利息的。有的国家个人存款不仅没有利息，还要缴纳年保管费。比如瑞士银行业在 2013 年要求存款在 800 万瑞士法郎以上的要缴纳年管理费2‰。二是有息账户，分为浮动利息、固定利息、保底利息。存款利息一般都非常低，利息高低主要取决于存款期限。西方银行早已走过了"存款立行"的阶段，这主要是因为欧美国家的民众储蓄率很少，喜欢信用透支。另外，欧美银行的经营理念是尽可能少消耗核心银行资本，而以中间业务收入为主要来源。所以，存款完全可以通过国际性的银行同业拆借市场来获取，比如伦敦、纽约、悉尼、法兰克福、香港、多伦多等银行业同业拆借市场。拆解利率取决于国际信用评级公司对各行的信用评级，这与银行的大小没有关系。

个人账户按透支分类

可分为可透支账户与不可透支账户。可透支账户又可分为小额透支账户与大额透支账户。小额透支账户一般将透支额度限定在 500 ~ 2000 欧元/美元以内。对象为大学生、留学生、新移民、参加工作未满 1 年等人群，这部分对象基本无信用记录，银行需要认证他们的还款能力。通过 1～2 年的透支偿还记录，银行将其自动区分三种情况：**A.** 信用不佳，取消透支额度，变为无透支账户。**B.** 信用期内出现一笔以上的失信记录，保留透支账户，额度不予增加。**C.** 信用期内无任何失信记录，成为大额透支账户。

透支期内的所有信用记录，同时报送第三方独立信用征信公司做永久保存。信用是金，这在西方国家的民众中早已成为共识。大额透支额度从 2000 美元/欧元起，甚至没有上限。透支用途分为消费类透支和无固定用途透支两大类。关于无固定用途透支，客户可以用于支付房贷、保险费、养老金等每月常规支出。每家银行都根据自身的风险控制能力来确定大额透支账户的透支额度和用途。

个人账户按投资分类

欧美银行总体上来说重投资、轻储蓄。原因有三个：第一，经过金融风暴引发的系统性银行倒闭事件，存款人血本无归，因此，西方国家普遍建立了严密的存款保险制度，存款人在每家银行的保险性存款都有额度限制，如美国，每一家银行每一个存款人普通账户最高保险额为 25 万美元。第二，吸收储蓄存款，将通过两个渠道消化，一是贷款，二是同业拆放，但这都将消耗银行的核心资本。第三，西方银行储蓄存款利率很低，而且很大一部分为浮动利率，这与繁荣发达的投资市场形成鲜明对比。客户宁愿将自己的积蓄投资于证券市场获得长久的升值空间，也不愿意将积蓄放在银行低利息储蓄。而银行的理念是尽可能多地做不占用核心资本的业务，大量链接与开发投资性的渠道和产品服务。所以，在个人投资账户的设计上，名目繁多又相互交叉。

投资类账户分为两种：一种是单一投资账户，比如股票账户、债券账户、期货账户、外币账户、期权账户、黄金账户、海外投资账户等。另一种是结构性投资账户，比如储蓄债券账户与储蓄到一定额度，购买 3 年期、5 年期国债、储蓄黄金账户（每个月以定额储蓄购入黄金）、储蓄光票账户（每季度从储蓄账户中购入指定光票）、储蓄期权账户（每个月从储蓄账户中购入指定证券期权）等。

个人账户按特色分类

这类账户主要是银行根据特殊群体或特殊市场进行专业设计的账户，以满足非常规开户人的要求，同时又是银行获得新利润来源的渠道，这一类账户的潜在市场非常大，也是银行个性化服务和创新服务的重要方向。

如 **A.** "夫妻共管账户"，因为该账户具有透支功能，因此透支的信用记录将被分别记载到夫妻双方的个人信用记录内，一旦违约，夫妻双方都将被列入黑名单。**B.** "常赴美国客户账户"，在加拿大，许多人的工作在美国，或经常赴美国处理业务、探亲访友，加拿大的银行就设计了这类账户，将跨境银行业务转换为类似国内的银行业务，在汇率、结算、兑现等方面给客户提供了极大的方便。**C.** "伦敦外籍高级白领账户"，伦敦是世界主要的金融中心、国际商务中心、高等教育中心……汇聚了来自世界各地的精英白领，英国的银行面对这一特殊群体，开发了一组针对他们需求的账户服务。**D.** "新移民账户"，从非西方国家移民到西方国家的个人，一般在独立的第三方国际征信公司内没有任何信用记录。但是，没有信用记录，你在西方国家的生活可能处处受到制约，如开立信用卡、买保险、买车、买房都没办法进行，怎么办？银行针对这群个体的特殊情况，推出了"新移民账户"，经银行审核后，由银行提供部分担保，上述生活难题迎刃而解。西方银行个人账户分类见图 5-1。

此外，还有一些账户，如个人财富管理账户、私人银行账户、国际物业投资账户、养老保险账户等，笔者将在以后的章节中谈到。

按年龄分类	儿童账户（11 岁以下）	
	少年账户（11 ~ 15 岁）	
	青年账户（15 ~ 17 岁）	
	大学生账户（18 岁以上）	
按收费分类	收费账户	高级收费账户
		中级收费账户
		初级收费账户
	免费账户	儿童账户、青少年账户、大学生账户、老年人账户
		社保账户
		公积金账户
按利息分类	无息账户	个人、家庭结算类账户
		托管类账户
	有息账户	浮动利息账户
		固定利息账户
		保底利息账户
按透支分类	可透支账户	小额透支账户（大学生、留学生、新移民、参加工作未满一年者）
		大额透支账户（小额透支满一年，无任何不良记录者账户、老年大额存款账户）
	不可透支账户	儿童账户、少年账户、有不良记录者账户
按特色分类	特殊需要账户	夫妻共管账户
		常赴美国客户账户
	特殊市场账户	新移民账户
		伦敦外籍高级白领账户
按投资分类	单一投资账户	股票账户、债券账户、黄金账户
		海外投资账户
	结构性投资账户	期货账户、外币账户、期权账户
		储蓄、债券、黄金结构性投资账户
		光票投资账户
		结构衍生品投资账户

资料来源：作者根据公开资料整理。

图 5 – 1　西方银行个人账户分类

第二节　储蓄存款

储蓄存款是最古老、最普通、最重要的银行业务。总体而言，欧美国家的投资渠道较多，民众的储蓄率较低，银行的储蓄产品也相对较少；而亚洲国家的民众储蓄意愿较高，银行的储蓄产品更加丰富，尤其是日本。

研究显示，西方银行储蓄产品的设计和构思主要有三条路径：一是以客户的生涯需求为设计基点；二是以金融产品的结构化为设计基点；三是以经济价值的社会认同感为设计基点。

生涯需求型储蓄

银行对这类储蓄产品的设计和构思非常重视，体现了大众化银行、市民化银行的思想，从客户的生涯开始规划，从百姓的生活着手服务，体现了"以人为本"的服务理念。代表产品类别有：

儿童储蓄	养老金零存整取储蓄
青少年储蓄	自由型零存整取
住房储蓄	纪念日零存整取
宠物储蓄	康年乐储蓄
松柏储蓄	乐龄储蓄
建房互助储蓄	奖金储蓄

如东京三菱银行五种定期存款。

（一）超级定期和超级定期300

1. 存款金额及单位：超级定期：1 日元以上 300 万日元以下；超级定期300：300 万日元以上。2. 存期：1 个月、2 个月、3 个月、6 个月；1～10 年，其中 1 个月以上 5 年以内存款为到期日指定型。3. 利率：自由利率根据金融形势，由东京三菱银行独自设定，存入时的利率原则上每星期一进行变动，按存入时的利率至到期日不变，领取的利息中有 20%（国税 15%，地方税5%）需支付税金（符合老年少额免税的情况除外）。4. 计息方式：期限为

3～10 年，有单利型和半年复利型任选，付息单位为 1 日元。5. 到期处理：自动续存（本金增长型和利息领取型），到期日把本息自动存入指定账户。6. 期中付息方法：存期 2 年及 2 年以上 3 年以内的，第 1 年付期中息；存期 3 年及 3 年以上 4 年以内的，第 1 年、第 2 年付期中息；存期 4 年及 4 年以上 5 年以内的，第 1 年、第 2 年、第 3 年付期中息；存期 5 年到 10 年（单利型）的，第 1 年到第 9 年付期中息；只有 2 年期的存款能把期中利息作为定期存款。7. 到期日以后的利率：活期存款利率。

（二）到期日指定型定期存款

1. 存款金额及单位：1 日元以上 300 万日元以下，以 1 日元为单位。2. 存期：最长 3 年（安置期 1 年），安置期（1 年）后取款自由。3. 利率：同"超级定期和超级定期 300"。4. 计息方式：1 年复利，付息单位为 1 日元。5. 到期处理：最长存期内自动把本息存入指定账户。6. 到期日以后的利率：活期存款利率。

（三）自由利率型定期存款

1. 存款金额及单位：1000 万日元以上，以 1 日元为单位。2. 存期：1 个月、2 个月、3 个月、6 个月、1～10 年，其中，1 个月以上 5 年以内存款为到期日指定型。3. 利率：同"超级定期和超级定期 300"。4. 计息方式：单利型，付息单位为 1 日元。5. 期中付息方法：存期 2 年及 2 年以上 3 年以内的，第 1 年付期中息；存期 3 年及 3 年以上 4 年以内的，第 1 年、第 2 年付期中息；存期 4 年及 4 年以上 5 年以内，第 1 年、第 2 年、第 3 年付期中息；存期 5 年到 10 年（单利型）的，第 1 年到第 9 年付期中息；只有 2 年期的存款能把期中利息作为定期存款。6. 到期日以后的利率：活期存款利率。

（四）乐趣型定期存款

1. 存款金额及单位：1 日元以上，以 1 日元为单位。2. 存期：1～5 年，其中 1 年以上 5 年以内存款为到期日指定型。3. 利率：同"超级定期和超级定期 300"。4. 计息方式：单利型，付息单位为 1 日元。5. 到期处理：自动续存（利息领取型），到期日把本息自动存入指定账户。6. 期中付息方法：1 个月、2 个月、3 个月、6 个月任选付息周期。7. 到期日以后的利率：活期存款利率。

（五）变动利率定期存款

1. 存款金额及单位：1 日元以上，以 1 日元为单位。2. 存期：2 年、3 年。3. 利率：自由利率（变动利率）；存入时的利率原则上每星期一进行变动；根据存入金额，在 6 个月定期存款利率基础上执行本行规定的利率，从存入日起每 6 个月变动一次利率，领取的利息中有 20% 需支付税金。4. 计息方式：期限 2 年的为单利型，期限 3 年的为单利型或半年复利型任选，付息单位为 1 日元。5. 到期处理：自动续存（本金增长型和利息领取型），到期日可以把本息自动存入指定账户。6. 期中付息方法：存期 2 年和 3 年（单利型）的，从存入日起每 6 个月付中期息。7. 到期日以后的利率：活期存款利率。

金融结构化储蓄

这类储蓄充分运用银行的结算与托管平台，将存款与保险、债券、基金、黄金、期货、外汇等进行交叉组合，形成一种多样性的存款服务种类，极大地丰富了银行储蓄产品的功能，在满足客户多样性服务要求的同时，也使银行的中间业务收入得到较快提高。代表产品类别有：

养老金国债储蓄　　　　零存整取金融债券存单

零存整取纯金储蓄　　　双货币选择权储蓄

"两全保"教育储蓄　　　"铁三角"外币组合存款

定期金融债券存单

如东京三菱银行财产积累储蓄债券。

财产积累债券是东京三菱银行利用财产积累制度的特点为促进职工财产增加而灵活运用的"3 年期财产积累债券"；购买单位为 1 万日元，而"财产积累住宅债券、财产积累养老金债券、财产积累储蓄债券"这 3 种债券一起购买的，可以以 1000 日元为单位；在一并购买方式中，发给 6 个月的利息，以复利计息；除上述利息外，票面额和发行价额的差额，自购买日的次日到发行最后一天所产生的利息，都计入购买当日的债券。

（一）财产积累储蓄债券

财产积累储蓄债券可根据职工的生活计划进行设计。自职工进公司起至 40 岁左右，如购买财产积累住宅债券可取得购买私房的资金，自此之后作为养老储备而灵活运用财产积累养老债券等，可自由设计自进公司时起至退休后的生活安排。并且，在筹集教育、结婚等资金方面，使用这种债券最合适。

（二）财产积累住宅债券

1. 利用对象：60 周岁以下职工。2. 债券期限：5 年期以上。3. 存入方式：从工资中扣除或另行付入（1000 日元为单位）。4. 免税限额：可免税

（与财产积累养老债券合并计算），本息总额最高为 550 万日元，超过此限额的利息要交税。5. 取得住宅的条件：A. 建筑面积在 50 平方米以上 240 平方米以下；B. 新建或建后 15 年以内（耐火结构房在 20 年以内）的旧住宅；C. 所在地：取得该住宅的职工的所在地（可取得居民卡）。6. 增改建的必要条件：A. 工程改造后的建筑面积达到 50 平方米以上；B. 工程费用在 100 万日元以上；C. 所在地：在该职工的住宅所在地。

（三）财产积累养老债券

1. 利用对象：55 周岁以下职工；2. 债券期限：5 年期以上；3. 存入方式：从工资中扣除或另行付入（1000 日元为单位）；4. 债券起止期：5 年以内；5. 养老金领取期：60 周岁以后，5 年以上 20 年以内；6. 领取方式：定期领取（每个月、每 3 个月定额领取或递增领取）；7. 免税限度额：可免税（与财产积累住宅债券合并计算），本息总额最高达 550 万日元，超此限额的利息需纳税。

经济价值型储蓄

这类储蓄的服务者和被服务者以经济价值作为双方交易的准绳，随着科学技术的发展，这类储蓄的种类越来越多，定价标准越来越细，要求银行对资产与负债的控制与核算能力越来越强。代表产品类别有：

期限优先型储蓄	定活互转型储蓄
金额大小型储蓄	保险与非保险储蓄
服务选择型储蓄	可赎回定期储蓄（付定期利息）

第三节　短期贷款

西方银行个人贷款总述

与传统的储蓄一样，短期个人贷款也是银行最基本、最主要的业务。综观西方银行对个人短期贷款的管理，虽然西方社会个人征信体系已经很发达，但是银行总体上十分谨慎，其一般要求大体相同：在该行开户一年以上，具有稳定的收入来源，个人信用良好，贷款只能用于个人、家庭的日常开支，或周转性临时投资（购买股票、债券等）需要，不能用于经营性活动。原则上个人信用贷款控制在 8 万美元/欧元以内，利率分固定利率与浮动利率，按市场行情计算。西方国家个人征信服务已有近百年的历史，所以个人在其他银行的贷款信息一目了然，大家都遵守"互相尊重"的原则。

个人综合授信贷款

授信条件：一般要求在该行开户一年以上、有累计月存款余额、结算往来笔数、拥有该行信用卡一年以上、信用记录良好者，采取积分制管理，有最高授信额度控制。可用于生活与短期投资，而非经营性活动。如汽车购置、学费交付、家庭开支、房屋装修、出国旅行、投资证券等。在预先确定的授信额度内，可随时取用所需资金。利息和偿还：客户只需为实际使用的款项付息，利率低于信用卡的利率，若有抵押，利率更低。每月至少要偿还余额的 3%，具体分几次偿还贷款由客户自己确定。

个人梦想成真贷款

通过日本三和银行"梦想成真个人贷款"，最高能获得 200 万日元信用贷款，5 年内偿还即可。可用于购买私人汽车（包括取得驾驶执照、修理、购买汽车零部件等）、旅行、婚礼、学习培训、体育俱乐部、购买墓地、做法事、牙科治疗费等。还贷方式：每月连本带利平均还贷，加上每半年 1 次奖金月增额还贷（奖金还贷时，须在贷款额的 50% 以内）。

个人信用贷款

关于德意志银行个人信用贷款，其贷款对象为在该行开户并有收入来源流水的德国公民；贷款额度根据贷款人个人信用和财务状况决定，贷款金额最高为 75000 欧元；贷款期限最长 95 个月；贷款利率：最低 3.33% 年利率，无提前还贷手续费；还贷宽限期：首次还贷日有 90 天的宽限期，第二次起有 30 天的宽限期。

个人债务合并贷款

劳埃德银行"个人债务合并贷款"：凡在该行拥有各种短期小额贷款、信用透支等的负债，可以根据个人财务的最新规划，增加信贷额度，改变还款金额和还款时间。增加信贷额度的多少，取决于该行对客户综合评估和征信机构信用评分的状况。贷款利率，将在申请时获得个性化的报价。新调整的还款计划至少一年内还款 2 次。如计划调整后又想提前还款，则必须缴纳 58

天的贷款利息。

自由管理型日薪贷款

法国兴业银行针对工薪一族在每月发薪日前支付紧张又急需用钱的情况，推出"日薪贷款"。贷款对象：法国公民并在该行开立账户；授信额度：根据贷款人的信用评分和该行的有关规定确定；使用规定：本贷款只限于在一个月的其中 15 天内使用，或上半个月或下半个月，由贷款人决定，其目的是解决发工资前的临时困难，控制贷款人的过度信用；贷款用途：不做限定，可以提取现金，也可以转到投资类账户，可以偿还按揭贷款，也可以购买商品，或偿还他人的债务。

国际物业按揭贷款

通过法国巴黎银行开发的国际物业按揭贷款，可在美国、加拿大、欧洲、新西兰、中国香港、新加坡等地购置居所（或再借贷），以该物业为抵押。可选择任何一种主要货币还款，无须局限于物业所在地的货币，也可随时做出更改，且无须付出额外费用。

这是一种 3 个月自动展期的信贷，有两种还款方法：*A.* 减本偿还法：每季度归还定额的本金及应付利息。*B.* 净付利息偿还法：假若贷款有定期储蓄或投资账户作为附加抵押品，只需每季度缴付利息，本金则于贷款到期时一笔归还。

贷款基本要素：*A.* 贷款金额及年期：物业估值的 70%，最长还款期可达 10 年。*B.* 贷款利率确定：主要货币的贷款利息计算均以 3 个月银行同业拆息加若干厘。*C.* 还款本利计算：只需于贷款 3 个月后每季度归还利息或本金一次，方式如下：利息：贷款开始日或展期日两天前，所选定还款货币的中国香港或新加坡 3 个月银行同业拆息再加若干厘；本金：开始时的贷款或展期日的贷款余款除以余下期数。

锁定汇率风险：可以在下一个展期日将贷款余数转为另一种货币，也可以订立远期合约来对冲外汇风险，还可以依收入货币决定还款货币。

个人信用贷款测算服务

桑坦德银行为个人贷款客户制定了一个自我贷款评价表，只要客户回答以下问题（可以在线回答），就可以自我评估获得该行贷款的额度。下列问题，回答越符合实际情况，该行越能满足客户的贷款希望。1. 背景情况：*A.* 我 23 岁以上；*B.* 我是职员/专业工人/公务员/自由职业者；*C.* 我 31 岁以下，在现在的岗位工作 1 年以上或以下；*D.* 我 31 岁以上，在现在的岗位工作 2 年以上；*E.* 我没有债务或有许多债务。2. 收入情况：*A.* 我的家庭成员有几个？*B.* 我的每月固定纯收入，配偶每月固定纯收入，孩子的政府补贴及其他每月固定收入，总额多少欧元？投资收入？3. 支出情况：房租、利息、债务、保险合约、储蓄、信用贷款支付、赡养费、交通支出，以及生活费用及其他娱乐和特别开支，总额多少欧元？

第四节　少儿/大学生/新婚金融

少儿金融

少年儿童不仅是家庭的未来，更是祖国的希望。因此，许多西方国家和金融机构注重培养少年儿童热爱祖国、关心社区、节俭勤劳的优良品德，促进青少年身心陶冶与精神启发，以此为少年儿童健康成长提供可持续的金融支持。

少儿储蓄

少儿储蓄是政府支持和受保护的储蓄种类。大部分西方国家制度规定，少儿储蓄是受存款保险的储蓄，享受此同种类储蓄更加优惠的利率，日本住友银行甚至保证少儿储蓄利率一直保持上升，不管市场利率如何变动。少儿储蓄免交利息所得税，少儿账户免收管理费，每个月父母划给少儿的储蓄免收支付手续费。在少儿储蓄的设计中，有许多种手段，如法国巴黎银行设计了 *A*、*B* 两款儿童储蓄。*A* 类儿童储蓄：虽然储蓄账户以孩子的名义设立，但存款由父母拥有，有权提款作紧急用途，或者将账户的储蓄作为其他贷款的质押变现；*B* 类儿童储蓄：不可以从儿童账户中提款，也不可以向银行质押，可以说是强制储蓄，存款所有权属于孩子，作为父母给孩子的礼物。孩子达到 18 周岁时，才可以由孩子本人提取款项。

少儿银行卡

许多国家或地区利用国家青少年主管机构或具有悠久历史的少儿组织，

联合有关机构、组织共同推出公益性，为青少年、儿童服务的银行卡，备受家长和青少年的喜欢。

如欧洲青年文化卡，它得到了欧洲青少年部长会议的支持，由德累斯顿银行、汉莎航空公司和南德出版社共同参与此项目。目的是使欧洲青年之间更进一步地加深了解，提供各种社区公益、就业机会，鼓励青少年旅行，求知探索。它在27个欧洲国家通用，有1000多种用途。青少年在文化娱乐、外出旅行观光、看体育比赛、获得专门知识、购买商品、图书、呼救等方面都享有优惠。再如香港童军维萨卡。香港的童军运动始于1909年，发展至今成员已增至数十万人，分布在1500余个旅，是全香港最大的机制型青少年团体。总会每年举办400~500项训练及活动项目。童军成员定期参与社区服务，履行誓词及律规。香港童军总会与维萨卡合作，向会员推出香港童军维萨卡，只要每次凭童军维萨卡签账，开户银行便会拨出签账额的0.35%赠予香港童军总会，所有赠款用于发展香港童军活动。

青少年教育投资

给下一代最好的礼物，是积累他们成长的教育基金。西方国家普遍采用长辈与亲友、当地政府和国家共同参与的办法，经过长期积累，汇集青少年的教育基金。

英国政府规定，凡未满18周岁的英国公民都可以享受每年4128英镑或等值货币（2017年）的免税教育基金投资，并由国家控股的基金公司进行投资，投资对象为英国或全球的各种货币或证券、债券等。由父母或亲属帮助在银行开设未成年人基金账户，收益人是未成年人，不能改变受益人对象。投资金额起点为250英镑或欧元，基金定投最低每月20英镑或等值货币。满16周岁后基金账户可由本人操作。该基金须投资满5年才能提取。如自己提取则必须满18周岁，银行不收取任何费用。

加拿大政府想出的办法更绝，政府设立了"注册教育投资基金"，投资的本金捐给孩子教育，长期投资的利息给投资者，额度内是免税的。由具有加拿大政府背景的基金公司管理。投资者向年龄在18周岁以下，包括子女、孙子女或家人和朋友的子女等受益人进行投资。投资目标是为未成年人教育做捐赠。开户时必须注明指定将资金用于上述接受教育的受益人。受益人必须是加拿大居民，有加拿大社保号码（SIN）。投资人最长可以在35年内，向一位或数位未成年人的"注册教育投资基金"投资，受益人终身所有捐赠最高金额为 5 万加元。投资额度不能抵扣当年的个人税金，但投资收益的利息或者复息收入是免税的。这意味着，只要资金仍在基金中，该基金所赚取的利息收入和投资增长就不会被征税。从长期来看，这是一笔较大的投资免税优惠。

大学生金融

如果您在海外旅游，就可以观察到一个现象，西方人旅游一般分为三类：父母带着未成年人、青年伙伴、老年伴侣，三代人共同旅行的很少。而东方人正好相反，如果遇上节假日，带着老人一起去旅游，这是一种孝心的表现。这就是文化的差异。差异的核心在哪里？人的独立！在西方的文化理念中，满 18 周岁后就有能力承担个人的责任，尤其是在经济上。因此，欧美国家的大学生在读大学期间兼职赚钱是很普遍的现象，并不丢人，而是一种有能力的象征。同时还可举债助学，一些西方国家的助学贷款总额，在个人贷款中仅次于个人房贷总额，助学贷款占全国个人贷款比重很大。如 2016 年美国联邦助学贷款债务总额达 1.3 万亿美元。

大学生账户

离开家庭，进入大学，拥有自己独立的生活，开设大学生账户理所当然。在英国，开设大学生账户的要求是：17 岁以上的学生，正在完成 2 年制以上的全日制大学，或在大学、高等学院进行职业培训。根据国家法律，在校大学生在邮政快递、高速公路通行、驾驶学校学车等方面都有优惠，在许多英国、欧洲景点有 10% 的门票优惠，只要持有专用学生卡即可享受优惠。提供首年 500 英镑免息透支额度，如果信用良好，第二年起可达 2000 英镑，免息透支 56 天，开户人还能享受英国保险公司定制的学生保险服务。建有"大学生生活指数"，这是大学期间财务规划的好帮手。在日本，开设学生综合账户时，申请人须年满 18 岁以上的大学生和技校学生（2 年制以上），20 岁以下需经家长同意。自动代付学生电话费、电费、煤气费、水费和 NHK 接收费等，代收打工报酬、生活费及学费等，有余额存储器，可每月分析收支情况，透支额度为 10 万日元，无年费。

大学生信用管理

大学阶段是最需要花钱的时期，然而囊中羞涩，怎么办？可以向银行透支，但必须遵守规矩。为此，西方银行对大学生遵守信用予以特别忠告，引导年轻人严格遵守信用规范，保持个人良好的信用记录。

苏格兰皇家银行为大学生定制了《大学生信用透支管理手册》。

"在将来的某个时候，您可能需要更大的信贷额度，如贷款买房或抵押贷款。您们中许多人在某些时候更需要额外的资金，特别是在大学时代。通过申请透支，您可以在整个大学生活期间获得免息的透支。为确保透支不超过您的支付能力，您应该认真计划您的开支。"

"我们想给您透支，但请记住，它是需要偿还的！如果您持有学生经常账户，或在过去 3 年内从全日制高等教育课程毕业（持续两年以上），您可以申请个人大额透支账户。透支免息门槛取决于您毕业的时间以及您毕业后还款的时间，您在毕业后每年安排的免息透支额将减少，这是为了鼓励您偿还学习期间借的钱。"

"安排透支是一种债务形式，应按时偿还。在您的账户中出现任何付款之前，请始终确保您现有账户中有足够的资金，安排好透支限额。如果您账户中没有可用的资金，将出现无偿支付，我们拒绝的每笔交易都会支付 6 英镑的无偿交易费用，最多为 60 英镑！同时，我们建议您不要进行无额度透支，如果您现有账户中的支出超过您没有安排的透支额度，或者超过您安排的透支限额，则会发生这种情况。如果您发生超过 10 英镑的无额度透支，您将每天承担 6 英镑的无额度透支罚款，最多为 90 英镑！同时，这一记录将被移送社会信用机构。"[1]

助学贷款

在西方国家，助学贷款非常发达，利率也比较优惠，还款期限一般是毕业后 5~8 年，有的甚至无期限规定。对于家庭困难的学生，通过社会慈善运作，将有更加优惠的贷款政策。然而，坏账率总体上比较高，为了支持银行继续发放助学贷款，联邦政府和州政府都有一些优惠政策，如向贷款人免税、贴息，减少银行营业税上缴等，以平衡社会对教育的长久投入。

如美国的美联银行就承办联邦斯塔夫贷款、联邦父母贷款、美联银行教育贷款、私人担保贷款。美联银行教育金融的特殊服务包括在线债务咨询、违约保护项目、在线申请和电子签名、借款人奖励项目、个性化的在线贷款跟踪报告。绝大部分的西方主流银行都以该行的名义设立奖学金，在所在国以及业务经办国的著名大学进行捐赠。如美联银行每年向大学提供 75 万美元

---

① 资料来源：苏格兰皇家银行官方网站，2018 年 3 月访问。

的奖学金。

日本富士银行推出了一款"父子接力型分期助学贷款"。贷款对象是家中有预定进入大学或在校中的孩子。须符合下列全部条件：还贷完毕时父亲65周岁以下，上年家庭含税年收入400万日元以上，连续工龄5年以上，在该行有3个月以上业务往来，父子共同确认各自还贷的金额、期限和时间，参加团体人寿保险，由指定的信用担保公司担保。贷款用途：向学校缴纳学费、授课费、寄宿费等。贷款金额最高为300万日元，可在3年11个月内每月得到贷款，贷款期内只还利息，毕业后6年内还清贷款本息。[①]

大学毕业生贷款

德意志银行推出的"大学毕业生贷款"，面向在该行开立学生账户并将要毕业的大学生，贷款可用于购买公寓、新车，搬迁、偿还他人借款等，贷款金额最高为5万欧元，贷款期限为1～10年，可每个月固定分期还款，贷款利率：固定利率5.55%～7.9%（2017年）。

新婚金融

结婚是人生的大事，也是一对新人集中消费的重要时期。银行围绕"婚庆专题"发挥自身品牌优势，联合消费品著名品牌及婚庆产业链，就可以创造许多婚庆金融产品。尤其是在亚洲，这种主题非常容易被接受，可以说是银行服务的常年主打产品，完全可以深入挖掘，广泛延伸。

如日本JCB信用卡公司推出的"JCB结婚宣言卡"，备有从结婚仪式到新生活开始的各种服务及丰富的礼品，无微不至地帮助两位新人走向结婚的殿堂。结婚场所预约服务（赠送面值为3万日元的礼品卡）：介绍协作宾馆和结婚仪式场所，可用电话预约；结婚总费用用JCB结婚宣言卡支付时，赠送面值5万日元的礼品卡，使用JCB结婚宣言卡，蜜月旅行费用优惠8%（赠送面值2万日元的礼品卡）；购买婚礼商品，如家具、家电、贵金属等折扣优惠非常大；持JCB结婚宣言卡，可以提供生育孩子的书籍以及孩子出生后的用品（邮购服务）；健康家庭俱乐部：为会员提供健康咨询服务，得到东京女子医大的全面协助，提供介绍医师和医疗机构等多种服务。入会对象：1年内准备结婚的JCB会员，或其孩子在1年内准备结婚的JCB会员；有效期：结婚仪

---

① 资料来源：日本富士银行公开宣传资料，2002年。

式日起到 3 年后止。①

第五节　个人动产/不动产金融

个人动产金融

个人动产金融分类

在发达国家，普通个人或家庭的主要动产是摩托车、汽车，而富裕个人或家庭的主要动产再增加休闲汽车、游艇、私人飞机等。所以"个人动产金融"泛指从摩托车到私人飞机这一领域的个人动产金融服务。国际上有许多研究数据表明，一个家庭一辈子的最大开支并不是房产，而是动产！即以汽车为主的个人动产。因为房产从长远看是增值的，老了可以变现养老，而动产不仅被彻底消耗，同时，在使用期间还会有大量的各种开销。所以，个人动产金融潜力巨大，也是西方银行主要的金融服务领域。大部分西方老牌银行在动产金融方面已积累了 90 多年的经验。在服务模式、服务渠道、服务团队、贷款定价、信用评分、风险控制等方面具有丰富的经验，以下将做简单介绍。

个人动产金融管理

汽车信贷业务一般以汽车经销商为龙头，综合办理经销商金融业务、个人汽车信贷和企业单位汽车信贷业务。通过全国性汽车俱乐部、少数民族汽车经销商联合会等组织，满足不同汽车需求群体、有色人种的汽车金融服务，同时，还满足他们的其他金融需求。

服务部门一般分为经销商服务中心、小企业零售部、财富管理部。贷款受理的渠道包括客户服务中心的电话银行、经营网点、网上银行、直接邮递、经纪人和经销商。不同部门面对不同客户，专业化管理。如非个人用途的汽车信贷主要面向小企业，由零售业务部的小企业零售部管理。而私人飞机、游艇、高级娱乐休闲汽车信贷属于财富管理部的业务。因受理渠道不同，使

---

① 资料来源：日本 JCB 信用卡公司公开宣传资料，2003 年。

用的评分标准和决策模型也不同。如同一客户的汽车消费贷款因受理渠道不同、部门不同、经销商不同，其得到的贷款利率、额度、期限也会不同。申请贷款时，客户还可以网上招标，看哪家银行贷款安排得更合适，客户可以通过网上查询数千个经销商的任何一个汽车的品种、价格，选择购买地点和结算日期。

对批发商的服务包括：全部安装使用银行开发的经销商在线供应链销售管理系统，监督存货和销售资金变化，提供最新价格信息，提供电子账单、网上支付，按月提供结算报表；提供直接拍卖融资和批发交易融资承诺，以及经销商之间的购并贷款；月末账单服务；24 小时内研究解决客户提出的问题。

个人动产信贷额度管理

汽车贷款的基本特点：一是新旧汽车、越野车、轻型卡车和面包车可以同时同一天申请、办理贷款；可以次日结算；可以 100% 贷款、超过车价贷款；贷款金额最低为 5000 美元/欧元；贷款期内可以选择固定利率、浮动利率，也允许调整；利用旧车可以再融资；通过支票账户偿还贷款，可以免账户维护费。二是对于特殊运载工具，包括摩托车、休闲车、从小船到游艇、私人飞机，减少审批环节，承诺此类贷款没有烦人的审批手续。

汽车金融制度办法完善，有一系列消费信贷的总体政策指南，有丰富的产品信贷办法。如信用局的信用分数和信用等级政策指南，新车信贷政策指南，旧车信贷政策指南，车队销售政策，经销商审计规定，经销商之间的交易规定，合格的借款人政策指南，借款与收入比率、负债与净收入比例、还款与收入比例等专项规定，个人现金流分析办法，收入证明规定等，这些都属于政策制度类。属于产品类办法有：小汽车、轻型卡车和小面包车贷款规定，休闲车贷款规定，私人飞机贷款规定，游艇贷款规定，商用车贷款办法，小企业卡车贷款办法等文件。这些办法均可在网上查阅，规则具体，便于操作，使贷款人一目了然。

个人不动产金融
西方国家房地产泡沫的教训

由于存在着级差地租，发达国家为了"房子是用来住的，而不是用来炒的"已经走了好几百年。17 世纪中叶英国泰晤士河边上的伦敦，开始成为欧洲的商贸中心，当时欧洲著名的财团开始对伦敦的房地产进行巨额投资，炒房盛行；1825 年开通的伊利运河，将美国东海岸与西部内陆五大湖区连接起来，运输成本比原来节约了 90%，所以纽约迅速超过波士顿，19 世纪八九十年代纽约成为全球房地产大亨炒作的中心；到了 1989 年，日本的全部房地产价值是美国房地产价值的 5 倍，是全球股市市值的 2 倍，也就是说，把日本卖掉，可以买 5 个美国！为此，就有了"房地产泡沫"一说。对此，人们付出了巨大的代价。金融从来都是这些"泡沫"的幕后推手，没有道德可言。比如东京最繁华的商业区银座五丁目的警察岗亭，曾被 16 人当作私产抵押，在 4 家银行申请到了共计 630 亿日元的贷款！综观世界系统性金融风险产生背后的真实原因，"房地产泡沫"几乎是压倒"多米诺骨牌"的最后一根稻草。如日本房地产泡沫，它对日本金融业造成了毁灭性打击，仅 2003 年一年，日本 7 家大型银行共核销了 5.6 万亿日元坏账；1997—1999 年发生的亚洲金融危机，其真正原因就是许多东南亚国家、中国香港、日本等房地产吹起的泡沫，造成银行大量坏账，影响投资者信心，被国际炒家攻击；2008 年美国次贷危机引发的全球金融危机更是历历在目！

正因为如此，发达国家对个人住房问题有严格的政策限制，不仅要体现"居者有其屋"的社会公平，更要严防房地产泡沫，保护金融稳定的环境。

西方国家住宅地规定

再让我们来了解一下西方国家（大部分）关于住宅土地私有权方面的一些规定：完全和绝对的产权；私人空间神圣不可侵犯；永久产权，权利涵盖地表、地下（含矿产）和地上空间（地下权利可分离），产权年限有 99 年、999 年、永久；非恰当程序，政府不但不能直接征用土地，也不能间接侵害；如果利益受到商业侵害，包括使用地下权利的，也可得到充分的补偿权利。同时，大部分房产在西方国家内可相互质押；交易过程受到良好的法治保护，如定金托管制度、房况披露书制度等。

银行不动产业务管理

大部分西方老牌银行在不动产金融方面已积累了上百年的经验，服务成熟，经验丰富。个人或家庭购买住房是银行个人贷款的最主要部分，并将由此产生一系列相关联的金融服务。各家银行高度重视和努力研发适合本国政府优惠政策及国情民俗的房贷产品，在管理与服务上下足功夫，充分参与市场竞争。

在管理方面，许多银行的房地产金融服务部都划分不同地区和品种部门，每个地区又划分区域，有多个市场经理团队进行市场营销。根据客户的资金状况提供一系列产品和服务，按资本情况提供承诺服务。按揭公司与银行总部一起，面向全国服务。按揭渠道分为按揭顾问推荐银行（独立的第三方房产中介机构）、房地产专家、建筑商、代理商、会计师、理财师等；直接借款通过网上、邮件、数码平台等；经纪人直接办理；异地代理商直接办理等。有些银行通过收购全国性按揭公司和保险公司，扩大全国性房地产按揭业务、住宅保险、贷款人保险业务。

同时，银行普通设立了住房权益服务部，包括财务管理、防欺诈、战略合作联盟、执行部、长期无人管理项目。执行部负责收款，分早期（29 天之内）收款、早期损失、中期收款、晚期收款、收款战略、违约管理、违约分析、客户管理等部门，每个部门下面还有多层团队，专业分工细致。客户管理包括账户调查、客户关系、信用局记录和分数调查、服务标准、双语服务等部门。按揭贷款管理部包括现金管理、资金管理、账户服务、新贷款发放、客户支持、客户关系管理、贷款数据和文件管理，层级复杂、功能完备。

另外，还设立了住房贷款监督部，如美国的银行根据《公平借贷法案》《住房按揭信息披露法案》的要求，对个人房贷质量、监管变化、系统变化、贷款人识别、风险评价进行监督。对产品和服务实行质量控制，协调监管审计，并积极响应监管部门的检查。按揭监督还包括对按揭初始财务战略、账户和资金操作、本金分配、特殊按揭财务、二手市场按揭财务、按揭信件地址调查处理等的监督。

产品方面主要分为两大类：一是只能用于个人、家庭住房的政府免税的购/建房储蓄或购/建房投资基金；二是各种房贷产品，一般对购买公寓楼不做限制。服务顾问方面也分为两大类：一是对所购买住宅的利弊进行顾问；二是对房贷额度、利率、偿还条件等的顾问。以下列举若干服务案例。

法国住房投资储蓄

_1._ 个人住房储蓄基金，开户条件：年满 18 岁的法国公民，并拥有社保卡号；基金设立：每个月定期支付 45 欧元，满 4 年后，设立第一笔个人住房储蓄基金；基金发展：在此基础上，根据每个人的能力，每月缴付一定的住房储蓄额，并将个人住房储蓄延长 12 年，最高 61200 欧元内是免税的；存款利率：享受固定复息，年利率为固定值；存款保险费：账户内资金若用于购买个人住房，保费由国家支付，如账户内资金用于其他用途，保费由个人支付；质押变现：账户内资金可以质押给银行，由银行提供个人贷款，产生的利息和税费由个人承担。**2.** 个人住房储蓄，这是定向的个人购买住房的零存整取定期储蓄，比普通储蓄享受更多优惠。开户条件：年满 18 岁的法国公民，且在该行开有账户；起存金额：150 欧元起；月缴存额：根据个人情况确定，50 欧元/月内免税；储蓄利率：前 8 年享受该行固定优惠利率，保护存款人利益；最高存额：本储蓄最高存款额限每人 10 万欧元；质押融资：该行予以全额质押融资。①

日本区分配偶型父子接力房贷

申请人需满足以下所有条件：父子均在 20 周岁以上 60 周岁以下，最终还贷时年龄不到 71 周岁者；父子都有稳定收入，各自年收入 100 万日元以上；父子共同确认各自还贷的金额、期限和时间，但还款人分为两种：一种包括父与子的配偶；另一种不包括父与子的配偶。父子均应参加信用人寿保险；"父子"指同居或打算同居的亲父子，也包括养父子。资金用途：用于父子同居用的土地和住宅的购入、新建、增建、改建和改造，购买建筑物占用土地；贷款金额：20 万~7000 万日元；贷款期：5 年以上 30 年以下；贷款利率：以该行优惠利率（3 年期以上）为基准，适用变动利率；担保：以贷款对象物做担保。②

德国住房金融顾问服务

顾问内容：**1.** 绿色住房贷款，这是政府为鼓励建房者建设个人节能环保型住宅所设立的特别补助性贷款。最高达 4.23 万欧元，贷款期限为 5~20 年，利率优惠。**2.** 个人首付，包括现金、建房储蓄、股票、固定利息有价证券、基金、到期的人身保险、可出让的地产以及建房地皮等。据统计，一般为总开支的 20%~30%。**3.** 银行贷款，该贷款行建设资金贷款顾问可帮您计算需要资金的来源，会考虑到您的还款愿望，并引入现有的或新订立的建设储蓄合同和人身保险到您的建设资金中，并利用可能的税收优惠；如果您想长期计划，会帮您指出怎样更早构成自己的资金、如何通过该贷款行建设储蓄得到利息便宜、利息固定的建设储蓄贷款，以及不同的贷款利率。**4.** 政府资助，您投资于住房的一部分钱，可通过政府的优惠措施从节约的税收中收

---

① 资料来源：法国兴业银行官方网站，2017 年 11 月访问。
② 资料来源：第一劝业银行公开资料，2001 年。

回。政府对个人建房或买房，已有孩子家庭的津贴为：每人每年有 154 欧元基本津贴，每年每名儿童再补贴185 欧元，2008 年后出生的儿童每年补贴300 欧元，未到 25 岁的津贴 200 欧元（2017 年）。[①]

西方银行个人房贷品种还有：国际物业按揭贷款、个人不动产租用权抵押贷款、可转移抵押房贷、混合抵押可展期房贷、与企业贷款共用的父子接力型住房贷款、车位贷款等。

第六节　银行卡

如果您打开花旗银行、汇丰银行、德意志银行等西方主流银行的网页或手机客户端，页面最显眼的位置总是让给它们的银行卡。时尚礼品、度假胜地、华丽服饰、美味佳肴、儿童乐园、体育盛事……似乎永远在带给您当今世界上最美好、最诱人的东西。由此可见，银行卡在西方银行看来是银行连接客户的最主要纽带，银行必须倾其所有资源和利用最先进的科技，保持用户在体验上的极佳口碑。

银行卡是美国银行业创造发明的，几乎见证了美国的繁荣（见本书第一篇第三章第四节）。以下将对美国银行业对银行卡普遍的定义分类、管理分工、风险控制等方面做简单介绍。

银行借记卡

银行有两种借记卡：ATM 卡和支票卡，它们都可以通过 ATM 存取款和商户消费。用 ATM 卡消费时需要使用密码并交一些手续费，但对资本投资账户等组合账户免费。支票卡可以凭密码或签字消费，没有消费手续费。借记卡作为支付工具，依附于支票、储蓄、货币市场、养老金等各类账户，对卡本身没有单独的收费。把账户作为产品去销售，各种收费体现在对账户功能的设置和服务上。

[①]　资料来源：德意志银行官方网站，2017 年 12 月访问。

银行信用卡

美国的银行信用卡具有以下特点：信用卡宽限期短，一般只有 20～25 天，不收年费，但如果是需要积分的信用卡，年费为 50 美元；美国信用卡没有密码，凭签字消费，如果被盗用，按照发卡行和世界信用卡组织的协议，持卡人只交 50 美元，其余损失由发卡行和商户承担；信用卡利率按照每个季度《华尔街日报》定期公布的同业贷款利率，加上银行 1%～5% 执行，不同信用分数的客户利率不同，不同商户卡消费贷款利率也不同。利率最高的是赌城，同业贷款利率加 5%。信用卡又分为普通信用卡、可积分的普通信用卡、白金卡、可积分的白金卡、可积分的财富管理信用卡、学生卡等。普通信用卡的信用额度 500 美元起，逐步调高信用额度；白金卡的信用额度 5000～10 万美元；财富管理信用卡：针对存款 200 万美元以上或有证券投资账户的贵宾客户，最高信用额度达 25 万美元，若调增信用额度则 15 分钟内答复。

美国信用卡主要是小额信贷，有利于满足个人和小企业小额信贷需求，若一个人信用额度为 1 万元，已使用 8000 元的额度，最低还款额度 1000 元，剩下的 7000 元有 20 天宽限期，之后开始执行贷款利率。

企业信用卡

企业信用卡又分为小企业信用卡、公司信用卡和采购信用卡。申请此类卡需要有效的财务信息和信用额度，结合申请人的个人信用分数决定是否发卡及利率、额度安排。小企业信用卡的特点：信用卡上有企业名字，信用额度一般为 10 万美元，相应账户可以是固定利率或变动利率。消费 10 万美元可拥有 5 个持卡人，5000 美元以内的 1～4 个持卡人。主要目的是把小企业的个人支出和业务支出分离开来，目标市场是 10 人以下，年销售收入 300 万美元以下的小企业。发行小企业信用卡需要有分离业务支出的能力；建立在线账户管理；有灵活的现金管理工具；改善财务控制和安全性；积分回报系统。

公司信用卡和采购信用卡的目标是每年消费 300 万美元以上的大中型企业。公司卡主要用于差旅费和娱乐费。采购信用卡用于采购办公用品和设施等。一般目标企业是年销售收入 2000 万美元以上企业。其好处：银行提供在线消费报告，可以连接交易信息和账户应用，可以同主要供应商谈判给予折扣，比支票的交易成本更低。[①]

---

① ［美］戴维·H. 布泽尔. 银行信用卡［M］. 北京：中国计划出版社，2001.

信用卡风险管理

信用卡的受理渠道或申请渠道较多：网上、网点、客服中心电话、直销邮件、书店、ATM、商户等，针对不同渠道，银行判断客户行为的模型不同，使用不同的内部评分标准，批准率也不同。不同渠道的受理成本也不同，收费和利率依据不同。交叉销售是美国的成功经验。当客户新开一个账户时，银行通过查询信用局的个人信用记录，可以告诉客户可以得到一张多大额度的信用卡，一般客户都愿意接受。当客户通过 ATM 取款时，根据客户账户可能出现一个信息提示：你被批准了一张信用卡；信用局个人信用分数一般400~800 分，按分数段可以分为 9 个信用等级，不同分数违约概率、预期损失不同。个人信用分数按月变化，银行根据个人信用分数可随时调整利率、额度和宽限期等。银行还有自己的模型，根据个人信用记录评价潜在的风险，设计各种模型，从而达到信用卡审批个性化。对没有信用记录或信用分数低的申请人，也可以审批，但利率高，信用额度从很小开始。

信用卡是一个互相模仿很快的行业，产品趋同化，各大银行在信用卡市场上激烈竞争：比产品开发速度、风险管理能力，比信息技术分析和数据模型分析能力，看综合实力。由于各银行市场定位不同，经营策略也不相同。经营策略分为高风险、高回报；低风险、低回报；高回报、低风险三种。发展信用卡必须有依托，或依托合作伙伴，或依托分支行零售系统，或靠收购兼并等。一个发卡行应具有良好的产品、营销、运行、客户服务，特别是风险管理能力。风险管理能力是最难模仿的，因此，风险管理理念和完整的风险管理系统是信用卡经营胜负的核心。

西方银行各种银行卡丰富多样、种类繁多，有青少年文化卡、万事达旅游卡、管家信用卡、欧洲信用金卡、女性卡、新入公司青年卡、联合现金卡、带有48 句话的"一句话"转账卡等。

德累斯顿管家信用卡

一旦使用了德累斯顿银行的信用卡，您就掌握了家庭费用的一切开支情况，银行每个季度会对您的支出内容做一次分类分析，比如交通、餐饮、百货、娱乐、健身、教育等，并与上一个季度的开支进行比较，从而告知哪些开支可以节省。也就是说，使用德累斯顿银行的信用卡后，您就免费请到了一位家庭管家。

JCB 丰田卡[①]

丰田卡的消费金额折算成点数可以返还现金，因而是一种很合算的信用卡。不论在国内还是在世界各国的加盟店只要一使用，就与现金返还相联系。

特征：1. "点数"计算，能将信用卡的使用金额折算成点数，并返还现金，点数有效期为 5 年；2. 点数的计算方法：在协作的信用卡加盟店每消费 1000 日元，给 15 点；在特约点数商店每消费 1000 日元，给 30 点；在丰田商店或汽车租赁店每消费 1000 日元，给 30 点；3. 现金返还，以 1 点 = 1 日元（车检以 3 点 = 2 日元）计算，购丰田新车或在丰田店购旧车，以及在丰田店进行车检后，可申请最高达 30 万点的现金返还。

服务：1. 免费加入汽车安全带保险，最高保险金额为 800 万日元。2. 丰田汽车租赁店租借汽车 8 折优惠。3. 丰田有关设施使用费 8 折优惠。4. 旅行伤害保险。5. 可在世界 144 个国家使用，国内外的 JCB 服务项目约有 140 种。

卡种：1. 金卡，申请资格：已为 JCB 会员的，原则上 30 岁以上，3 年以上会龄，有信用卡利用实绩、遵守会员规章者；非 JCB 会员的，原则上 30 岁以上，年收入 500 万日元以上，连续工作 5 年以上（个体经营者，经营年数为 10 年以上）；利用限额：100 万 ~ 250 万日元。2. 显要卡，申请资格：原则上 20 岁以上有稳定收入者，利用限额：10 万 ~ 100 万日元。3. 普通卡，申请资格：原则上 18 岁以上有稳定收入者，利用限额：10 万 ~ 50 万日元。4. 学生卡，申请资格：除高中生之外的 18 岁以上学生，利用限额：10 万日元。

JCB 日本高铁卡[②]

使用 JCB 日本高铁卡，不但可以在绿色窗口购买日本高铁的车票和月票，还能在全世界 144 个国家、397 万家加盟店消费。JCB 约有 140 种丰富的服务项目。JCB 日本高铁卡不仅在旅行购物，而且在所有场合都能发挥作用。

服务：1. 以日本高铁宾馆为首，在全国约 1900 家宾馆、旅馆中可享受折扣优惠；2. 全国各地的租赁汽车折扣优惠；3. 出差旅行中急需现金时，可在 JCB 的 ATM 享受现金服务或透支；4. 根据信用卡利用额赠送礼品（JOY JOY 点数积累）；5. 赠送"JCB 礼品卡"，可在全国 30 余万家商店使用；6. 可在全国的电影院和游乐园等场所享受折扣优惠。

卡种：JCB 日本高铁金卡、JCB 日本高铁显要卡、JCB 日本高铁普通卡。

---

① 资料来源：日本 JCB 信用卡公司公开宣传资料，2003 年。

② 同上。

第七节 个人投资

西方银行业态变迁历史

个人投资业务是西方银行的主要业务，在谈论这一主题之前，有必要简单回顾一下西方银行的业态变迁，这有助于我们把握个人投资业务在银行业务中的地位。西方银行似乎总是在不同的经济周期重复出现"混业经营—分业经营—混业经营"，即在严格管制与放松管制之间、周期性的银行监管中游离。

以美国为例，1929 年大萧条之前，美国银行业是混业经营的。但银行和投资公司的不良行为、信息不完全披露、内部交易、欺诈等导致公众对银行失去信心，股票市场崩盘，最终造成成千上万家银行破产，存款人利益受到严重侵害，经济出现"大萧条"。对此，罗斯福新政的内容之一即制定了《格拉斯—斯蒂格尔法案》，结束了美国商业银行与投资银行混业经营的历史，并限制每个储户在一家银行的存款最高为 2500 美元。商业银行与投资银行只能选择其中一项经营，禁止银行承销证券业务，也禁止投资银行吸收公众存款。

在经过了 30 多年平稳的金融发展期后，到了 20 世纪 70 年代，美国的银行业普通抱怨银行监管环境过于严厉，因为其他国家的银行并没有受到美国同行那么多的限制，它们在承销证券等方面具有竞争优势，这样，1933 年制定的《银行法》，逐渐成为阻碍美国的银行在全球金融市场上竞争和发展的桎梏。

20 世纪 80 年代以后，以美国为代表的主要发达国家为适应新环境的变化，逐渐放松对银行的管制，金融自由化成为这一时期的趋势。允许投资银行与商业银行合并，成立所谓的"全能银行"。1986 年伦敦证券交易所率先允许非会员取得会员号，拥有 100% 的权利，即允许商业银行直接参与证券业务。这是被誉为伦敦金融城"大爆炸"的改革。银行大规模扩张业务，一段时期内的确提高了金融资源和金融效率，降低了金融服务的成本，从而推动了经济增长。

但事情并没有这么简单，"一收就死、一放就乱"同样适用于银行业监管。华尔街的大佬们从来都不会是空闲的，见利就钻，无孔不入，运用各种手段把金融产品设计得异常复杂，再通过银行、保险渠道源源不断地销售给全球各地的投资者。金融风险积累到一定程度必然就会爆发。亚洲金融危机、次贷危机都是全球放松金融监管的严重后果。全世界的金融监管大佬再次聚在一起，重点讨论对大型金融集团的监管，并通过了一系列规范，如2010年美国出台了《多德—弗兰克华尔街改革与消费者保护法案》、2013年英国出台了《2013年金融服务（银行业改革）法》等。到了21世纪20年代，世界金融业又重新走回分业经营、从严监管的局面。

经过在资本市场上百年的摸爬滚打，西方国家的融资渠道早已发生了根本性的改变，直接融资成本更低，见效更快，银行业也必须跟随这一大潮。根据国际清算银行的数据，发达国家直接融资多数在50%以上，美国的直接融资占融资总额的比重超过60%，贷款一般只占银行资产的45%，银行利润来源的40%左右依靠收费业务。正因为如此，投资性业务就成了西方各大银行的必争之地。个人投资业务几乎是投资类业务的最终归宿，接受投资产品的机构大多为学校、教会、协会等事业性单位，而绝大部分企业购买投资类产品后，又会再次分销给个人。

个人投资产品非常丰富，几乎无所不有。如虚拟货币"比特币"等就有6~7种，可以参与芝加哥的期货交易，当然这是另话。从西方各大银行代理的个人投资产品线来看，还是十分注重投资产品的稳健性，在代理产品的风险提示上必须加以充分说明。

个人免税投资产品

这是各家银行必争的投资服务。一般地，西方国家为了鼓励家庭在教育、购房、养老等方面的资金需要，政府对于这一类专门用途的投资产品，在一定额度内给予免税优惠；此外，为了获取境外更高的投资回报，一般规定在个人或家庭总投资额不超过20%，可以享受免税优惠。

如美国的大学教育费用日益高涨，针对这一现象，美国许多州都发起了帮助家庭实现孩子大学学费的投资计划，最高有25万美元的总投资额度，享受州政府免税政策。其中每年最多可投资1.4万美元（夫妻2.8万美元）或5年内最多投资7万美元（夫妻14万美元）。美国银行受州政府指定，委托资深投资机构参与大学教育投资基金的管理，该投资计划的用途是定向专用的，只向合格的高等教育机构支付学费、住宿费、书籍费、计算机或外围设备等的费用，账户的管理人是开户人，受益人是受教育人的孩子，账户收益免税，无管理费。[①]

英国政府规定凡年满 18 岁的英国公民，只要拥有社保卡号，就可以享受每年 2 万英镑（2018 年）或等值货币的免税基金投资。免税基金投资主要由国家控股的基金公司（Money Advice Service）进行投资，也可以由持牌的专业基金公司投资，投资对象为国内或全球的各种货币或证券、债券、期货等市场。在银行开设基金账户，投资金额起点为 2000 英镑或等值货币，基金定投最低每月 100 英镑或等值货币。所有操作均通过网上银行或手机客户端，可以随时追加或赎回投资，银行不收取任何费用。[②]

加拿大皇家银行代理的免税养老基金品种繁多，所有基金最低投资额为 500 加拿大元，增加的须 25 加拿大元以上。**1.** 金融市场基金：**A.** 加拿大国库券基金；**B.** 金融市场基金：获得较高利息收入的金融市场债；**C.** 美元金融市场基金：获取较高美元利息债券。**2.** 收入基金：**A.** 抵押基金，有稳定持续的收益；**B.** 债券基金，有高利率的收益以及有长期资本增长的可能；**C.** 国际收益基金，长期资本增长较少，有正规收益。**3.** 平衡基金和股票基金：**A.** 平衡基金，有稳定的收益率以及长期资本增长潜力；**B.** 股息基金：长期资本增长较慢，有正规收益；**C.** 股票基金，有超平均的增长潜力和长期资本增长的可能；**D.** 加拿大增长基金，有超平均的增长潜力和长期资本增长的可能。根据加拿大政府的规定，养老基金可以免除利息所得税和投资所得税。客户不必担心超出外币投资限额，因为已实现自动监控，确保基金中的外币投资数额不超过加拿大政府规定的本人免税投资额的 20%。[③]

再如东京三菱银行的财产积累债券，它分为财产积累储蓄债券、财产积累住宅债券和财产积累养老债券三种。债券购买金额为 1 万日元起，以 1000 日元为单位，起购日发给 6 个月的利息，以复利计息。除利息外，票面额和发行价额的差额，自购买日的次日到发行最后一天所产生的利息，都计入购买当日的债券。对于住宅债券，本息免税总额最高为 550 万日元；对于养老

---

① 资料来源：美国银行官方网站，2017 年 12 月访问。
② 资料来源：苏格兰皇家银行官方网站，2018 年 1 月访问。
③ 资料来源：加拿大皇家银行公开宣传资料，2003 年。

债券，本息免税总额最高为 550 万日元。①

个人保本投资产品

人人想投资，但都担忧投资风险！西方银行抓住客户的这一心理，充分利用大银行的平台优势，依托强大的投资市场风险管理专家和投资对冲工具，向投资人推出保本投资服务。即投资人选择一种或多种银行指定的货币、股票、黄金、债券等，银行随即出具"投资保证书"，即本金 100% 保障，收益按契约合同执行。能运作此类投资产品的银行，均具有全方位的风险把控能力。

货币市场：**A.** 定期存款，固定利率，到期保证本金和利息；**B.** 定期可赎回存款，固定利率，保证赎回时的本金和利息；**C.** 1 年期可赎回存款，满 30 天以上，随时可以支取利息；**D.** 利率上升型定期存款，在存款满一周年后，保证利率上升；**E.** 自动转成定期存款，保证复利计息；**F.** 保证客户一定的现金流，根据需求定制；**G.** 浮动利率定期存款，假如利率为负，投资者无须增加存款，本金保证。

外汇黄金：**A.** 美元定期存款，保证特定期限的固定利率；**B.** 挂钩黄金投资，持有 30 天以上，保证可获投资收益。

证券市场：**A.** 智能股票投资，提供本金保障的股票市场的增长潜力；**B.** 多元化投资，投资被分成 5 等份，投资于不同的股票、债券、黄金等投资品，期限 1 ~ 5 年，本金保障，参与投资品的增长潜力；**C.** 智能美国股票市场投资，100% 本金保障和最低的回报保证，参与美国股票市场的增长潜力；**D.** 智能加拿大股票市场投资，100% 本金保障和最低收益保证金，参与加拿大股票市场的增长潜力；**E.** 智能国际市场公用事业股票市场投资，100% 的本金保障，保证最低收益；**F.** 与远东金融市场挂钩的票据投资，100% 本金保障，参与远东金融市场的增长潜力；**G.** 全球股票市场投资，100% 本金保障，参与主要国际股票市场的增长潜力。②

个人智能投资产品

原本投资是一件相对复杂的金融服务，但随着智能手机的普及，银行如何将复杂的投资产品变为简单易懂、老百姓普遍能够接受、风险可控并愿意

---

① 资料来源：东京三菱银行公开宣传资料，2001 年。
② 资料来源：加拿大皇家银行官方网站，2018 年 1 月访问。

购买一项金融服务的产品。这是西方银行一直都在努力探索的。

首先，银行对投资产品的研究要全面，数据积累要充分，模型建立应科学精准，产品设计须符合大众化口味。一般西方主流银行都拥有自己的经济研究院。如美国的富国银行经济研究院，对每年的世界经济 10 大预测都有深入研究。在证券研究方面，它对全球 8 个行业 1150 多家国际性公司进行及时深入分析，70 多名高级分析师提供行业概述、公司特定建议，在 2017 年汤森路透 Star Mine 分析师大奖中排名第一（全球股票分析师权威奖项）。在外汇研究方面，每日和每月的外汇分析，帮助理解和管理在国外经营和投资中的风险和机会，2016 年它是主要货币和拉丁美洲货币最准确的预测商。在高级研究方面，28 名资深分析师提供超过 1200 种全球重点证券的研究报告，分析报告的范围从每日新闻头条、企业公告要点到全面的行业和公司战略评价，在 2017 年机构投资者固定收益研究调查中名列第一。此外，还有金融、股票和利率市场研究、结构性产品研究、市场策略研究、财政性研究、公共养老研究等，研究院综合各种指标，还推出了"富国银行指数"。

正因为有如此强大的研究团队，银行推出了"小额智能投资组合服务"，只要 1 万美元就可以投资。这是专门为小额散户开发的智能投资产品，只要客户回答银行设定的 8 个问题即可，前提是这一回答必须是客户心中的真实想法。智能投资技术会自动向客户推荐低、中、高三组不同的风险投资组合，有近 10 年连续的投资盈利状况让客户做参考：A 种情况每年最低盈利、平均盈利、最高盈利分别是 3.50%、6.87% 和 11.25%；B 种情况分别是 −2.77%、8.04%、21.08%；C 种情况分别是 −7.38%、9.50%、26.36%。投资机制：A 投资起点，1 万美元，次日即开始运作；B 投资方向，分别投入相关投资品中，每天都会监测其投资组合，以保持正确的投资轨迹；C 投资收益，这是非常透明的，可以上网查看；D 投资赎回，建议持有 1~3 年，赎回通过网银或手机客户端就可实现；E 如果客户追加第 2 笔投资，银行会主动重新平衡客户的投资组合，确保跟随市场波动和周围的变化，选择一致的投资策略；F 投资费用，大约 1 万美元每季度 12.5 美元综合费用，无其他佣金。[①]

贵金属投资

在门捷列夫周期表中，金的原子序数为 79，也就是说金的原子核周围有

---

①　资料来源：富国银行官方网站，2018 年 2 月访问。

79 个带负电荷的旋转电子，金与铂、铱、钯等原子序数相近，具有很好的化学稳定性，故统称为贵金属。金很重，但铂更重，金的密度为 19.32 克/厘米，也就是说，直径仅为 46 毫米的金球，其重量就可以达到 1 公斤。

黄金自古以来就是人们身份的象征，它曾是君王的专利，历史上有好多战争，均因争夺黄金而爆发。《圣经》上有 400 多处提到黄金，可见其备受世人关注。在那些兵荒马乱的年代，唯有黄金是可以"通关"的，可以解决一切问题，包括赎回已被敌人捉去的将领。

当全球性金融危机爆发的那一刻，银行倒闭了，纸黄金没有用，存放在银行的黄金也拿不到，这种情况在亚洲金融危机爆发时的韩国发生过，在日本遭受巨大地震灾害时也曾发生过。所以，日本的有钱人特别喜欢在家里储存金条，一般选世界著名品牌，每条约 1 公斤，共 10 条，价值约四五十万美元。他们把这些金条放入红木箱子，在自己住的别墅或附近挖个洞放在里面，四五十万美元也不贵，关键的时候可以救一家人的命。日本的银行针对家庭的这种需求，开发了许多成箱的金条产品（见图 5-2）。

根据世界黄金协会的统计，自从人类发现黄金并开始冶炼，其总量至今不超过 12.8 万吨（2017 年中国粗钢产量为每天 225 万吨），也就是说，一艘船就可以将全世界所有已经开采的黄金全部运走。黄金的全部价值加在一起大概为 1.2 兆亿美元。

图 5-2　日本银行的成箱黄金

当今社会，人们"浮躁"的情结很普遍，热衷于"炒"，证券、股票、期货、外汇、虚拟货币、结构性产品、房产以及种种的数字投资，但如果遇到天灾人祸，这些投资品都靠不住！请问如果美国的国库中没有 1 万多吨的黄金储备，谁还相信美元？因此，国际投资专家建言：一个家庭的总资产中配置 10% 左右的黄金储备是很重要的。

黄金是唯一的各国都可以接受的全球硬通货。纯度在 99.5% 以上的标准黄金，随时都可以按伦敦黄金市场价格出售或转让成外汇。现在许多人把房地产作为硬通货，其实这个观点是错误的。正因为如此，西方老牌银行十分注重实金业务，代理销售世界上有名的金条和金币，如维也纳金币、加拿大枫叶金币、美国鹰洋金币、澳大利亚考拉金币以及中国熊猫金币等。

表 5-1 显示，从 1914 年到 2018 年的 100 多年中，美元与黄金的比价贬值了 60~80 倍，平均每年贬值 6%~8%。结论：投资黄金 200 年的收益若按美元购买力计算应该是 50 多倍，在所有投资中最稳健！

表 5-1   1792—2018 年黄金与美元比价

年份	1 美元／克纯金	1 盎司／美元
1792	1.6038	19.39
1914	1.5046	20.67
1934	0.8886	35
1973	0.7366	42.22
2014	0.0183	1700
2017	0.0239	1300

资料来源：作者从公开资料中整理获取。

家庭首席投资官

富国银行理解家庭投资在人生中的重大意义，自 1932 年以来，富国银行就开始为客户提供家庭理财服务，依托富国银行投资研究院全球一流的专业研究团队，向客户提供"家庭首席投资官服务"（OCIO）。主要内容：**A.** 前期准备，派出一位令客户信赖的投资顾问作为首席投资官，全面与家庭成员（家属投资委员会）进行沟通，仔细听取投资诉求，包括不动产购置、退休金计划、保险计划、孩子教育计划和海外投资，如果客户是企业家或企业的主要成员，将进一步了解企业的发展情况。**_B._** 方案提供，根据客户家庭的具体情况，首席投资官将向该行技术团队提交有关投资目标，由技术团队提供多种投资方案，包括成本监督、波动性控制、节税政策利用、交叉投资原则等。

C. 操作选择，可以选择投资外包模式，有专业程序，按照专业方案实施操作，客户可以上网查询家庭投资组合的具体情况；客户还可以按照首席投资官的建议自己操作，银行为客户提供专业的投资软件。

第八节　私人银行

世界财富集中于少数人

根据世界银行 2017 年公布的统计数据，以各国国内生产总值（GDP）为标准计算的世界财富，从 1960 年到 2016 年的 56 年中，增加了 55 倍，从 1.34 万亿美元上升到 74 万亿美元。2016 年美国以国内生产总值 18.56 万亿美元排第一，占比 24.32%；中国以 11.19 万亿美元排第二，占比 14.84%；排第三、第四的分别是日本和德国，分别占比 5.91%、4.54%。

根据 2018 年《福布斯》发布的全球富豪榜（2017 年业绩），亚马逊掌门人杰夫·贝佐斯以 1120 亿美元首次超越比尔·盖茨的 900 亿美元成为全球首富，股神巴菲特以 840 亿美元排名第三。华人富豪榜排名最高的是腾讯总裁马化腾，以 453 亿美元排名第 17 位（比上年提升 14 位）；其次为阿里巴巴董事局主席马云，以 390 亿美元排名第 20 位而长期居亚洲首富的李嘉诚，则以 349 亿美元排名第 23 位。

2018 年由亿万富翁控制的世界财富超过 55 万亿美元。富豪主要集中于信息科技、金融和房地产领域。2017 年《福布斯》全球亿万（美元）富豪最集中的 15 座城市分别是纽约（82 人）、中国香港（75 人）、莫斯科（73 人）、北京（54 人）、伦敦（50 人）、孟买（41 人）、上海（40 人）、首尔（37 人）、深圳（35 人）、旧金山（32 人）、新加坡（25 人）、杭州（24 人），东京、中国台北、伊斯坦布尔均为 23 人。

上述数据显示，世界财富集中于少数国家、少数集团、少数富豪。联合国官员表示，自科技革命以来，两极分化现象越来越严重，不仅欠发达国家越来越贫穷，而发达国家中的贫富差距也越来越大，因此，世界上到处充满着矛盾。

全球性的富豪逃税现象

例如，位于法国与西班牙交界线比利牛斯山脉陡峭山顶上的弹丸之国——安道尔，这个国家没有机场、铁路和港口，但它有互联网承认，承认它的免税税法。偏僻的安道尔同样是世界的避税中心。类似的还有英属维尔京群岛、巴拿马、开曼群岛、百慕大等，这些从国际地缘漏洞中受益的国家就是富人的避税天堂。

以美国为例，联邦政府税收42%来自个人所得税，其个人所得税税率分别为10%、15%、25%、28%、33%和35%六个累进档次，根据单身、结婚和单亲家庭结构不同又分别规定不同的起征点；遗产税从18%~47%有14个档次，另外还有消费税、投资交易税、住房产权税、房屋交易税、社会保障税等个人税种。

但美国社会财富再分配的机器运转得越来越不尽如人意。因为在到达国家手中的社会财富中，除国家所控制的部分企业外（国有企业或国家控股的混合企业），从财富金字塔顶端的富豪手中取得的税收相对少得可怜。其中一个很重要的原因就是富豪纳税人逃避税收！越是有钱的人，越有资本、有能力逃避税收；相反，收入少的社会阶层却不具备这种条件。在美国，有人算过一笔账，平均花上5万~7.5万美元，作为支付给律师或税务专家的费用，用于完成最佳或最优化的税务设计，就可以省去大笔税金，减少向国家交钱，这笔服务费远远低于当事人应缴纳的税金，大概只占当事人的节省税金的8%~30%，经常见到富豪们只申报其财产的10%~20%，余下的80%~90%不申报，而以"其他形式"持有。

《税务司法》杂志（Tax Justice Network，Briefing Paper，The Price of Offshore，No. 3 2005）对2005年世界范围内未申报归类于税务流失的资金估计为11.5万亿美元。假设年回报率为3.5%（最保守回报率），那么到了2017年，就相当于17.37万亿美元。2005年，根据美国波士顿咨询公司公布的报告，世界"私人理财"市场总额被评估为7.3万亿美元，瑞士占世界私人理财市场总额的28%，即约2.05万亿美元。瑞士银行协会公布的数字在1.85万亿美元和2.15万亿美元之间。但瑞士管理下的美国资产仅占其世界总资产的8%，即1640亿美元，而美国国税局估计仅在瑞银集团中就有5.2万个美国账户未申报资产。

"山姆大叔"可没有这么慈悲，从2007年开始到2009年，白宫和美国联邦议会携手运作，通过媒体、税务、司法和外交等手段，把瑞银集团世界排名第一的"私人理财"彻底打败。迫使瑞银集团向美国国税局交出 5.2 万个账户的名单，涉及金额 170 多亿美元，补缴税金；对瑞银集团罚金 9.14 亿美元。自 1935 年建立的《瑞士银行保密法》从此不复存在。瑞士结束了其"神秘银行"神圣不可侵犯的传统，神秘的面纱从天上掉到地下，成为历史。遇此一击，瑞银集团元气大伤，信誉重挫，又遇次贷危机，2007 年发生巨额亏损，最终瑞士政府吸取瑞士航空倒闭的教训，出资 600 亿美元挽救瑞士第一大行——瑞银集团。瑞士国内一片哗然，大而不能倒![①]

专家估算，2017 年全球未申报的资产超过 25 万亿美元。这笔资金就是全球"私人银行"游戏的主角。从中我们便可以明白为什么世界主流银行对"私人银行"业务如此热衷和疯狂。

私人银行业务概述

私人银行业务范畴十分宽泛，内容极为复杂，是一种典型的跨界、跨国合作业务。可以向富人提供从高税收国家/地区向低税收国家/地区转移资金；通过慈善渠道、捐赠渠道、公益渠道转移资金；通过信托遗赠渠道转移资产；通过收购兼并、资产重组改变资金性质；通过由企业向第三国购买不动产，将资产转移给个人或家属等。同时，巨额的私人资金是世界主流银行、证券公司、保险公司、基金公司进行私人理财的主要对象。主要产品包括但不限于：授权委托投资契约、投资顾问模式与产品、次级债券、可提前赎回特定范围每日计息票据、附参与权结构性产品、设票息上下限浮息票据、累积股票期权、场外累积认沽期权、股票挂钩票据、可赎回逐日计息票据、红利凭证、升级红利证、障碍反向可转换票据、信贷挂钩票据、远期外汇挂钩结构性产品、售出触碰生效触碰失效期权、提前赎回远期合同等。

以下是荷兰银行私人银行业务的部分经营策略。

私人银行投资原则

判断市场时机：确定市场的高位及低位并不容易，我们建议不在一个时点投入所有资金或完全不做投资；且宜持有长线前景策略，持续进行投资；根据市场状况对客户的资产配置做出调整；维持核心投资组合与客户的投资目标一致；核心投资组合是长线的组合，其资产配置策略以实现客户想要的

---

① ［中］张亚非. 瑞士银行秘密［M］. 北京：人民邮电出版社，2015.

回报及风险承受能力为目标；核心投资组合应在资产类别、地区和行业方面实现多样化。

维持简单定式：不投资于过度复杂或客户不明白的产品，投资决定的主要部分应该简单明了；专属资产配置模型以三个简单范畴为焦点：基本面、估值及技术因素。

坚守投资原则：不宜在市场高位时买入，也不宜在低位时进行恐慌性抛售，需要控制情绪；投资者可能由于市场恐慌情绪而抛售，或由于市场乐观情绪而贪婪地买入；希望客户配合本行，保持冷静，适时提供逆市投资机会。

投资是马拉松：投资犹如跑马拉松，需要耐力和毅力才能跑完全程，市场可能长期波动不定或区间震荡，投资者需要耐心；若投资者保持投资，也可享有复合回报的好处，皆因投资可以利滚利；客户若投资于风险资产，需要定下最短 5 年的期限。

侧重于资本回报：资本回报、收入及资本收益同样重要，投资者可能过度重视资本收益，但收入收益（如股息及票息）也不容忽视；长远来说，收入收益可为组合回报做出重大贡献，也可在市场回落时提供缓冲空间。

研究是投资的基础：由具有资格及经验丰富的专业人士组成的团队，以自上而下及自下而上的角度进行全时间的研究分析；我们会审慎做出每项投资决定，寻求最佳的风险回报平衡。

慎防追随潮流：部分投资者会买入在过往表现良好的产品，但市场是面向未来的，当客户知道最新的热门投资概念时才入市，可能已经太迟了，通常最佳的投资机会源自不被青睐的股票或债券。基于审慎挑选及研究基础做出投资，是成功的不二法门。

卫星投资理念

挖掘错误定价机会：投资是私人银行业务的重要行为，经过不断完善，本行私人银行对客户投资提出了"卫星投资理念"。

卫星投资："卫星投资理念"就是在核心投资组合中择机入场，挖掘市场错误定价或主题式投资机会，通常采用基金或结构性产品。

如何运作：首先与客户商洽重要的核心投资组合策略，考虑客户的长期目标及风险承受能力，并转化为不会大幅偏离核心目标的策略资产配置方案；通过证券筛选和合理的长期策略资产配置，对偏离进行主动式管理；分散投资是关键的减缓风险策略；采用共同基金或对较大型组合采用流动性和透明度高的票据：投资评级债券、高息债投资评级债券、高息债券、股票及现金等。

卫星配置：按客户风险承受能力建议投资比重：1. 防守型组合，核心投资占 90%，卫星投资占 10%；2. 平衡型组合，核心投资占 80%，卫星投资占 20%；3. 进取型组合，核心投资占 70%，卫星投资占 30%。

私人银行资产配置框架

资产配置流程：通过基础分析、估值分析和技术分析以及全球宏观经济分析，由本行投资委员会对资产配置做出最后决定。

资产配置内容：主要有：现金、成熟市场投资评级债券、新兴市场投资评级债券、成熟市场高息债券、新兴市场高息债券、固定收益产品、股票、共同基金、对冲基金、黄金、外汇、房地产、保险、信托产品、结构性产品、私募股权等。

资产配置区域：私人银行产品配置依不同所在国法律法规的规定而有所差异。投资地的选择集中于世界主要金融中心：纽约、多伦多、芝加哥、伦敦、法兰克福、巴黎、香港、东京、新加坡等。

以下是瑞士银行私人银行的特别账户。

数字账户

数字账户就是以数字作为银行账户持有人姓名的一种账户。数字账户产生于 1933—1945 年。这个历史时期覆盖了第二次世界大战前和第二次世界大战两个历史阶段。尤其第二次世界大战前的 1933 年到 1939 年，纳粹德国的盖世太保对德国人私自在国外，特别是瑞士开设银行账户并藏匿资产进行调查和追究，按照当时的德国法律处以刑罚，包括死刑。为保护开户人，瑞士银行想出了一种特殊账户，即数字账户。

开户人（申请人或其代理人）要填写开户申请等一系列表格，在银行审查后，数字账户才能设立。数字账户是在银行资料纸张化时期，银行内部的一切登记文件中，账户开户人姓名被掩盖或被真空起来。到了信息化时代，数字账户持有人的信息根本就不输入银行普通客户信息资料系统，不能被查阅调档，或另设数字客户系统，仅有极少数银行管理人员或银行领导层人员知道该账户持有人姓名以及相关个人资料。数字账户的发明和使用是为了最大限度地避免外泄的风险，更好地对客户实施保密和保护。

与普通账户不同。*A.* 数字账户仅对自然人开放；*B.* 数字账户持有人不能进行在银行服务窗口取钱等普通账户持有人可以完成的银行操作，如果数字账户持有人需要取现金，必须与其账户经理联系，在银行内特定的保密室见面；*C.* 数字账户持有人在给银行发指令时，使用的是密码表格。开设数字账户后，银行会收取高于普通账户的手续费或管理费。

化名账户

化名账户就是银行账户开户人或持有人不以其真实姓名署名，而使用化名、假名的一种账户。但开户时，当事人必须向银行出示具有其真实姓名的身份证件，并填写一系列相关表格。在开户完成后，相关账户显示的并非其真实姓名，而是借用的化名、假名乃至任何第三方的姓名。但化名账户不能使用荒诞性或侮辱性的化名或假名。

化名账户是数字账户的进一步延伸。尽管数字账户不显示持有人姓名，银行对账单等文书上显示的是数字或密码。但当账户持有人受到本国税务机构调查时，面对陈列在面前的一堆密码银行对账单，恰恰说明了当事人在瑞士开有账户。数字账户也有泄露持有人开户秘密的风险。为弥补这个缺陷，瑞士银行又设计出化名账户。这样即使遇到税务核查，当事人也可以据理力争：这是他人的账户，与自己无关。所以说，化名账户是数字账户的演进和发展。化名账户不仅弥补了数字账户的弊端，同时也避免了数字账户实际使用中的不便。具体而言，数字账户持有人不能在银行窗口提兑现金，而化名账户持有人却可以在银行窗口取钱，银行窗口工作人员可以识别化名账户持有人的真假，却不知道其真正或实际身份。

私人银行家族办公室

私人银行家族办公室是为富有家庭提供服务的专业组织。根据家族富有程度，家族办公室又分为单一家族办公室和复合家族办公室。单一家族办公室的服务对象是超级家族富豪，资产在 4 亿美元以上（相当于 25 亿元人民币）。而复合家族办公室服务的对象是资产在 2000 万美元以上（相当于 1.3 亿元人民币）的家族。复合家族办公室并不是把两个家族的资产组合在一起，而是提供的服务对象覆盖两个以上的家族，可以达到 100 多个家族。

无论是单一家族办公室或复合家族办公室，它们都以公司法人形式存在并运作。办公室的成员都是训练有素、经验丰富的专业人士，包括会计师、审计师、理财师、律师和其他专业人员。家族办公室为家族提供服务就像家庭管家，管理内容、覆盖领域涉及家族传承和发展（文化和传统），家族成员的教育和培养，家族资产的增值规划、管理、继承、税务、法律、慈善事业捐赠，资产信托设计和监督，家族风险（经济和人寿）避险设计和处置等一系列问题。同时受益于家族办公室服务的不只是一代人，而是数代人，能为家族继承、繁衍和发展不断添砖加瓦，避免"君子之泽，五世而斩"。

经验显示，当一个家族资产达到一定规模时，全部由一个人亲自管理或打点弊多利少，每个人都有自己的专业和特长，是某个领域的专家，但不是所有领域的专家，一个人的知识经验受到制约，需要借助管理梯队的知识。在对资产进行多样化组合时，尤其当资产结构中直接投资比例较少，而资产多元化较多的情况下，更需要由不同背景的专业人员实施操作。在经济全球化时代，家族办公室的管理不再局限于一个地区或国家，而是多地区、国际性的大视野、大事业，这超越了一个人长期工作的能力和范围。

家族办公室主要分布在欧洲的瑞士、英国。其中，瑞士的家族办公室占欧洲的2/3，英国占1/3。随着亚太地区富豪逐渐增加，新加坡和中国香港家族办公室也从无到有，应运而生。从历史传统看，家族办公室的大本营依然是欧洲的瑞士和英国，主要是因为瑞士和英国的银行制度对家族办公室的运作十分有利，瑞士和英国银行业发达，既有历史传统又有现代活力。家族办公室又分为银行下属的家族办公室和独立于银行之外的家族办公室。国际上单一家族办公室的费用一般为每年200万美元，复合家族办公室的费用一般按资产的百分比收取，为60万～100万美元。

第九节　养老金融

西方国家养老制度

让我们先来简单了解一下西方国家在养老体制方面的制度设计。总体而言，大部分西方国家的养老体系由以下三大部分组成：一是国家强制性养老金制度；二是企业个性化养老保障；三是个人自愿的养老计划。

在国家强制性养老制度方面又可以划分为三个等级。

1. 国家基础养老金。以强制性、费率统一和全民覆盖为特征，每位符合领取条件的退休人员都可以得到相应的基础退休年金。所需资金，由政府财

政、雇主、雇员三方强制性缴纳，共同负担。

2. 国家第二养老金。一些国家针对日益严峻的收入不平等问题，将中低收入人群加入养老金的准入门槛放低，但领取养老金时与全国领取养老金的平均水平基本持平。第二养老金针对的是老龄化问题，因为高龄人士之前缴纳的养老金基数很低，但社会寿命总体延长，而生活费用提高。通过在职国民强制性缴纳第二养老金的措施来补充实现（第二养老金也称福利养老金）。

3. 残疾与遗属年金。据有关部门统计，一个国家总人口的 6.5% ~ 9.5% 是伤残群体，这部分人需要得到国家和社会的帮助。各国都会根据本国的具体情况制定伤残、失偶家庭的年金补助范围。

日本政府养老金制度

1. 日本国家基础养老金

（1）领取条件：**A.** 原则上加入基础养老金 25 年以上者，从 65 岁开始领取。**B.** 领取福利养老金者，65 岁以后方可领取，但 60 岁起至 65 岁止，由福利养老金特别支付（定额部分加上报酬比例部分）。**C.** 期间缩短的特例：1929 年 4 月 1 日前出生的国民养老金加入者以及 1956 年 4 月 1 日前出生的福利养老金加入者，可不受 25 年限制。**D.** 提前支付和推迟支付：基础养老金可从 60 岁起提前支付，或推迟至 66 岁以后支付。领取率以 65 岁为 100%，则 60 岁为 58%。

（2）养老金金额：**A.** 计算公式：78 万日元 ×［（保险费缴纳月数 + 保险费免除月数 ×1/3）÷（可能加入年数 ×12）］×（按照物价指数变动的）活动工资率。**B.** 给职员的妻子增发金额：按出生日期计算，1927 年 4 月 1 日前为 22.44 万日元；1937 年 4 月 1 日前为 16.45 万日元；1947 年 4 月 1 日前为 10.48 万日元；1957 年前为 4.49 万日元；1966 年 4 月 1 日前为 1.5 万日元。

2. 日本国家福利养老金

（1）领取条件：**A.** 原则上加入福利养老金 25 年以上者有资格领取。**B.** 开始支付年龄为 60 岁，若从 65 岁开始领取，则由福利养老金支付特别金和增发养老金；65 岁起支付基础养老金、福利养老金及其配偶的增发养老金。**C.** 在职养老金，60 ~ 64 岁在职人员养老金按月工资额档次的一定百分比支付。

（2）养老金金额：**A.** 计算公式：按"定额部分"和"报酬比例部分"

两部分之和支付，定额部分＝按出生日计算的每个月单价（1625～3047 日元）×加入月数（最多 420 个月）×（按照物价指数变动的）活动工资率；报酬比例部分＝平均月标准报酬×按生日的系数（1.0%～0.75%）×加入月数×（按照物价指数变动的）活动工资率。**B.** 增发养老金，配偶为 22.44 万日元×活动工资率；孩子在 2 名之内（每人）为 22.44 万日元×活动工资率；孩子第 3 名以上（每人）为 7.48 万日元×活动工资率。

3. 日本国家残疾与遗属年金

（1）障碍年金

①基础障碍年金：**A.** 金额：2 级，年额，78 万日元×活动工资率；1 级：2 级×1.25。**B.** 增加额：孩子在 2 名之内（每人）22.44 万日元×活动工资率；第 3 名孩子以上（每人）7.48 万日元×活动工资率。

②福利障碍年金：**A.** 金额：2 级，平均月标准报酬×7.5‰×加入月数×活动工资率；1 级：2 级×1.25。**B.** 1 级、2 级的配偶达到 65 岁时，发给增发养老金（22.44 万日元×活动工资率）。**C.** 福利年金 3 级者，不发基础障碍年金，仅发给 3 级福利障碍年金。**D.** 轻度障碍者发给障碍津贴。

（2）遗属年金（遗属范围指妻、子、父母、孙、祖父母）

基础遗属年金：**A.** 金额：每年 78 万日元×活动工资率。**B.** 增加额：孩子在 2 名之内的（每人）为 22.44 万日元×活动工资率；第 3 名孩子起（每人）为 7.48 万日元×活动工资率。**C.** 福利遗属年金：平均月标准报酬×10%～7.5‰×加入月数×3/4×活动工资率。[①]

企业养老保障

在企业养老保障方面，完全是企业自愿，商业化运作，政府鼓励。主要表现为职业年金，它又分为两类，一类为待遇确定型（DB 型），另一类为缴费确定型（DC 型）。企业自愿建立的职业年金计划，除了税收优惠因素外，主要是出于留住人才的竞争性考虑。如"要员与高管职业年金计划"。DB 型年金计划，由雇主向雇员提供退休时工资一定百分比的养老金，一般雇员工作时间越长所获得的百分比越高。DC 型年金计划，通过缴费形成个人账户，一方面有利于投资，另一方面也便于雇员在转换工作时携带，计划成员可以选择不同的年金和保险公司。这些年金专户管理，可以用于长期投资，投资

---

① 资料来源：日本东京都福利局，2002 年。

所得税将在退休后的养老金年领取时缴纳。

个人自愿养老计划

个人自愿养老计划，由个人从选定的保险公司中，参加人寿保险养老计划。可以自愿选择投资方向，也可以由保险公司运作。税收政策与职业年金相同。有关国家还规定，如果企业没有为雇员提供职业年金，则企业必须与一家或多家保险公司达成协议，让其雇员能够参加个人养老计划，雇主将为选择参加个人养老计划的雇员代扣应交保费。国家对承办养老金计划的保险公司进行严格监管，以防止保险公司破产。

随着西方人口老龄化的加剧，各国政府精算署一般每5年会对国家养老基金进行估值，确保养老基金的可支付能力。以英国为例，1995年之前，英国法定退休年龄为男性65岁，女性60岁，2007年立法规定到2020年女性退休年龄将提高到65岁，到2046年将退休年龄统一提高到68岁。这意味着政府和个人为养老金准备的各类资金所能运作的时间更长，资金积累更多。这对金融机构来说是一个利好的趋势。养老金制度会直接影响一个家庭金融资产的结构，如表5－2所示，美国、英国的养老资产占家庭金融总资产的比例较高，这与本国的养老政策有直接的关联。

表5－2①　　　　　养老金在西方家庭金融资产总额中的比例　　　　　单位:%

年份	法国	意大利	西班牙	英国	德国	美国
1995	1.80	0.80	4.50	22.20	5.60	23.30
2001	2.00	1.30	6	23.00	5.00	24.00

"老有所养、老有所乐"，不仅是个人一辈子的追求和归宿，同时也是政府体现社会公平与稳定的基本施政目标。金融机构作为特殊的行业，对此负有重要责任，应引导社会树立"健康生活"的价值观，为了以后的"晚年幸福"就要从年轻时开始积蓄投资。所以"养老金融"是社会保障体制的重要部分和直接参与者。

个人养老储蓄

养老储蓄分为两大系列：一类为法定退休年龄之前的养老储蓄；另一类

---

① 资料来源：由 PGAM Research (Pioneer Global Asset Management Research) 根据 OECD (Organization for Economic Co - operation and Development) 和各国央行数据资料整理而得。

为法定退休年龄之后的养老储蓄。其特点之一是可以享受政府规定额度内的利息免税政策；二是银行给予一定的上浮利率，一般上浮同期存款利率的0.15%～0.35%。

如加拿大的"退休储蓄"（法定退休年龄之前）可以享受一定额度的免税。最低储蓄额为每月100加拿大元，增加储蓄额每月25加拿大元起；期限：6个月以上25年以下；利率：若选择中途可兑现的退休定期储蓄，银行对所选期限作高利率保证，若选择中途不可兑现的退休定期储蓄，银行对所选期限作最高利率保证。日本政府规定，65周岁以上的老人可以享受350万日元免税储蓄和350万日元免税国债，总计每人700万日元可免缴20%的利息税。而新加坡的银行则针对55岁至60岁领取养老金前的人群每个月缴纳的养老金存款，银行给予特别优惠的利率政策。

个人养老投资

西方银行的养老投资产品线非常丰富。如在德国，可以购买养老基金或公共不动产基金。原则上3万欧元起，可以选择保本，只获取投资利润，有4年内不变的固定利润获取型，也可以根据市场行情连本带利一起提取。又如加拿大自我投资型法定养老储蓄，是加拿大税收规定的合格投资资金来源，额度内可免税。其法定投资范围为：*1.* 互助基金；*2.* 加拿大国债和国有公司债；*3.* 在加拿大证券交易所上市的公司股票和债券；*4.* 在外国交易所上市的股票、债券；*5.* 外国政府主权债；*6.* 加拿大证券交易所的认股证书；*7.* 客户主要居住地的抵押投资；*8.* 由加拿大银行及信托公司发行的保证投资；*9.* 加拿大财政部证券；*10.* 金条及其他贵重金属；*11.* 可靠的期货合同（4、5两项合计不能超过法定养老金储蓄投资总额的20%）。

个人养老保险

养老保险是大部分西方国家养老金的重要来源，个人通过购买人寿保单实现养老计划，所以养老保险在西方国家具有十分重要的意义。如德意志银行集团下属的德意志先驱保险公司，只要客户支付一笔或分期支付私人养老保险费，可根据要求，立即或以后开始，得到有担保的终身养老金，此外还有养老金投资利润收入。储蓄投资型养老寿险很普遍，一般投保额为5万美元起，可以参加分红，满60岁后将本金交回投保人，并开始享有一定金额的养老金。

雇员职业年金

以法国农场职业年金为例。按照法国政府有关法律规定，农场企业为雇员缴纳职业年金是每个农场必须承担的员工退休保障的一部分。缴纳对象：年龄在 18 岁到 68 周岁的农场雇员；缴纳金额：根据企业工资水平的百分比缴纳，但政府有最低起点和最高限额，一般为农场雇员年收入的 8% ~ 10%；资金运作：由具有资质的保险公司或投资公司进行年金运作，每年一次企业年金增值信息公告，也可上网查询；年金获取：到达退休年龄后按月领取，也可以用于购买个人住宅；税收优惠：当年缴纳的年金可以按比例抵扣个人所得税，也可以抵扣配偶和子女的个人所得税；年金种类：分终身性年金与阶段性年金两种。法国农业信贷银行的前身是 19 世纪源于法国各地的 1.2 万个农村信用合作机构。因此，该行天然具有与法国农场进行合作的悠久历史和经验，全面代理法国农场的职业年金计划，包括年金账户、年金托管、年金顾问等。[①]

个人养老信托

一些国家允许个人养老资金参与信托存款投资，以获取更加丰厚的回报，同样可以享受免税政策。但是对参与的信托公司有资质要求，金融当局会进行更加严格的监管。如日本的个人养老金信托存款。

存入的养老资金，直至到期取款的整个期限，均以信托利率方式运作，5年期为一档，半年复利计息，一是将养老金一次性存入；二是每月或配合奖金存入。每次 5000 日元以上；养老金信托存款的支取，一是可任意按月、季度、年等定期支取本息；二是本金不动，按月、季度、年支取利息。

不动产养老

不动产养老主要是指西方国家的个人养老资金投资于商业不动产基金。在许多欧美国家，专门经营商业不动产的基金公司已经有近百年的历史，这些基金公司管理严谨、慧眼独到，经验丰富、数据模型建立充沛，收益率相当稳定，是养老资金长期投资的一个重要渠道。在一定额度内同样可以享受政府免税的政策。一般投资于欧盟、北美、中国香港、新加坡等地区主要城市的商业地产、写字楼、高级公寓、房地产开发、房地产项目收购兼并、经营性物业、地产企业股票及债券等。基金收益于投资标的物的租金收入、按

---

① 资料来源：法国农业信贷银行官方网站，2018 年 1 月访问。

揭利息收入、股票债券分红收入、项目运作利润收入等。投资结构：房地产性质投资不少于90%，其中租金收益类占比不少于60%；投资单位：以1000欧元为一个投资单位。投资参考：据统计，从1992年到2012年的20年间，房地产信托基金的年平均投资收益为北美地区13.2%、欧洲8.1%、亚洲7.6%。[①]

养老服务

这里所说的养老服务是指银行针对已到达本国法定退休年龄的客户所设立的一套服务。一般有乐龄账户，可以免除年账务手续费；松柏存款，比同期普通存款高的利率，并可以享受一定额度内的免税；乐龄银行卡，购买许多老年人用品时折扣非常优惠；乐龄保险，针对老年人的需求所设计的保险种类；乐龄俱乐部，春夏秋冬开展各种丰富多彩的适合老年人的文化体育和旅游活动，拓展老年朋友的社交网，一般这类俱乐部都有俱乐部会刊，也是金融机构品牌宣传的良好渠道。

第十节 个人保险

西方保险的起源

近代保险业起源于英国，海上保险比陆地火险的历史更为悠久。英国1903年出版的格欧《海险手册》中，出示了一张1555年的海险保单，这张保单跟1900年的海险保单没有很大的区别，被学者公认为世界上最早的保单。1666年9月2日，伦敦城毁于大火，烧了整整5天，受灾面积超过市内总面积的80%，人们这才意识到火灾保险的重要性，火险公司陆续在英国的巴斯、曼彻斯特和伦敦相继开业。到了18世纪后期，英国的劳埃德保险会、联保火险公司、太阳保险公司、鸾凤保险公司在欧洲已赫赫有名。

让我们再来引进两个概念：保险密度与保险深度。保险密度是指一国的人均保费收入，即一个国家每一位居民在保险上的人均花费，反映了一个国

---

① 资料来源：法国巴黎资产管理公司官方网站，2017年8月访问。

家国民安全保障意识、保险普及程度和保险业的发展，这个数字越大说明该国居民在满足基本物质生活需要的同时，对于自身的财产安全和人身安全保障的关注程度越深。统计显示，2014 年世界部分国家（地区）人寿保险密度：英国 3600 美元、中国台湾 3300 美元、日本 2900 美元、法国 2600 美元、意大利 2500 美元、澳大利亚 2400 美元，韩国 2200 美元、美国 1600 美元、中国内地 200 美元。保险深度是指一个国家保费收入占该国国内生产总值（GDP）的比例，反映了该国保险业在整个国民经济中的地位。以上两项指标，英国、德国、日本、法国、美国等西方国家长期位于世界前列。2016 年美国的保费收入高达 1.35 兆美元，占全球保费的 28.58%。西方国家商业保险高度发达，可完全个性化定制。[①]

银行保险概述

银行保险（Bancassurance）是一种销售方式或一种金融业的经营模式，从简单的定义上理解，银行保险就是通过银行销售保险产品；从较深的意义上理解，它是金融服务业的两大分支——银行和保险在同层次上的合作与融合。在法国、西班牙和意大利等南欧国家，一体化的银行保险业关联度很高，其中，法国银行销售寿险的情况如表 5 – 3 所示。

表 5 – 3[②]　　　**法国银行销售寿险市场份额（1990—2003 年）**　　　单位：%

年份	1990	1991	1992	1993	1994	1995	1996	1997	1998	1999	2000	2001	2002	2003
占比	39	42	46	51	54	56	59	61	59	60	61	60	61	61

英国对金融业的管制类似于美国，银行和保险是不能跨业经营的。但 1986 年的《金融服务法》颁布以后，银行可以销售任何类型的保险产品，也可以成立保险子公司，英国的银行保险开始发展，银行保险的保费市场份额 1992—2003 年平均在 18% ~ 20%；德国一直实行的是全能银行制度（Universal Banking），但这里的"全能"主要是指银行业务和投资银行业务，经营保险业务的银行很少。根据德国保险协会对不同销售渠道在保费收入中所占份额的调查，独立代理人仍然是保险销售的主渠道，2001 年占 60.6%，而银行保

---

① 资料来源：Sigma 官方网站，2017 年 10 月访问。

② 资料来源：1990—2000 年数据转引自 Pierre Arnal, Analysis and Prospects of the French Bancassurance Market；2002 年数据引自 Business Insights；2001 年和 2003 年数据引自 Datamonitor。

险的比例较低，只占 8.9%。在寿险业务中，银行保险的比例要高一些，2003
年为 19%。

自 1999 年《金融服务现代化法》颁布以来，越来越多的美国银行参与到
保险业务中去，经银行销售的保费 2003 年为 781 亿美元，美国是西方各国中
通过银行渠道销售保险最少的国家（见表 5 –4）。

表 5 –4①　　　　　　　**2003 年西方银行寿险保费的市场份额**　　　　　　单位:%

国家	西班牙	法国	意大利	德国	英国	美国
份额	77	61	56	19	18	2.1

另一个有趣的现象是各国消费者在购买保险产品方式上存在较大的差异。
美国消费者偏好经纪人模式，从产品中货比三家，获得相互竞争所提供各种
优惠的信息，独立判断筛选，由此获得最大的心理满足。在英国、德国、荷
兰等国家，顾客也有明显的独立倾向，在保险消费时倾向于通过自我判断，
而非他人的推销。而在法国、西班牙等国家，顾客喜欢享受银行分支机构所
带来的便利，人们高度利用银行的分支机构购买保险（见表 5 –5）。

表 5 –5②　　　　　　　**寿险在各国家庭金融资产总额中的比例**　　　　　　单位:%

年份	法国	意大利	西班牙	英国	德国	美国
1995	18	3.30	4.50	27.60	11.80	7.10
2001	25.20	7.40	6.90	29.30	14.90	7.70

综上所述，因西方各国金融监管体制的不同，民众在选购保险习惯上的
不同，银行代理保险的深度有着很大的差异。但是，银行对客户通过该行购
买保险的服务，却有着丰富多彩的管理模式，其目的就是希望增加银行的信
誉，为客户提供良好的购买与管理体验。如许多银行对客户在该行托管的各
种保险合同进行综合管理，确保客户与保险公司的保单交易按照合同要求正
确履行，可以在全球不同地点管理客户不可撤销的保险合约，所有保单都将

① 以上数据皆引自 American Bankers Insurance Association（美国银行保险协会）。
② 资料来源：由 PGAM Research（Pioneer Global Asset Management Research）根据 OECD（Organi-
zation for Economic Co – operation and Development）和各国央行数据资料整理而得。

归纳在专一的托管账号内，受到严密的监管，一年一份专业报告报备。如果客户投保的保险公司无法履行保险合同，有些银行将有一套支援方案，为投保人的利益尽责。

巴克莱"房东家庭保险"

个人保险种类成百上千，但各国保险公司都会根据本国的特点和民众需求，开发很有个性的保险种类。如英国是个老牌帝国，底子厚、财产富，上代留下的遗产中，房产是一个很重要的收租来源。为此，保险公司开发了"房东家庭保险"，让我们看一下具体案例。

巴克莱"房东家庭保险"可以保护投保人名下最多 3 套房产，此保险包含两种类型，分别如下：

建筑物保险

A. 建筑物保险可以提供以下保障：无限重建或修复符合资格标准的 5 间卧室，包括永久性固定装置、附属建筑物、边界墙、驱动器、路径、大门和游泳池；建筑物配套设施，若配套设施受损且无法修理，可获 1 万英镑以下符合该物品的赔偿；租金损失，如果租户因保险政策所包含的事件而无法继续居住在该物业，可获最高 10 万英镑的租金补偿；租户重新安置，如租户因保险政策所包含的事件而无法居住在该房产中，可为租户提供最多 1 万英镑的住宿费；公共责任保险，高达 200 万英镑，用于支付因投保人的财产发生的伤害或损害而提出的索赔费用；租户造成的恶意破坏，最多可获得 5000 英镑的赔偿；更换锁和钥匙，如果钥匙遗失或被盗，最多可承担 1000 英镑。
B. 可选附加功能：建筑物意外损坏，为您或您的租户引起的意外事故负责。如倒车入库撞上车库门、不小心石头砸碎窗户、割草坪或意外损坏电缆和地下管道等；建筑物无索偿折扣，在 5 年内允许 2 项索赔而不会失去无索赔折扣，保险费不会因为这些索赔的直接结果而受到影响。*C.* 不在保险内的情况包括以下几点：湿、干、腐烂造成的损害；因暴风雨造成的大门、栅栏、树篱的损害；当房屋空置超过保单允许的天数时发生的损失或损坏；由于设计、制造、施工或安装的故障或限制而对电缆或地下管道造成的损坏；租户偷窃造成的损失。

出租房内财物保险

A. 该保险可以为您提供以下保障：对符合资格标准内的财产物品无限制保险金额，防止丢失、盗窃或损坏您的财物；物品财物保障，如果出租房内

的物品受损且无法修理，可以为您更换一个新的物品；租户造成的恶意破坏，最多可获得 5000 英镑的赔偿；租金损失，如果您的租户因保险政策所包含的事件而无法继续居住在该物业，您可以获得最高 1 万英镑的租金补偿。**B.** 可选附加功能：物品意外损坏，比如把红酒洒在地毯上；物品保护无索赔折扣，在 5 年内允许 2 项索赔而不会失去无索赔折扣。[①]

第十一节　教育/文化/管家服务

总体而言，西方银行十分注重企业文化建设与传播，关注品牌形象，传承优秀文化，并与本行的服务相结合，产生了更加深刻的社会影响，在为社会创造正能量的同时，增加银行的美誉度。同时，依托本行的品牌，联动社会各方，给客户带去更多的附加服务。

生活顾问服务

银行的个人"生活顾问服务"涵盖面非常宽泛，内容丰富多彩，可以深度挖掘。一般可分为两大类：一类是属于财经类的顾问服务，教客户如何选购银行、保险、基金公司等的各种服务与产品，如何防范风险、有何替代方案；另一类则是属于生活重大事项的顾问服务。如东京三菱银行的"最佳伙伴生活设计服务"，对个人未来 40 年的生活，用电脑进行模拟演示，让客户选择最佳的生活模式。例如，**A.** 30 岁前考虑结婚，为夫妻两人的生活做设计；**B.** 30 岁后考虑购房，希望收支平衡；**C.** 40 岁后想供养两个孩子上大学，但可能资金不足；**D.** 60 岁想知道退休后还能有多少自由资金。客户只需填写有关表格（网上），银行就会生成一份《生活设计报告书》，上述问题即可一目了然。又如德国商业银行的"住宅建设合理性顾问"服务。如果客户打算建造一幢住宅或装修使之现代化，则好的建议是十分重要的。因为采纳一个重要的决策能为客户提供一个舒适的生活，对此不应错过机会，避免做出错误的决策，否则将会付出沉重的代价。一座房子的价值取决于住宅的质

---

① 资料来源：巴克莱银行官方网站，2017 年 11 月访问。

量，这不仅由外表形象来决定，而且由诸多细节决定。如防热外墙，现代化的设施等。

普惠金融教育

联合国 2005 年 "国际小额信贷年" 中，第一次提出普惠金融（Inclusive Finance）的概念，普惠金融是为社会所有群体和阶层提供金融服务的体系，尤其覆盖到低收入和贫困人群。政府和商业银行只有深度参与普惠金融体系的建设，才能为普惠金融体系的建立和完善提供有力的支持。在这一背景下，小额信贷、微型金融、普惠金融等应运而生。西方主流银行高度重视普惠金融，每年都有详细的社会责任报告书，同时大量承担普惠金融的教育义务，引导公众树立正确的金融消费观，创造良好的社会信用环境，一般通过银行的官方网站或期刊进行专题宣传教育，还配有专职顾问。有的银行建立了普惠金融学校。如日本三和银行建立的 "新构思金融课堂" 已坚持 20 余年。有些银行通过建立 "百年行馆史" "货币展览馆" 来启发和教育青少年，增加对金融发展史的了解，培养爱国主义情操，树立正确的金融未来观。如日本大和银行拨专款建立大型的货币陈列馆，陈列货币 3000 余种，从古代中国货币至现代的日本银行券，有江户时代椭圆形金币、耶浦岛的石币，以及日本纪念币、奥运会纪念币，各类金、银、纸币等。

传递关爱服务

"人间温暖、社会和谐" 是全世界永恒的主题。许多西方银行将这一理念引入服务中，让亲情温暖和人间关爱源远流长，不仅为社会的和谐发展创造了一道亮丽的风景，同时也借文化的力量使本行的品牌得以升华。

恒生礼券贺词大全

（香港恒生银行）

香港恒生银行的多种面额礼券，像现金一样，可在全香港绝大部分商业店铺使用。分为 200 港元、300 港元、400 港元、500 港元、800 港元、1000 港元、2000 港元，并配上贺柬贺词（见表 5-6）。

表 5 - 6   精美贺柬，隽永贺词

类别	贺词	用途
结婚	新婚之喜　好逑之喜　燕尔之喜	贺男方
	于归之喜　出阁之喜　添妆之喜	贺女方
	新婚之喜　于飞之喜	贺男女方
	蜜月愉快（或只写"贺敬"）	婚后请酒
	续弦之喜　好逑之喜	续娶
主婚	新翁之喜　作翁之喜	父主婚
	叠翁之喜（第二次作新翁）	父主婚
	新姑之喜	母主婚
	新伯之喜　冠弟之喜	兄主婚
	新伯翁之喜	伯父主婚
	新叔翁之喜	叔父主婚
	新太翁之喜	祖父主婚
结婚纪念	银婚之喜	25 年
	金婚之喜	50 年
	花烛重逢之喜	60 年
添丁	弄璋之喜　弥敬　令郎弥月之喜	生子
	玉胜之喜　弥敬　令媛弥月之喜	生女
	双璋之喜	双子
	双珠之喜	双女
	育麟育珠双喜	胎一男一女
	添孙之喜　含饴之喜	男女孙通用
	开灯之喜　新灯之喜	子或孙开灯（添丁者挂灯于祠，祭祀祖宗）
拜大寿	六秩荣寿大庆	60 岁大寿（其余类推）
	七秩开一荣寿大庆	71 岁大寿（其余类推）
	七秩开一双寿大庆	夫妇71 岁双寿（其余类推）
普通生日	寿庆	60 岁以上
	悬孤之庆　初度之庆	男普用
	设悦之庆	女普用
	华诞之庆	男女普用
上契或结拜	结谊之喜	谊父　谊子　谊女均合用

续表

类别	贺词	用途
升职	荣升之喜	
上任	荣任之喜　履新之喜	
退休	荣休之喜	
留学	深造之喜　鹏程万里	
移民	荣行　锦绣前程	
旅游	旅程愉快	
新居落成	大厦落成之庆　轮换之庆	
迁居	乔迁之庆　荣迁之喜	
商行开张	新张之喜　鸿发之喜	
新船起航	利涉之喜　开航之喜	
开学	进学大吉	
毕业	学成大喜　颖脱之喜	
节令	节敬年敬　圣诞愉快　新年愉快	

注：（1）"之喜"及"之庆"用"奉贺"，如奉贺新婚之喜、奉贺乔迁之喜；

　　（2）"之敬"用"奉申"，如奉申、添妆之敬奉申、贺敬。

举世无双的"一句话"转账

（日本三和银行）

一句话转账四大特点（见表 5 - 7）：

1. 带有信息的划时代转账，传递您的真情实意；2. 用三和 ATM、网银、手机客户端就能向三和的账户转账，包括金额和一句话信息；3. 清楚的一句话，表达向对方的爱心；4. 根据祝贺、谢礼、道歉、联系等场合可从八大类55 句话中选择。

表 5 -7　　　　　　　　　一句话信息译释

类别		
祝贺语	恭喜恭喜	祝贺结婚
	祝贺生日	衷心祝贺
	祝贺生育	祝贺高升
	祝贺考试合格	祝贺入学
	祝贺就职	恭贺新禧
	圣诞快乐	

续表

答谢词	谢谢您了	种种帮助，非常感谢
	前几天过得很快乐	给您添了许多麻烦
	前几天真是辛苦您了	干事先生，辛苦您了
道歉语	汇款迟了，对不起	前几天真对不起您
	给您添了麻烦，真对不起	给您添了麻烦，很对不起
	给您添了麻烦，深表歉意	对您失礼了，很对不起
问候语	好久未联系了	各位都好吗
	贵体可好	愿今后都好
	请保重身体	祝愿日益发展
鼓励、慰问语	期望您活泼	请坚持注意身体
	请尽全力坚持住	大家做您的后盾
	请尽快且尽量好	祝愿您努力奋斗
	祝暑期平安	祝入秋安好
联系、传话	请尽快转账	若有不明之处，请联系
	请出席	请向各位问好
	等待着您的联系	详细事项请以后再联系
给家属的信息	有空请见面	有空请来电话
	请爱惜使用，不要浪费	感谢的心情一并寄出
	很健康，请放心	请不要感冒了
给朋友的信息	再去痛饮一次吧	再去游玩一次吧
	下次更愉快	有空请给我发短信
	承蒙垫款，非常感谢	很高兴再次见面

留守服务

留守服务是银行为去海外或外地旅行、生活的客户提供的自动支付各项费用与自动领取工资等服务。自动领取：工资、奖金、房租、地租、红利等；自动支付：各种税金、住宅贷款等各类还贷、报纸、杂志等的订费、家具保管费、住宅管理费、给亲戚寄钱、各类信用卡费等；提供自动转账及自动贷款服务。留守服务者也可利用银行合作的服务公司代办以下服务：*A.* 搬家服务：海外搬家、行李保管、不动产管理；*B.* 旅行及保险服务：预订机票、预约旅馆、代办保险；*C.* 生活帮助服务：订阅报刊、函授教育、医疗、殡葬和祭祀；*D.* 代办服务：庆吊、送花、节日风俗服务、学校指南及入学志愿书的提供等；**E.** 代理公证，种类有：无刑事处分证明书、出生证明书、结婚或离婚证明书、亲属关系证明书、学历或经历证明书、直系亲属死亡证明书等。服务费由银行从客户指定的账户中自动支付。

视力服务

（巴克莱银行）

音频取款机：音频自动取款机（也称交谈取款机）可以帮助您安全并独立地取出现金并使用其他服务，如获取余额、增加手机和订购报表。如果您有阅读困难或学习困难，它们也很有用。超过98%的自动取款机提供此项服务。

盲文、大字体和音频通信：对于宣传册、账户结单、信函、抵押信息、支票、信用卡、个人识别码和密码等资料，您可以要求巴克莱银行以盲文、大字体或音频的形式寄送。

高可见性借记卡：借记卡个性化服务，提供免费的高可见性选项以使借记卡更易于使用。有12种设计可供选择，其中4种设计具有明亮的条纹和箭头，用于指示插入自动取款机或芯片和PIN读卡器中的卡的前端，而其他8种设计则提供一系列高对比度的颜色，更容易找到并读取卡上的文字。

大字体支票和书籍：巴克莱银行提供以大字体书写的支票和信用卡书籍，以便更轻松地阅读，您可以像使用其他支票或信用卡一样使用它们。

注量表：注量表可以帮助您正确识别特定的银行纸币面额，以便您知道您正在使用的是多少面额的纸币。它有4个分层宽度，分别对应5英镑、10英镑、20英镑和50英镑的纸币。只需将钞票在钞票宽度方向上对齐，就可使用盲文标记来识别钞票。

签名图章：如果您发现签名难度大或签名不一致，巴克莱银行可以为您提供签名的盖章，以代替手写签名。您可以像使用手写签名一样在支票、借记卡、信用卡、付款或任何其他需要的时间使用它。

bPay：bPay是一系列非接触式支付设备，如果您有敏捷问题、视力丧失或阅读障碍，可能会对您有所帮助。它们使用链接到大多数主要信用卡或借记卡的预付费账户，您可以选择一个腕带、FOB或贴纸，它们都像非接触式卡一样工作，但您得支付30英镑的设备费用。

听力语音服务

（巴克莱银行）

如果您有听力障碍或有语言障碍，巴克莱银行已经开发出了一些方法来帮助您。

手语视频：如果您使用英国手语（BSL），巴克莱银行的手语视频服务可帮助您拨打银行的任何电话号码并安全地与银行联系。它将您的手语传达给顾问的口译员。

手语口译：英国手语（BSL）是英国使用最广泛的手语，而巴克莱银行是唯一一家为您提供网上 BSL 口译服务的银行。如果您愿意，您还可以要求巴克莱银行预订一位面对面的口译员出席您的预约。请求手语视频会话以便即时翻译，巴克莱银行的手语视频服务可让您访问在线 BSL 口译员，以便在分支机构进行预约。如果您想使用即时翻译，请在预约时告诉巴克莱银行。然后，该行将提供 iPad 并设置一切，以便手语视频口译员随时准备在您视频期间为您提供帮助。如果您需要任何帮助，分支行团队的成员将随时待命。预订面对面的 BSL 或聋盲人口译员，如果您希望有口译员亲自协助您参加会议，巴克莱银行可以安排注册的 BSL 或盲聋口译员出席。联系预订面对面的口译员，可能需要长达 2 周的通知才能安排会议。

听觉感应：固定式和便携式听力感应回路充当发射器，可以消除背景噪声。您可以通过查找标记为"T"的设置来检查您的助听器是否兼容。如果是，请将其设置到该位置。巴克莱银行的工作人员将确保开启听力感应循环，并且您可以立即进行沟通。巴克莱银行所有的分支机构至少有一个配备有听力感应回路的柜台位置和一个便携式设备。如果您在查找或使用它时遇到任何问题，请向工作人员咨询。

家访服务及特殊设施建设

（巴克莱银行）

巴克莱银行一直在努力改善对其分支机构的访问，尽可能地提供停车场、斜坡通道、升降机、低位柜台、家访服务。

银行家访：如果因为身体等相关原因，您很难访问巴克莱银行的任何一家分支机构，巴克莱银行可以安排在家中、医院等环境中拜访您，以帮助您解决有关您银行业务的大多数问题。可以派一位指定人员代表您在巴克莱银行的任何分支机构预订，也可以事先与巴克莱银行联系，提出在家访期间需要银行做些什么。但请注意，家访中银行不能提供存、取、兑换现金业务。

芯片标志卡：如果您发现难以记住 PIN 码，则可以使用芯片和卡片卡。在使用借记卡或信用卡时使用您的签名，或使用 PINsentry 在分支机构中识别您的身份。您将被要求签署收据，而不是输入个人识别号码，这时将根据卡上的签名进行检查。您可以从巴克莱银行的任何分行订购芯片卡。

个人账户委托代理人规定

（巴克莱银行）

1. 第三方管理者可以操作的权限包括访问您的交易记录并查看余额、要求银行向任何一方发送声明、订购支票簿或信用卡、为您的账户使用借记卡、访问电话银行或网上银行。

2. 第三方管理者不能做的事情包括更改账户类型或者您的姓名、地址和联系方式、打开或关闭账户、更改或申请银行产品或服务、访问您存储在巴克莱安全中心的任何文档、个性化您的借记卡。

第三方账户访问类型

1. 授权书。如果您计划在国外待一段时间或需要长期帮助管理您的事务，那么授权书是一个简单的选择。这份法律文件赋予了某人有权就其他人的财产和财务做出决定的权利。在某些情况下，律师可以做什么和不可以做什么取决于账户持有人是否有能力就其财务做出决定。律师可以操作的权限包括管理电话银行和网上银行的往来账户、使用借记卡、签名检查、银行通知发送到他们的地址、代表账户持有人开设新账户、代表账户持有人关闭账户、更新地址详情、添加删除和取消常规订单及直接借记。如果您选择拥有多名律师，请务必考虑您是否希望他们"共同"或"共同和分别"行事，这将影响他们管理账户的方式。如果他们只有权利共同行事，则所有律师都需要在场才能进行交易，他们将无法在电话银行或网上银行中管理您的账户，或持有借记卡。

2. 任命人制度。由工作和养老金部（DWP）授予的一项任命，允许被任命人，代表失去理智处理自己事务的人领取福利。任何时候只有一个人可以担任被任命人。任用人员账户的最大余额为5000英镑，因为任命人只能管理国家福利。如果您的余额超过5000英镑，您需要向保护法庭申请成为代理人。一旦由工作和养老金部任命并在巴克莱银行注册，您就可以使用借记卡提取现金并付款。

3. 法庭保护令。如果失去了为自己做出决定的精神能力，则法院有权指定一名代表代表他人行事。如果您是索赔人账户的任命人，且余额超过5000英镑，这可能是您的一个选择。

第六章

企业金融

第一节　企业账户与存款 …………………………………… 170

第二节　农场金融 …………………………………………… 172

第三节　中小企业金融 ……………………………………… 175

第四节　跨国企业金融 ……………………………………… 179

第五节　数字清算与平台业务 ……………………………… 184

第六节　国际金融 …………………………………………… 186

第七节　投资银行 …………………………………………… 192

第八节　风险管理业务 ……………………………………… 195

第九节　企业股权业务 ……………………………………… 198

第十节　企业特许权业务 …………………………………… 203

第一节　企业账户与存款

西方银行对企业开户管理持十分谨慎的态度。除了各国"商业银行法"、金融监管当局所要求的规范外，银行又会根据本行的各类企业账户提出补充要求，尤其是对有外籍董事背景的企业账户或开设离岸账户。一般企业开户需要填写一系列的规范表格，提供一整套的企业资料，并对企业所提供的信息进行背景调查和核实，开户工作一般至少需要 10 个到 30 个工作日。

美国企业开户要求

在美国，企业开户一般要向银行提供以下资料：美国公司注册证书、公司条例、董事股东信息表、美国公司联邦税号、银行备案人护照复印件、银行备案人及公司详细信息表（见开户信息表）、银行备案人亲笔在银行文件上签名（要求英文）、银行备案人国内信用卡正反面扫描或复印件，部分州要求非本州公司在本州区域的银行内开户，需要重新在本州进行相关登记。一般美国本土银行开户后的操作事宜：*A.* 如客户在美国境外，只能查账，不能网上转账，如在美国境内则美国银行可以网上转账；*B.* 银行账户中的款项可以给任何公司或个人账户开支票转账；*C.* 电汇办理须本人或经授权，转账时银行备案人需要填写银行相关表格并亲笔签名，另外银行也会打电话给客户核实真实性；*D.* 汇款手续费：无论金额大小都要收费，各行会有所不同，一般汇入收 5 ~ 10 美元，汇出收 15 ~ 45 美元，非电汇方式转账不收手续费；*E.* 美国的银行一般要求企业账户存款不少于 2000 美元，月平均存款 4000 美元以上，可以免收月账户管理费，否则的话需要收几百美元的月账户管理费；*F.* 美国没有外汇管制，美元可以随意汇出，金额不限。

西方银行企业账户种类

西方银行的账户种类，基本上按照行业的不同进行分类，如农场企业账户、中小企业账户、新开企业账户、批发企业账户、零售企业账户、非营利性组织账户等，同时又有计息账户与非计息账户之分。在账户收费、利息支付、存款保险等方面有所区别。账户功能模块是各行的竞争焦点，一般包括账户查询、定活互转、资金管理、分账核算、智能投资、转账支付、自动匹配支付、支票扫描入账、贷款查询、贸易融资、信用证、外汇兑换、薪酬管理、电子回单等。

蒙特利尔银行企业账户分类

蒙特利尔银行有 6 种企业账户：*A.* 加拿大元往来账户，可选择日、周、月对账，可定制支票并印上企业客户单位的首字母，24 小时转账存款，按照服务次数计费、按月收费。*B.* 美元往来账户，无须兑换货币，方便托收和支付美元资金。*C.* 企业商用卡账户，用万事达企业商用卡账户（不计息）回笼销售款可以免费，将资金转入到企业商业账户（计息）；每月对账单，商业账户费以每月的存款额以及平均传票数为依据计算，且于每月的第一个营业日从账户中扣除。*D.* 零售商账户，适用于将本行商业账户上的存款转账到另一个金融机构的商业企业，免费标准银行支票，免月账户管理费。*E.* 新企业启动账户，仅适用于新成立的小企业第一年的运行，账户免结算费，且存款有息。*F.* 共同账户，是一种免费的计息账户，专门适用于当地无营利组织机构，利息按日计算每月支付。[①]

竞争性的企业存款服务

提供有竞争性的企业存款服务，可以说是西方银行对企业存款的真实写照。以加拿大丰业银行为例：*1.* 商业存款账户，是一种无支票、按日计息的存款账户，适用于加拿大元或美元，加拿大元账户其利息按照每日末余额计息，按月支付；美元账户利息按每日末"托收"余额计算，按月支付，金额入账要延迟 1~3 天以便国际清算。*2.* 净收入稳定计息账户，利息按每日末余额的固定优惠利率计算，按季度支付。*3.* 定期存款账户，利率按期限，从1 天到 6 年分段确定，1 年期或以上的付息日为 4 月 30 日、10 月 31 日和到期日，1 年期以下的则在到期日付息，到期日之前全部或部分提取的存款利率，取决于预先约定的利息调整以及其他情况。*4.* 担保投资存单，由丰业银行抵押公司发行，本金及利息由丰业银行担保，1~10 年期，可选择按年、半年、月支付利息，或在到期日支付年复利。最低投资额为 1000 加拿大元，期限为30~364 天，在到期日支付利息。存款金额从 0.5 万加拿大元到 99.99 万加拿

---

① 资料来源：蒙特利尔银行公开资料，2002 年。

大元不等，可以自动再投资，可以转让，但在到期前不能提前支取。①

第二节 农场金融

农业问题，对各国政府而言都是头等大事，但是真正要把农业做好，却是一件非常不容易的事。美国、法国、荷兰、日本都是当今世界的农业强国，以占本国人口 1%～7% 的比重，每年为本国输出成百上千亿美元的农产品，农业金融功不可没。

支持农业规模化经营

法国和日本的农业都有一个特点：人多地少。但是，从第二次世界大战以后到 20 世纪 80 年代，这两个国家的传统农业都转变为现代农业，进入世界农业最发达国家行列。法国政府规定农场继承权只能给农场主的配偶或有继承权的一个子女，其他继承人只能从继承者处得到继承金。在日本，官员、教授中称次郎、三郎的较多，却很少称其为太郎。这是因为日本的法律和传统习惯只能将土地继承给太郎，太郎要负责父母的养老。这与法国一样，在客观上起到了保护土地不被分割、规模化经营的作用。法国鼓励父子农场、兄弟农场以土地入股联合经营，对农民自发的土地合并减免税费；金融机构对耕地整合出售给政府的"土地整治与农村安置公司"提供低息贷款，把买进的低产田以及小块分散土地集中连片整治成标准农场，再以低价出售给有经营能力的中型农场主。到了 20 世纪 70 年代，法国 10 公顷以下的农场由 50 年代的 127 万个减少到 53 万个，50 公顷以上的农场增加了 4 万多个，农业劳动力不到 30 万人，农业人口占比由 70 年代大于 40%，减少到 2003 年的 2.2%。目前，法国 65% 以上的农业用地是以租赁的方式规模化经营。

在日本，对农业规模化经营的政府管理更加细腻。笔者有机会参观了北海道的农业。北海道农业是日本农业的主要基地，犹如中国的东北三省，盛产小麦（占全国的 68%）、甜菜（100%）、小豆（92%）、南瓜、水稻、马铃

---

① 资料来源：加拿大丰业银行官方网站，2017 年 2 月访问。

薯、大豆等，牛乳产量居日本第一。著名的神户牛肉由北海道提供牛仔和牧草。政府通过一系列的科学测量，规范各农耕区域的种植品种和交替耕种的作物。比如说，第一年种植小豆，第二年就可能让你换种牧草；连续两年种植甜菜，后一年必须改种南瓜等。所生产的农作物统一由辖区农社出售，国家在售价上给予保护。如果你服从政府指导，就可获得各种农业补贴，有上百种，一般都通过所在地的信用金库（农村信用社）实施。2012 年，北海道农户平均农业毛收入为 2413.2 万日元，是同期其他都府县农户平均农业毛收入的 5.4 倍。

支持农业现代化产业链

以荷兰为例，1989 年荷兰已是世界第三大农产品出口国，仅次于美国和法国。蔬菜出口居世界第一，鲜花出口占全球的 60%，良种输出占国际良种市场的 60%。荷兰的阿斯米尔花卉市场是世界最大的花卉拍卖行，2004 年每天鲜花销售量达 1400 万枝，全年共出售鲜花 35 亿枝，价值约 22 亿欧元。80% 的花卉通过谢尔伯机场空运到美国及远东各地。

荷兰高度发达现代化农业产业链的背后，有着强大的金融业支持，荷兰合作银行是个代表。该行以农业、农机、食品产业链的客户为本行的经营定位。在荷兰本土，荷兰合作银行通过近 300 家成员，控制了全国约 90% 的此类金融交易。不仅如此，该行与全球优秀的专业金融服务商合作，具备了为农业产业链提供顶级贸易金融、租赁、担保、风险投资、私人银行、保险等专业金融服务的能力，是全球首屈一指的农业与食品领域的金融领袖，连续 20 多年获得标准普尔、穆迪的 AAA 评级。

支持农民、农村全面发展

美国是世界最大的农产品出口国，其农产品约 1/5 供出口用。20 世纪 90 年代末美国农业产值不到国内生产总值的 3%，但农业出口却占总出口的 9% 以上，而农业经济活动人口只占总人口的 0.9%。[①] 2017 年美国农产品出口总值为 1405 亿美元，创下历史第三新高。

美国的农业高度现代化，美国农村金融服务健全，我们列举两家：

1. 农业政策性金融机构——美国农场服务局

美国农场服务局的信贷资金主要来源于总统预算提交美国国会后得到的

---

① ［中］夏显力. 美国农业发展对中国现代化农业建设的启示［J］. 农业现代化研究, 2007.

拨款。由于拨款数额有限，各类贷款和开支都有着明确的预算指标。农场服务局把信贷资金分为七大类：一是农村经营贷款和小额贷款，包括牲畜和饲料、农业设备、燃料、农业化学用品、农业保险、家庭生活开支、农场改造费用、债务再融资等；二是农场所有权贷款，这项贷款为农民和农场主提供资金购买土地，改造和提升农业设施；三是紧急情况下的农业贷款，此种贷款用来维修农业设施，支付灾年带来的农业损失、农业重组等；四是农业贷款担保，向出借人提供最高 95% 上限的贷款本息损失担保；五是少数民族和女性农民贷款，主要面对社会弱势群体，经审核后贷款；六是新入行的农民和农场主起始资金贷款；七是农村年轻人贷款，贷给年龄在 18 岁到 22 岁的农村年轻人，最高上限为 5000 美元，用于牲畜、种子和设备的购买。

2. 美国银行的农业信贷

美国银行在全美范围内提供农业方面的短、中期贷款，主要贷款对象包括农民、农场主和大型农业联合企业。其信贷资金采用浮动利率和固定利率相结合的形式，最低限额 2.5 万美元起，没有最高额上限。为客户提供月贷、季度贷和年贷。美国银行的农业信贷资金用途主要包括三大方面：一是购买农业用地和农场，贷款期上限为 10 年，以购买的农地和农场作为抵押，提供购买价格 60% ~75% 的贷款；二是购买或租用农用设备和交通工具，贷款期限 3 ~ 7 年，以购买的新农具或二手农具作为抵押，提供购买价格 75% ~ 80%、租借价格 100% 的贷款；三是生产开支贷款，包括农地和农场的生产开支、大型农业联合企业的运营开支、牲畜养殖开支、贷款期限为 7 年。[①]

劳埃德银行农业顾问

英国 BBC（英国广播公司）每周日晚有一档"农业与农村"的电视节目，深受全球农业观众的喜爱。主持该节目的是英国农业大使亚当·享森，他是英国最著名的农民之一。在科茨沃尔德拥有 650 公顷的农场和大型畜牧企业。英国劳埃德银行农业部与亚当的合作已超过 20 年。亚当说："一个现代化农场成功的背后，需要一个强大的顾问团队站在最前沿，从农艺师、农机师到农业会计师、税务顾问，我的农场喜欢倾听他们的建议，受益匪浅。我相信很难打败一个本地知识渊博、经验丰富和可以接近的银行经理，而且，这位经理为农场年复一年地向当地农业部门表明银行的立场，那么我认为这

---

① 资料来源：美国银行官方网站，2018 年 2 月访问。

种组合是无与伦比的。这就是我要和劳埃德银行农业部合作的原因。"①

广泛的农业保险服务

农业是高风险产业，受自然环境和病虫害等的影响，农业保险是保障农民利益，有效化解农业风险的重要金融工具。西方银行普遍代理种植业、养殖业、畜牧业、水产业、林业等各种农业保险，达 100 多种。如草原保险，保险对象：牧草产业园；应对草地退化、沙化、冰雹、冰冻、风暴、洪水、干旱、低温、阳光不足等自然灾害；病虫灾害，如草原蝗虫、草原叶甲类传染、夜蛾类病害等；所有草原保险的合约都是量身定制的，其衡量标准是保险范围内的草原产草量。以历年草原产草的数量制定保险费率，由国家独立的草原研究所，经卫星遥感 5 年测量研究数据为参照，当草原产草量减少时，保险资金即给予理赔，而无须出具损失证明。国家实施对畜牧业保险补贴的政策。法国农业信贷银行的灾后融资，在保险资金未到之前，首先垫付保险资金，同时，以十分优惠的利率提供灾后牧草采购贷款。②

第三节 中小企业金融

西方中小企业界定

西方各国（地区）活跃的中小企业，对本国的经济做出了巨大的贡献，是各国经济的中流砥柱，也是一个国家就业的主渠道。美国把中小企业称为"美国经济的脊梁"，日本把中小企业誉为"日本经济活力的源泉"。根据欧盟委员会定义，员工少于 250 人，年销售收入小于 5000 万欧元或总资产小于 4300 万欧元的企业均为中小型企业。2010 年德国有 370 多万家中小企业，占企业总数的九成以上，创造了过半的国内生产总值和大部分就业机会。中国香港，中小企业是指就业人数少于 100 人的制造企业或就业人数少于 50 人的非制造企业，2012 年香港有中小型企业约 30 万家，占香港企业总数的 98%

---

① 资料来源：劳埃德银行官方网站，2018 年 2 月访问。
② 资料来源：法国农业信贷银行官方网站，2018 年 1 月访问。

以上，为超过 300 万人提供了就业机会。由于中小企业的这一特性，各国（地区）政府对发展中小企业都十分重视，也是银行服务的主要对象。

中小企业融资渠道

中小企业融资渠道主要有个人资金、私营股份制融资、合伙制融资、员工持股、创业板上市、风险资本、商业信贷、政府资助计划、金融机构贷款和私人贷款等。所有融资活动，都会依据企业的负债能力或资本金决定。通常为资本金的一个百分比，如 50%~65%（由法律规定）。从各国的情况看，美国的中小企业强调独立自主和自我奋斗精神，负债水平较低，一般都在 50% 以下，而意大利、法国等欧洲国家比较注重团队精神和社会的力量，提倡相互协助，中小企业的负债水平较高，一般在 50% 以上。据美国统计，全国近 2000 多万个中小企业，其中 1/3 企业将在 3 年内关闭，在经济衰退时期中小企业关闭率更高，只是由于中小企业的开办率更高，才使企业总数逐年不断增长。但这丝毫不能掩盖中小企业的易变性和其巨大的经营风险，这给其融资带来根本性的影响。

从总体上看，中小企业的资本构成主要以自筹资金为主（自筹资金的比重相对大企业要高得多）。其中德国、瑞典、瑞士这些国家注重家族产业，中小企业自筹资金的比重一般要超过 60%，法国、意大利等自筹资金的比重在 50% 左右。在自筹资金中，又以业主（或合伙人、股东）自有资金的比重最大。

1. 银行融资

银行仍然是西方各国中小企业的主要融资渠道。德国有 2000 多家银行，包含商业银行、储蓄银行、合作银行和政策性银行四大类。其中储蓄银行是典型的行政区域性金融机构，作为中小企业最主要的信贷提供商，储蓄银行的市场占有率在 43% 左右。美国有银行 9700 多家（1980 年），其中大部分是储蓄银行、社区银行，是美国中小企业的主要信贷提供商。[1]

西方银行根据本行的风控能力和市场竞争格局，对中小企业的准入门槛都有不同的规定，但一般以下 5 个方面是不可缺少的：从事该行业的最小年资、贷款期限与利率、最低的财务指标要求、同业的限制、抵押品和个人担保。*1.* 一般要求从业超过 2 年，低于 2 年的，必须满足该企业是大企业的其中一部分业务或者该企业拥有足够的抵押品和担保，如现金、不动产、备用

---

① ［美］玛丽·安娜·佩苏略. 银行家市场营销［M］. 北京：中国计划出版社，2001.

信用证或有政府背景的担保机构担保；**2.** 贷款期限一般从 1 个月到 15 年，贷款利率一般为同业拆借市场利率加 3 ~ 6 个百分点，美国中小企业的贷款利率上浮水平一般高达 3 ~ 6 个百分点，欧洲为 1.5 ~ 3 个百分点；**3.** 提供至少 2 年已审计的财务报告，最近 3 年的财政年度应最少有 2 年是盈利的，对于信贷额度中没有抵押的部分不可超出贷款者的净资产，总信贷额度（不包括租赁资产）不应超过该客户年销售额的 50%；**4.** 对新客户，应提供其他银行 3 个月的银行月结单，展示良好的贷款记录，即不存在借款后未偿还的贷款、退票等；**5.** 要求已经交足股本的主要董事或股东提供个人担保，一般要求不动产。

2. 证券市场融资

由于受自身条件限制，中小企业不符合在主板上市的条件。为此，西方国家从 20 世纪 80 年代后，纷纷设立了"第二板""新三板""创业板"等，专门为具有"成长潜力"的中小企业提供股票融资平台。在这些市场上市的企业不需要有盈利记录，也没有规定企业规模，一般只要有 2 年主营业务及 2 年内没有重大管理层和股东改变便可以上市，明显降低了门槛，使得更多具备成长潜力以及符合条件的中小企业都可以在"创业板"申请上市。

3. 中小型投资机构融资

美国最为典型，美国有上万家专门从事中小企业金融服务的中小企业投资公司。这些投资公司具有很不一样的名称，如妇女投资公司、企业金融服务公司、社区投资公司、街道投资所等，但它们都是为中小企业融资服务的。政府的政策是宏观引导，微观放活。中小企业依靠发达的资本市场和金融市场进行融资，金融风险通过市场机制来消化，减少了社会风险在银行层面上的集聚。

4. 风险资本融资

风险基金是政府、民间创立的为高新技术型中小企业创新活动提供的具有高风险和高回报率的专项投资基金。其中欧美等国多由民间创立，而日本等国主要为政府设立。美国的风险基金最为发达，遍及全国 500 多个"小企业投资公司"，大部分是向高新技术型中小企业提供基金。1995 年共有 7 万多家小企业获得总共 110 多亿美元的风险基金。日本的风险基金也很发达，政府鼓励金融机构向新兴的高新技术中小企业提供风险投资，有 2 万多家企业获得投资（1995 年）。英国则成立了由 100 多家从事中小企业风险投资的小型金融公司组成的"风险资本协会"（BVCA），为英国高科技风险企业提供了大量的资金支持。①

5. 破产清算融资

西方国家对中小企业在退出阶段的金融服务，也很具特色。以美国为例，政府和民间设有专门的破产清算基金，目的是尽量减少企业破产给当事人、债权人以及整个社会带来的不利影响，努力合理地安排好有关方面的合法利益，实现企业的顺利退出。

花旗银行中小企业服务

1. 账户多样化：**A.** 小企业有息存款账户，该账户获得联邦存款保险公司的保险，具有高度的市场竞争性分层利率，同时在小企业需要资金时，可以质押融资，每月的存款无次数限制。**B.** 小企业零余额账户，为了更好地控制企业的付款和收款，零余额账户在每个营业日结束时自动将资金转到企业的有息存款账户赚取利息，次日早上余额将自动转回企业结算账户，企业可以为零余额账户设置一个目标余额，如为零。

2. 贷款多样性：**A.** 循环信贷额度，根据客户在本行的流水和规模情况，确定开户小企业的循环信贷额度，随借随还，提供有竞争性的贷款利率，用于企业流动资金和商业库存的需要。**B.** 大额流动资金贷款，根据小企业发展的不同时期，提供大额流动资金贷款支持，该贷款利率根据市场行情具有利率较低的竞争优势，允许企业按照自身的具体情况，进行分期偿还，可以与开户行进行商量，制订适合开户企业的大额流动资金方案。**C.** 中长期抵押贷款，以企业厂房、店面、土地、设备或担保等形式，发放中长期抵押贷款。该贷款的期限可以超过 15 年，一般用于企业发展所需购买的厂房、土地以及翻新的新商业设施或工商业设备等，该贷款提供很灵活的购买条件，长期贷款利率是按市场变化的，具有长期优惠的特点。

3. 财务管理：**A.** 远程支票管理，客户无须离开办公桌就能存入支票，工作日内存入支票没有数量限制，减少账户存款服务费用（每月 60 美元），晚上 8 点前都可以入账，并计息，能更早地识别退回的支票。远程支票管理的功能与权利是由用户定义的，非常个性化，可以访问远程支票存款流程，包括查看支票图片和交易记录，以帮助企业将重要的业务信息保密。**B.** 支票扫描入账服务，在指定的花旗银行网站，企业可以通过网上银行，进入花旗

---

① ［中］刘金宝. 国际融资应用与管理［M］. 上海：文汇出版社，1998.

银行专门为企业客户所持有的支票进行扫描存档的页面，若银行经过高技术识别后，随即可以将企业所持有的支票资金记入企业账户，记入的企业账户可以是一个或多个，可以是有息或无息。*C.* 支付控制管理，在工作日每天上午 10 点，为企业提供账户主要信息，让企业确认是否需要资金支付即将需要支出的项目，多余的资金是否用于投资或支付未偿还的贷款。主要功能：账户资金余额，让企业控制支票支付的前后程序，通过花旗商业在线，提供支票控制支付的往来细节（企业与银行约定），企业自动将资金转入银行账户的信息，提供银企对账信息，防止欺诈情况。*D.* 购方支付管理，为小企业的客户如何购买该企业产品或服务，在财务支付问题上可与企业进行专案设计，支持主流信用卡和借记卡，还支持通过电话接受付款，还可以支持付款客户使用同一个终端的来自多家银行的账款，或不同终端不同支付客户的账款。*E.* 自动匹配支付管理，为了防止支付欺诈，可以自动检查企业在银行账户的支付细节，与企业上传的票据进行对比，企业通过"一键点击"进行批准或退回与计划中不匹配的任何支票，每天为企业列出与企业不匹配的支票列表。同时满足不同规模企业特定需求的几个选项，包括积极支付、正面支付和背书支付等。

4. 投资服务：花旗银行拥有世界一流的投资团队，专门定制小企业投资方案，让小企业在有限的资源内，投资担保、无担保的短期期权、商业票据、政府回购协议、离岸定期存款等，让企业获得更加稳健和优质的投资回报。

第四节　跨国企业金融

UNCTAD 跨国经营指数

联合国贸易和发展组织（UNCTAD）《2017 年世界投资报告》指出，2017 年全球外国直接投资达到 1.8 万亿美元。这里所指的外国直接投资就是跨国投资，主要是全球大型跨国企业的投资，尤其是世界财富 500 强企业在全球的重新布局。

UNCTAD 的全球跨国企业海外分支机构数据库（涵盖 450 万家跨国企业）显示，全球跨国企业超过 40% 的海外分支机构是由其母公司（最终所有人）通过复杂的跨境股权结构所持有，这些跨境股权链平均超过涉及 3 个国家或地区（司法管辖区），UNCTAD 跨国经营指数排名前 100 位的大型跨国企业，每家公司平均在 50 多个国家拥有 500 多家分支机构，内部所有权架构平均多达 7 个层级，平均每家在离岸金融及投资中心拥有近 70 个实体。

跨国企业通过冗长复杂的跨境所有权链条、第三方控股以及交叉持股、循环持股等手段，可以用大大低于 50% 的少数股权控制海外实体，形成"事实上的控制"。在大多数情况下，跨国公司内部股权结构是在企业发展的过程中，随着业务的扩大自然形成的，但在某些情况下是企业有意识地设计的结果，主要为了企业治理和风险管理的需要以及海外上市、融资、税收等政策考虑，一些跨国企业通过第三地，特别是离岸金融、投资中心进行的海外投资以及返程投资，主要是为了达到避税的目的。

跨国公司年生产总值占西方发达国家生产总值的 50% 以上，控制了 50% 的国际贸易，90% 以上的海外直接投资，80% 以上的新技术、新工艺、专利权和 70% 的国际技术转让。同时，截至 2017 年，世界各国、各区域性经济体共签署了 3309 个国际投资协定，体系十分庞杂。[①] 鉴于大型跨国企业庞大的产业链和其极为复杂的股权结构，加上处于不同司法管辖地和国际投资协定的制约，对这些大型跨国企业的金融服务，世界上只有少数历史悠久、品牌卓越的超级金融机构能够提供全程服务，而且服务地点主要集中于全球金融中心，如伦敦、纽约、法兰克福、多伦多、香港、新加坡等地。

建立跨国融资体系

跨国公司在 20 世纪六七十年代获得了巨大的成功，其成功的关键之一是有效运作庞大复杂的融资体系，该跨国融资策略要达到两个目标：一是在全球范围内有效地降低融资成本；二是融资风险控制在自身可以接受的水平。银行协助跨国公司重点采取三项对策：1. 建立全球最佳的资本结构；2. 进行积极有效的风险管理；3. 充分应用内部转移机制，筹划积极的节税。

---

① 资料来源：联合国贸易和发展会议组织（UNCTAD）官方网站。

1. 建立全球最佳资本结构

最佳资本结构可以降低公司的平均筹资成本，企业的长期资金构成企业资本，包括长期债务和股本。资本结构是指长期债务与股本在企业总资本中的比例，所以资本结构也叫债股构成，债股构成比例是否适当，将影响企业长期的基本融资成本。跨国公司通过构造全球最佳资本结构，以降低其全球平均筹资成本，这个过程中的关键在于从全球的范围合理地确定海外子公司的资本结构，因为海外子公司的资本结构是构成跨国公司全球资本结构的基础。大银行利用品牌和全球网点优势，为这些跨国公司提供股权贷款、过桥贷款或股权设计管理。

2. 进行有效的融资风险管理

融资风险主要包括两种风险：一是有效融资成本的资金风险，如汇率、利率的变动风险；二是通过融资选择，可以避免间接风险，如东道国实行外汇管制、投资政策的变化等。对跨国公司全球融资中的直接风险可以采取积极对策与一般对策相结合的管理办法。积极对策是通过运用一些特别的信息和预测技巧，利用金融市场本身存在的各种扭曲和不完善进行投机，以避免风险增加成本；一般对策是通过各种套做交易来避免直接增加融资成本。跨国公司融资的间接风险中，主要是国家政治风险，对它的管理办法有选择适当的融资方式、进行国家政治风险的保险、与东道国政府签订特许协议、调整各项经营政策、利用内部转移机制等。摩根大通银行帮助跨国公司通过资产管理、证券和衍生品清算，以及100多个市场中的抵押品管理来优化跨国公司在各子公司的效率，降低风险和成本。包括大宗经纪、期货和期权结算；场外衍生品、证券和国债；买方和卖方抵押品管理；融资和证券借贷；全球监管和跟踪监管；基金服务和存托凭证等。

3. 利用内部转移机制

主要是通过企业间贷款，调整子公司股息汇回政策等手段。跨国公司在不同国家的子公司中应用直接贷款、平行贷款和背对背贷款等手段来转移有关融资需求。直接贷款是跨国公司企业间的贷款，由母公司直接将款项贷给子公司，或子公司之间提供相互贷款，没有金融机构介入。在直接贷款中，会有资金的跨国流动，但金融机构在其中只是作为结算中介，而非信用中介，因此不会记录国际融资的统计。背对背贷款的做法中，母公司将一笔资金存入其海外子公司所在国家的一家银行，该银行再将这笔资金按前述母公司的指定要求放贷给其子公司。背对背贷款，虽然有银行作为中介，但实际上仍然是跨国公司之间的贷款，该外国银行对所在国的子公司贷款不承担任何风险，因为有跨国公司母公司的足额存款作为担保。一般跨国公司都会选择本国的主流银行进行代理，如美国的花旗银行、美国银行、大通银行；英国的汇丰银行、劳埃德银行；德国的德意志银行、德国商业银行；日本的瑞穗金融集团，等等。

如阿美石油公司，1933 年沙特阿拉伯领导人伊本·沙特（Ibn Saud，1880—1953），因英国人不看好沙特阿拉伯，所以向美国人求助，把沙特阿拉伯境内的石油探勘、开发权全部交给了美国的美孚、得克萨斯两家石油公司，为期 66 年，还有 2/3 的国土可被租用。阿美石油公司员工一度是该国政府公务员的 5 倍多，公司在沙特阿拉伯境内拥有行政、电台、机场、港口、教育卫生和治安机构和银行。

参与国际金融市场融资

跨国公司从事全球性经济活动，需要的资金不仅数量庞大，而且涉及众多国家和多种货币，成为国际金融市场上的活跃力量。随着生产技术和产品构造的多样化，新材料和高科技使投资额呈几何级上升，导致跨国投资的最低金额不断放大。如 20 世纪 50 年代中期投资半导体一般为 10 万美元，而到了 80 年代初投资集成电路提高到 6000 万美元，到了 2017 年投资一条 7 纳米级的高科技芯片生产线需要 50 亿~100 亿美元。如此巨额的跨国投资，跨国公司除了母国和东道国两大来源以外，大量的是从国际金融市场获得资金，从而为国际金融市场和国际著名投资银行提供了充分的服务机会。

现代跨国公司、跨国银行资本高度集中和高度垄断，两者强强联合，成为现代国际金融资本的两大支柱。之前，讲到金融大家都会想到银行、证券、保险、基金公司等，而如今讲到金融，大家首先会想到自己的企业，自己的钱包，而以前所说的银行、保险、证券等只是为企业和个人理财的机构。现代巨型跨国企业到底是制造业还是金融业很难区分。1998 年在世界财富 500 强排名中，美国通运电气排名第 9，但如将通运电气下属的"通用电气资本服务公司"单列，该公司以 327 亿美元的营收排名财富 500 强第 20 位，并列当年财富金融 500 强第 17 位，第 16 位为花旗银行。[1]

而世界著名银行的海外机构遍布全球，海外利润可能超过本国利润，是

---

[1]　资料来源：美国《财富》杂志，1998 年。

全球流动、全球盈利、全球资本输出。20 世纪 90 年代，美国的外资银行中，日资银行占了 40%，为什么？因为日本企业在美国大规模收购、投资和设立企业。

从 20 世纪 80 年代中期开始，跨国公司从国际资本市场的融资，开始由银行的直接贷款转变为从国际金融市场的证券融资为主。1975 年国际跨国企业贷款比重占 68%，债券比重占 30%，到了 1994 年贷款比重下降到 38%，而债券比重上升到 62%。这主要是因为国际金融市场终于完成了比较完善的治理结构与法律体系建设，国际发债信用评级得到认可，加上信息技术的进步，使交易更加快捷透明，形成了多元化的私人资本与社会资本参与的金融投资市场，不通过银行融资，成本比银行贷款更低。①

也是从这一时期开始，全球大银行联合的国际银团贷款开始走向市场。由于融资证券化的发展，特别是垃圾债券市场的兴起，国际融资市场中商业银行传统的贷款业务大量流失，出现了金融脱媒化的趋势。为了加强竞争，银行在银团贷款中融入某些证券融资的特征。

跨国公司国际融资主要有三种途径：第一，国外子公司直接或通过其在国内母公司从母国银行和子公司所在国的银行贷款；第二，国外子公司直接或通过其在国内母公司在国际金融市场上发行债券，通常大公司信誉良好，深受市场欢迎，国外子公司利用母公司的信誉可以降低融资成本；第三，跨国公司还可以利用母国政府对国外投资和出口的政策，鼓励获得专项资金，例如，美国的海外私人投资公司（OPIC）、德国的德意志开发协会（DEG）。

综上所述，银行对大型跨国企业的金融服务是一项极其复杂的系统工程，主要偏重于对海外子公司的股权设计和如何利用母公司的信誉，从国际主要金融市场获取更加优惠的资金，各种投资业务如兼并重组、财务顾问、所在国法律与政务服务等是重点，至于对跨国企业的现金流管理、贸易融资管理、供应链管理、风险管理等还只是辅助性业务。

---

① ［中］郑经伯. 国际融资运用与管理［M］. 上海：文汇出版社，1998.

第五节　数字清算与平台业务

美国是数字领域领导者

美国是电子银行业务全面发展最早的国家，1978 年国会就通过了《电子资金划转法》，美国联邦储备委员会为该行的执行颁布了 E 条例。明确界定了银行、企业和个人在电子银行清算中的权利、义务和责任，同时又制定了《银行保密法》由联邦储备委员会和财政部发布。强调电子清算中的加密责任，同时为防止洗钱，限定电子清算的最高金额为 3000 美元。[①]

在这种法治精神的统领下，经过 40 多年的发展，美国在数字领域的各个方面依然是全球公认的创新高地，新理念的创导者、核心技术的拥有者、第三方专业服务公司集中地和最庞大的数字产业开发与应用国家。麦肯锡公司预测，数字化转型可以让一家典型的传统银行收入提升 30%，成本削减 25%。定位于满足客户的日常财务和非财务需要，推动连续的日常互动，召集数字生态系统，将现有的供应商合作伙伴和其他主要相关者集合起来，创建数字链接，突出客户的体验性，建立公平的价值共享平台。

以下我们列举西方银行利用数字技术，与第三方公司合作，展开企业财务或新平台合作业务的若干案例。

会计云管理

企业将银行的账户连接到 Xero 云会计软件平台（全球在线会计软件领导者），连接成功后，企业结单数据即可每日自动、安全地传送至该平台，帮助企业全面掌握财务状况，制定新的商业策略。主要优点：在安全加密的环境下自动传送银行数据至 Xero 云会计账户，节省时间及减少因手工入账而引致的错误，数据自动更新，账目清晰，只需透过银行"网上理财"即可登录，

---

① ［美］小詹姆斯·C. 肯博伊. 银行家法学原理 ［M］. 北京：中国计划出版社，2001.

能同时设定连接多个账户。

企业薪酬成本管理

代理企业工资服务是一项非常传统的银行服务，美国银行选择两家世界著名的公司安德普翰公司和财捷公司代理企业工资服务。前者为美国银行开户企业提供准确、可靠、专业的中长期用人政策，个人所得税解决方案，以及工资单解决方案，该公司是世界上最大、最有经验的薪资和人力资源解决方案供应商之一；后者是全方位的软件服务商，公司的工资专家将设置企业的新工资账户，处理从企业以前的供应商转移过来的薪资问题，企业只要输入员工的工作小时数，财捷公司则可以处理其余一切工作，包括工资税和申报，如有差错全额承担责任。

智能投资管理

银行至今依然是企业和个人向各类投资机构进行投资最受社会信任的平台。西方银行利用第三方专业公司，进行投资数据的挖掘、整合与方案重建，使企业和个人获得更加稳健的投资回报。如对外汇、基金、债券、杠杆交易、不动产、抵押品、保险等全流程智能代理＋管理。

声纹识别财务管理

西方银行已开发了企业财务管理语音认证服务。利用先进的语音识别技术，以企业账户授权使用人独有的声纹档案识别身份，以更安全、快捷、方便的商业电话进行财务管理。主要特点：随时随地通过声音登录企业财务账户进行管理，无须密码，一个声纹档案，便可操作多个公司账户，以独有的声纹档案，防止欺诈行为。2016 年汇丰银行、新加坡华侨银行等开始推出声纹识别技术，客户使用苹果的 Siri 语音助手来进行电子支付。2017 年这些银行不仅企业客户使用 Siri 进行账户余额查询和资金转账，同时这一声纹识别技术已开始应用到个人业务领域，如回答房屋与装修贷款的查询，更安全地访问验证身份、确认支付和账户余额查询。将来的手机银行，您将不再需要敲击手机键盘，而是用嘴巴说话，就可以操作完成大部分的银行业务。

数字签字平台

银行设立既安全，又能共享屏幕的数字平台，可以一边以电话与银行金融服务专员商谈申请公司主要业务，同时通过共享屏幕检阅申请资料，以电子签署确认及递交公司的有关申请资料，可选择以手提电脑、便携电脑或手提电话登录共享屏幕平台。

在线视频平台

在开设企业账户、申请企业信用卡、外汇交易等，如果需要得到银行专员的帮助，银行已开发了在线视频同步交流系统。无论通过桌面电脑、便携电脑或手机，可全日获得客户经理的即时回答，并进行远程视频互动，帮助解决具体问题。

智能机器人平台

银行已开发采用虚拟助理聊天机器人的初级企业客户服务平台，可全天候即时为客户解答问题。适用于桌面电脑、便携电脑及手机，支持英文及多国文字，内含客户意见反馈系统。通过智能机器人的不断学习知识积累，结合在线聊天功能，将以紧密的人性化交流，处理更加复杂的查询，并通过最新人工智能学习技术，回答如何申请一笔组合贷款和投资组合的疑难问题，可能比人工回答更加全面和公平性。

银行社交网站

大型国际性银行建立的社交网站，能够帮助企业联系全球性的真实客户，有助于企业拓展新的商机。主要优点：建立公司简介以提升国际知名度；在全球商业客户中寻找、检视及联系有发展潜力的供应商、代理商、分销商及合作伙伴；以本企业名义与新业务伙伴联络建立关系；了解最新的市场消息及浏览与贸易相关的资讯，如国别指南和贸易报告等。

第六节　国际金融

国际贸易历史

在国家概念出现之前，人类已经有了贸易活动。考古学家们经过对远古陶器原产地的鉴定，证明人类在距今 9000 年前就已经有了远距离的"黑曜岩贸易"（黑曜岩被古希腊人、印第安人及很多其他原始人用作武器和装饰品，可以用水化层测年法来测定年代）。自从有了文字记载以来，有大量证据表明，贸易是推动人类文明进步的催化剂，贸易促使了哥伦布、麦哲伦等的地理大发现。古罗马与中国长安有"丝绸之路"相连，马可·波罗是著名的国际贸易先驱。世界历史上许多战争都是由贸易引起，甚至发展为世界大战。如鸦片战争、第一次世界大战等。国际贸易还催生了一个个原本只是渔村、芦苇荡、滩涂那些不毛之地成为世界级城市，如伦敦、纽约、东京、中国香港、上海等。

亚当·斯密在《国富论》中说，当任何一个特定分支产业的产品多得超过国内的需求时，就必须要将多余的产品运往国外，以换回国内需要的产品，如果没有这种出口，那么国内的这部分劳动力就必须停止生产，该国的年产值便会下降。事实上，没有哪个国家能够在各个方面都有竞争力，一个国家的人力与资源必定有限，因此，一个国家可以专门发展其本国生产力较高的产业部门，进口其本国生产率低于外国竞争对手的产品和服务，以此来提高本国经济的平均生产力水平，因此，进口与出口对于经济增长来说都是不可或缺的。

国际贸易是个风险行业，因而需要得到保护。约在 1670 年前后，荷兰的东印度公司是世界上最富有的公司，公司可以自组佣兵、发行货币，也是世界上第一家股份有限公司，并被获准与其他国家订立正式条约，对该地实行殖民统治。当时这家公司拥有 150 艘商船、40 艘战船、2 万艘帆船、1 万名卫兵以及近 5 万名船员。有了贸易便自然产生了金融信贷，这就是"国际金融"的来源。[1]

国际贸易特色

到了近代工业化大生产以后，人们往往发现一种规律性的现象，比如，德国人非常爱惜自己的汽车，每次在公路上高速疾驶以后，总要在星期天将自己的汽车擦拭保养一番，因此，德国人能够在汽车的耐久性与高性能方面取得杰出成就，也就不足为奇了；美国人有西部情结，爱好骑马、射击与娱乐，所以，美国的军工、电影、体育独霸世界；英国的园艺举世闻名，生产园艺工具的公司成了世界一流的公司；而意大利人以考究的高级时装、食品、跑车著称，所以意大利在这些领域内享有国际声誉。这可能是最初的国际产业分工之源。但这种看似本国独特的产业现象，其实是本国专业集中后，相

---

[1]　[美] 斯坦夫里阿诺斯. 全球通史 [M]. 北京：北京大学出版社，2005.

互竞争所体现出来的国际优势。国内竞争对手之间的激烈竞争，迫使国内的公司向海外营销寻求发展。统计显示，意大利出口总额的 40% 以上来源于与食品、时装或家用产品相关的产业。而美国是全球军火市场的绝对领导者，2015 年全球十大军火企业美国占 7 席，以 2096 亿美元销售额占全球的 56.6%。[①]

代工化——近代国际贸易

20 世纪 60 年代前，西方国家一个人在零售店工作，就会有三个人在工厂上班。现在零售服务从业人员已超过制造业的用工。美国的知名品牌如苹果、耐克、戴尔等都是属于只设计与销售产品而不生产的，由代工厂生产，当然是什么地方便宜什么地方生产。由于产量增加，产品价格下降，反而使原来的制造业品牌公司没有了定价权，定价权交到了像沃尔玛一类的连锁大卖场之手。美国为了保护制造业，出台了"公平交易"（Fair Trade）法。规定制造商可以为自己的产品设定最低零售保护价，而商店禁止廉价销售。

1953 年美国只有十家主要购物中心，1964 年随着高速公路的开通已达到 440 家，加上小型商业中心有 7600 家之多。大多数商业中心都希望有龙头商铺入驻，如西尔斯百货（1900 年邮购起家，2018 年 10 月申请破产保护）、彭尼公司、华德公司等。根据公平交易法，意味着西尔斯百货等不能获得通用电气或西屋电气的特别价格产品，但是能卖自己的品牌产品，所以需要有一个愿意生产的厂家，这个厂家必须是在公平交易法之外的企业，对维持美国龙头制造商们所制定的价格没有既得利益的企业，通常这样的企业只能去国外寻找。

对于在第二次世界大战之后寻求重建的日本公司来说，这是一个黄金机遇。战前日本的公司在大多数消费品生产上都没有竞争力，除了一些重度劳动密集型行业，比如纺织品、圣诞树装饰品以及廉价玩具，它们在西方市场的品质名声是坏名声，加上第二次世界大战的恶名。1947 年美国国务卿杜勒斯问日本人能卖给美国什么东西？日本人回答，只有丝绸衬衫、睡衣和餐巾纸。而公平交易法给了日本人一个巨大商机，因为那些制造自有品牌的百货公司，它们不要求你是国际品牌，无须营销就给你一张进入世界最大市场的入场券。通常美国的大型商店在价格和质量方面都提出异常苛刻的条件，因

---

① 资料来源：瑞典斯德哥尔摩国际和平研究所（SIPRI）官方网站：《2015 年全球军工企业百强榜》。

此利润很薄，哪怕当时日本人的工资相当低。但是，了解市场、提高生产技术，以及快速扩大产品规模的机会千载难逢。事实上，许多订单都大到没有一家日本制造厂能消化得了。美国人大多与日本的大贸易公司打交道，尤其是三井，而后，把订单出让给多家日本企业。接着，许多日本公司开始想用自己的品牌砸开美国市场，如丰田、索尼公司等。

日本的工资上升到了那些美国自有品牌的廉价合同失去了吸引力，日本的贸易公司逐渐引入韩国人、中国台湾人、香港人以及其他承包商。到了 20 世纪 70 年代中期，美国的零售商也在台北、香港、首尔、新加坡设立了直接采购部门。与此同时，百货公司之外，其他与特定交易链有关系的美国公司，在生产工序全球分工的背景下观察该策略的好处，何不专注于产品设计与经销这类利润高的经营，把制造交给别人做呢？只要它是你的品牌，消费者就相信它，并且有大量公司按照你的要求生产，这是一本万利的买卖。目前，苹果公司是最成功的获利者之一，台湾鸿海科技代工苹果，利润却不到苹果的 1/10。当然，苹果公司还将生产端和供应链进行协同，紧紧将生产制造的品质和效率控制在自己手中。

20 世纪 80 年代后，这类生产通过日韩和港台被大量移植到中国大陆，事实上美国的订单都没有变动，因为这样更合算。但当中国的企业想用自有品牌砸开美国市场的时候（如华为、中兴等），美国人就不干了。这就是 21 世纪美国新一轮贸易战的真实原因！

国际金融历史

在中世纪的欧洲，著名的美第奇银行就是国际金融的先驱。纪奥梵尼·美第奇领导着一家国际贸易与金融公司，从事毛纺、丝绸、皮草等生意与投资。监管着国内的多种产业，为形形色色的海外商业公司融资，并且为众多的客户提供其所需的大部分外汇、金融以及信贷。商业范围与规模的扩大使国际贸易商日益依赖于安全、高效的资金划拨方式，从一个公国、王国向另一个公国、王国划拨资金。欧洲的大型商人纷纷在远距离的城市设立分行与代理行，例如，在意大利境外设立了多达 6 个办事处的美第奇银行。分享着人们对大型企业家的信任，利用机器设备为其客户提供高效率的信用服务。[①]

在各国的国际收支平衡表中，数额最大的项目几乎全都是商品进出口项

---

① ［英］蒂姆·欣德卡. 银行家袖珍手册［M］. 牛津：牛津大学出版社，1983.

目。因此，大多数银行安排其大部分操作人员为从事这方面业务的客户服务是完全合乎情理的。随着银行业务向海外发展，在有业务需要的地方提供服务，在商品以及工业品通过国际贸易渠道，从一个国家转移到另一个国家的过程中，将由买方、卖方、买方银行、卖方银行或者另一家银行进行融资，这个过程就被称为贸易融资。2016 年全球进出口贸易额总量为 31.3 万亿美元。可见，世界各国银行对国际金融业务，在本行业务板块中的地位有多么的重要。①

银行国际业务原理

一个国家的国际经济活动总体可以分为三大类：商品流通（原材料、农作物、工业品等）、服务流动（工程、科学、人员、加工等）与资本流动（工厂长期投资、短期融资、股票所有权等）。由于银行的客户从事这些活动，因此，银行要提供客户在开展业务时所需要的技术与产品，这是种类繁多的跨国银行产品的基础。当银行满足了客户的需求时，银行与企业均会受益。为了确定银行应该提供哪些产品，银行首先要考察客户在做什么？客户需要什么？然后再看现在银行会做一些什么？有哪些产品与服务能够满足客户的需要，最后还要考虑如何向客户提供这些产品。时代总是在不断地变化，国际贸易的重点、商品流通的方式、科技发展后交易的形态一直在改变，银行只有与时俱进，总是比市场的需求快半步，才能不被竞争所淘汰。列举两家英资银行近年来在国际业务上的一些做法，从中窥见其发展趋势。

劳埃德银行国际平台

劳埃德银行的国际业务服务，已从单一的国际金融业务，转向全面的智力支持。劳埃德银行国际贸易门户网站，是综合性的国际贸易服务平台：*A.* 政策法规，平台收纳了英国和主要贸易体国家有关进出口方面海关、商检、运输和监管的基本文件；*B.* 专业报告，平台有超过 2.5 万份特定行业的专业报告，帮助客户衡量最新的国际贸易趋势，了解每一个国家完整的贸易概况、经济大纲和商业环境；*C.* 在线商机，平台有超过 10 万的买家和 2.7 万的供应商注册用户，随时提供最新的全球贸易机会；*D.* 测算成本，平台由专家设计了适应不同国家国际贸易的成本测算系统，注册用户只要输入相关数据，就能够快捷预测商品贸易的出口价格和进口成本，以及当地关税、商

---

① 资料来源：世界贸易组织（WTO）官方网站。

检、运费、保险等的费用和货币汇率转换成本；**E.** 会展信息，平台拥有全球最新的在线国际贸易展览会目录，在线各国企业和政府国际招标项目，注册用户可以直接对接洽谈；**F.** 国际金融，提供全方位的在线国际业务支持，包括各类信用证单据处理等。[①]

汇丰银行国际平台

汇丰银行国际业务平台也称"汇丰财资网"，向客户提供的服务有：**A.** 国际业务资金管理，结余及交易报告、付款、转账及发送付款通知书、外币兑换及存款、应收款对账等；**B.** 贸易服务，进口跟单信用证申请、跟单信用证修改及进口单据指示、进口融资、出口跟单信用证确认、付运前融资及付运后融资、担保申请、修改及取消；**C.** 全面提供全球现金流和供应链管理；**D.** 证券服务，证券投资组合的实时信息、查看所持证券和搜索证券信息、查看交易状况、预设下载对账文件、建立自订报告等；**E.** 环球市场，大量环球研究刊物和报告，各种研究资源，最新财务数据和市场信息，按独特需要制作图表；**F.** 与公司内部财资管理系统和企业资源规划系统全面兼容。[②]

欧盟国际贸易顾问服务

为了最大化地利用欧盟已通过的有关贸易方面的法律法规，法国农业信贷银行向企业提供"欧盟国际贸易顾问"服务。顾问团由资深的银行家、国际律师、国际税务师、国际会计师、海关专员、检疫专家组成。

只要企业提出有关国家具体国际贸易事宜，比如到美国销售欧洲著名奢侈品、想在印度尼西亚收购一家种植园、去中国找一家成衣制造商合作等。顾问团就会负责分析市场、确定目标、接受任务，检查这个项目的可行性，提供一个适中的解决方案，为企业选择最佳的商业合作伙伴，向参与方提出质疑。当确认所有条件已经成熟，顾问团会为企业安排好谈判时间与地点和会议的具体议程，落实企业的谈判目标。与此同时，随着谈判每一个步骤的良好进展，顾问团还会进一步向企业提供有关项目的法规文件和谈判目标的详细前景。最终，一起与企业验证这一国际合作方案的实施。

顾问团服务是收费的，收费标准按参与专家的工作时间计算，每小时从几十欧元到几百欧元不等，还要收取 18% ~ 22% 的行政管理费。[③]

---

① 资料来源：劳埃德银行官方网站。
② 资料来源：汇丰银行官方网站。
③ 资料来源：法国农业信贷银行官方网站。

第七节 投资银行

国际银行业七大分类

一般企业/政府融资通过三种渠道：银行贷款、债券发行或权益融资，这三种形式的选择，有时候并不是这么简单可以决策的，这需要商业银行、投资银行、其他投资机构之间的相互配合。投资银行业务在各国都有不同的定义，如想搞清楚投行业务与非投行业务的区别，我们首先要了解一下国际上对银行业的七大基本分类。

1. 中央银行 一般情况下，一个经济体会有一个中央银行，如美国联邦储备署、欧洲中央银行等。

2. 商业银行 是指那些从事传统的存款和贷款业务的银行，其中又有零售银行与批发银行之分。零售银行一般都具有高密度的街区分支机构，主要面对普通公众、商店和小生意者，特点是业务量大，金额不高；批发银行要处理其他银行、中央银行、公司养老基金以及其他投资机构的业务，特点是金额大，笔数少，如货币市场交易业务。清算系统是批发业务支持的核心，如纽约的银行间清算系统（CHIP）、欧元区的跨欧洲自动化实时清算系统（TARGET）。

3. 商人/投资银行 商人银行是一个很古老的英国用语。比较著名的是1763年在伦敦成立的巴林银行。1818年，普鲁士得到一大笔贷款，这笔贷款的本金在36年之后还清，其间巴林银行负责发行债券，偿还36年中的利息，销售债券时，警察不得不挡住拥挤的人群，可见其繁荣的程度。在美国，被称为投资银行的是指运用自由资本，参与接管或并购活动的银行，实际上投资银行可能是更现代化的说法。如果说商业银行的业务特征是"贷款"的话，那么我们可以把投资银行的业务概括为"帮助人们去获得资金"。

4. 储蓄银行 自工业化以来，在欧洲的许多国家，如法国、德国、意大利、荷兰、西班牙、瑞士，一些银行没有外部股东，而是由其成员以某种方式共同持股，这就是储蓄银行。储蓄银行不是单指只做储蓄业务，主要是为共同成员提供低价的贷款。

5. 合作银行 是以行业合作的性质构成的银行。主要有农村信用合作机构，如法国农业信贷银行、荷兰合作银行、日本农林中央银行。除了农业合作金融机构之外，在德国，还有"药剂师和医生合作银行"（Chemists and Doctors）。

6. 抵押银行 一些国家设有专门的部门负责抵押贷款业务。如英国的建筑协会。为了共同建造房子，从个人和街道处筹集小额存款，然后用于抵押贷款。20 世纪初，英国有这类机构 2000 多个，现只剩下 60 余家，德国现有35 家抵押银行，美国的"房利美""房地美"是全球规模最大的抵押银行（次贷危机发源地）。①

7. 吉欧银行（Giro Bank） 吉欧是希腊语"Guros"，是"车轮"或"圆圈"的意思，在金融上"圆圈"代表交易双方能够顺利完成支付。中世纪，欧洲一些发达的贸易交易会，买卖双方可能在本次交易会中不能等价交易，出现欠债的情况，但同时约定下次交易会进行清算。根据市场需求，银行家们建立了清算系统，被称为"吉欧系统"。"吉欧银行"演变成如今同类的银行那就是"清算银行"。

从上述对银行业分类的基本原理中，我们可以了解投资银行的业务范围和它的作用。

四种投资银行组织形态

现代意义上的投资银行（Investment Banks）其组织形态主要有四种：一是独立型的专业性投资银行，这种类型的机构比较多，遍布世界各地，它们有各自擅长的业务方向，比如美国的高盛、摩根士丹利。二是商业银行拥有的投资银行，主要是商业银行通过兼并收购其他投资银行，参股或建立附属公司从事投资银行业务，这种形式在英国、瑞士等国非常典型，比如汇丰集团、瑞银集团。三是全能型银行，直接经营投资银行业务，这种形式主要出现在欧洲，银行在从事投资银行业务的同时也从事商业银行业务，比如德意志银行。四是特大型的跨国性财务公司。

---

① ［美］史蒂芬·瓦尔迪兹. 国际金融市场［M］. 北京：中国金融出版社，2005.

劳埃德投资银行业务

1. 投行资质：劳埃德银行获得欧洲顶级债券特许经营权，在交易和执行方面拥有良好记录。在泛欧洲地区分销英镑、欧元和美元债券等已积累了30多年经验。筹集0.5亿~10亿英镑中等规模的债券是一大优势。在传统项目、现金流融资方面已获英国、欧盟各国和北美政府的特许经营权。该行还是世界银行投资项目的合作者，赞助了其资产支持商业票据计划。

2. 主要业务：*A.* 债券业务，该行拥有跨国团队，在英镑、欧元、美元的债券和中期票据市场方面具有丰富专业知识，并拥有广泛的国际分销能力；*B.* 同业业务，向银行、证券、基金、保险公司等提供相关金融通道、工具和托管业务，如混合监管资本结构和信用评级服务；*C.* 债务重组，向企业和金融机构提供债务再融资或债务重组设计与执行服务，帮助优化企业财务灵活性、提升企业资本结构的监管合法性，设计现金收购要约和股东征求同意文件等；*D.* 私募基金，与私募股权公司合作，为收购融资进行交叉融资，为收购活动的各个环节提供准确的资金估价；*E.* 证券化业务，通过合成证券化、替代资本产品，通过投资组合提供整体贷款解决方案和过渡性融资，为企业和政府提供资产证券化的创建、结构化、布局以及资产负债表重建和管理，为客户提供更加灵活的低成本产品，替代传统批发融资市场和资本市场的产品；*F.* 股本融资，为小型收购交易或大型包销交易平台的股本，安排、承包和执行股本融资，股本融资行业包括建筑和施工、教育、能源、金融、休闲和酒店、医疗保健、药品、专业工程和制造、零售和消费品、电信、媒体和信息技术等；*G.* 银团融资，为英国、欧洲和北美的港口、铁路、公路、国防、环保、公用事业、能源、教育、健康等领域，牵头国际银团贷款或银团债券；*H.* 结构化衍生品，为企业和政府识别与管理金融风险敞口，以合适的对冲衍生品覆盖可能产生的金融风险，该行拥有强大的技术架构和后台分析执行能力。①

---

① 资料来源：劳埃德银行官方网站。

第八节　风险管理业务

风险管理历史

"风险管理"一词出现于 1916 年《工业管理与一般管理》一书，是法国古典管理理论奠基人亨利·法约尔（Henry Fayo）最早提出。而首次进行金融风险管理系统研究的是哈佛大学教授、国际国币基金组织首席经济学家奥利弗·布兰查德，1976 年在其著作《宏观经济学》一书中所做的阐述和研究。随着世界经济的不断发展，金融行业重要性日益凸显，金融危机的爆发，这一切都激发了世界各国在金融风险管理方面进行更加系统化、专业化研究。随着金融全球化的加深，金融风险发生的可能性越来越大，为了应对一切可能发生的危机，更多的研究学者开始关注金融风险管理。

金融风险管理内容

金融风险管理一开始始于保险界，其他领域研究很少。受此影响，当时的金融风险管理针对的仅仅是纯粹的风险或称为自然灾难，这导致金融风险管理的理论受到很大的限制。随着世界经济与社会的发展，人们对于金融风险管理的认识越来越深刻，使其成为一门专门的学科。受理解力与认识力的不断深入，以及行业研究领域的进一步拓展，使金融风险管理研究的学科越来越细化。从 20 世纪 30 年代开始，欧洲的金融风险管理进入萌芽阶段，美国 30 年代金融危机爆发后，为了应对经济的不稳定性，减少企业的损失，当时一些大型跨国企业就开始成立专门的金融风险管理部门，应对周期性的经济萧条，达到"防灾避灾"的目的，但主要还是通过商业保险予以防范。

进入 21 世纪以后，重大的金融风险时有发生：2001 年发生在美国的安然（Enron）公司破产案，该公司曾是世界上最大的能源、商品和服务公司之一，名列《财富》杂志"美国 500 强"的第 7，然而，2001 年 12 月突然向纽约破产法院申请破产保护，成为当时美国历史上第二大企业破产案。西方银行通过对自身金融风险管理经验的积累，逐渐将风险管理业务作为向企业和社会提供的一项重要银行业务。在西方国家，这一业务需求与日俱增，获得了企业和社会的广泛认同，趋势看好。金融风险管理，就是大型企业也是很难涉及的，而这恰恰是银行的优势。

早期的银行风险管理，主要集中于利率风险管理，兴起于 20 世纪 70 年代。经过 40 多年的发展和数据积累，在对利率风险的衡量和管理方面，已从静态的缺口方法转向动态的收入模拟分析方法，对资产负债表的假设和对未来利率情景的假设都能达到高度相近，这就有了商业利用的价值。

劳埃德银行风险管理

一切商业行为都存在着风险。劳埃德银行从长期的经营活动中积累了广泛的风险防范经验和技术工具，能够为各类商业企业、政府和金融机构提供完善的风险防范服务。

1. 利率风险管理。利率风险是公司客户和金融机构关注的焦点，我们对利率风险的建模和利率市场的详细了解，能够识别和管理风险敞口，为企业提供风险管理解决方案，帮助企业减轻风险，并在可能的情况下抵消短期风险，实现长期的战略价值与战略稳定。我们可以为企业提供范围广泛的利率风险管理策略，可根据企业的具体需求量身定制。这些建立在对企业的财务风险的充分理解基础之上，往往需要通过多年的合作才可能建立起来。我们所做的一切都有专业的研究，并有运营执行的支持。

2. 外汇风险管理。越来越多的企业发现面临外汇风险，它们通过进出口贸易，或间接通过供应商。我们可以帮助企业识别和管理企业的外汇风险。我们的专业团队将与企业合作开发个性化的外汇解决方案，以满足企业特定的货币需求和业务目标，并提供跨时区的定价和交易执行的无缝接入，包括我们屡获殊荣的电子解决方案。

3. 通货膨胀管理。通货膨胀率的波动现在是很多公司关心的问题，找到一个最适合企业的策略，对于企业的业务持续成功至关重要。无论企业是通货膨胀的接受者，自然支付者还是市场中介者，我们都可以提供通胀挂钩产品，帮助缓解任何隐含/明确的通货膨胀风险。我们可以提供各种与通胀挂钩的策略，从标准的通货膨胀掉期到更多的结构化掉期以及与以下指数挂钩的融资策略：RPI——反映平均消费模式的加权一揽子商品价格指数（零售物价指数，Retail Price Index）；LPI——有限的价格指数，即具有特定底线和顶限的 RPI；欧元 HIC——欧洲主要通胀指数。

4. 商品期货管理。越来越多的公司认识到利润受商品价格波动的严重影响，油价暴涨的运输成本、零售商分销成本、金属价格成本等，我们都能为企业提供量身定制的解决方案，帮助企业降低商品价格风险。我们涵盖的商品有：***A.*** 能源：原油、天然气、柴油、汽油、煤炭、电力；***B.*** 有色金属：铝、铜、锌、镍、铅、锡；***C.*** 贵金属：黄金和白银；***D.*** 农产品：小麦、玉米、可可、咖啡、糖、棉花等。

5. 风险管理工具。***A.*** 国际财务报告准则（IFRS）指导，如果企业使用衍生产品、期权等产品的对冲策略，无论外汇、利率或其他，IFRS 将规范全世界企业或其他经济组织的会计运作，使各国的经济利益可在一个标准上得到保护，不至于因参差不齐的准则导致不一样的计算方式而产生不必要的经济损失。***B.*** 风险量化，最佳对冲策略的关键在于理解和准确量化业务所面临的风险。我们有专门的风险解决方案专家团队，他们可以应用复杂的风险量化方法，并提供风险分析工具，用于企业的应对策略。当企业遇到风险时，量化这些风险将使企业能够制订整体解决方案。先进的风险管理解决方案和日益成熟的套期保值策略使企业能够处理风险敞口。通过适当的风险量化，为企业制定最小化风险及最小化成本的应对策略。***C.*** 市场执行指标，财务主管并不一定具有确定和执行应对策略的洞察力和信息水平。例如，为了创造最佳的战略债务概况，企业可能考虑的因素包括收入周期性、波动性、杠杆率、现金余额、外汇敞口、融资结构、融资成本、利率波动性、评级、风险偏好和债务公约等，大多数企业只有少数能列出。但是，一旦企业已经接近战略目标，企业应该看看市场，并考虑战术因素。我们的风险解决方案小组制定了一套货币和利率的战术指标。这些都是可以在线访问，有意义的和透明的，旨在协助企业并告知企业风险管理决策的时间。[①]

---

① 资料来源：劳埃德银行官方网站。

第九节　企业股权业务

银行股权管理优势

一家成功的企业，除了要有人才、技术、资金和运气（商业周期等）外，企业的治理体制设计非常重要，股份制是现代企业的主要模式选择。股份制，是一门非常古老又十分深奥的学问，银行不是做资金生意的吗？怎么来做企业股权服务？殊不知，银行自身就是一架世界上复杂的股份制机器，因为银行所处的特殊地位和拥有的资源，银行做企业的股权管理是一般股权咨询机构无法达到的。

美、德、日企业股权结构

公司治理的模式和绩效受很多因素的影响，从某种意义上讲股权结构是根本性因素。它在很大程度上影响着公司控制权的配置及公司治理机制的运作方式，甚至决定公司的治理效率。但是，股权结构不是自发形成的，它对一国的历史、文化特别是管制环境有着很强的路径依赖。我们简单看一下美国、德国、日本这三个国家主要的股权管理结构。

1. 从 20 世纪 70 年代开始，美国股票市场上出现了股份从分散走向集中的趋势，而且这种集中并不是向个人大股东的集中，而是向机构投资者集中，以各种养老基金、共同基金、投资公司、保险公司、慈善机构等为主的机构投资者目前已成为美国最重要的股东。1996 年三者的总和达 43%。从公司治理的角度看，养老基金和保险基金影响力更大，因为它们属于长期投资者（或保守投资者），通常持股周期长、追求长期稳定收益。相比之下，共同基金（开放式基金）通常持股周期较短，持股结构多变，注重短期收益。

2. 日本的法人持股比率也很高，根据东京证券交易《东证要览》（1996）的统计，1995 年日本全国上市公司中，金融机构占 41.6%，事业法人占 25.2%，两者合计法人持股比率高达 66.8%。在法人持股中，法人企业之间的相互持股占很大比重，1995 年六大企业集团（三井、三菱、住友、芙

蓉、三和、第一劝业银行）内部企业的平均相互持股比率为21.6%，在全部上市股票中占40%。法人持股高，导致了日本股市的低流动性和高市盈率，法人之间的相互稳定持股，大大降低了企业被敌意收购的可能性。

3. 德国企业的所有权集中度很高，持股者主要为银行、创业家族、基金会、其他公司和政府等。统计显示，1989年末德国银行中储存的客户股票就达到4 115亿马克，约占当年国内股市总值的40%，再加上银行自己持有的股票，银行直接管理的股票就占到德国上市公司股票的50%左右，并且一些全能大银行常常从债权人开始发展成为企业的大股东。因此，银行在许多公司监事会中占有席位，并直接影响着管理层，对企业具有很大的有效投票权，德国银行已成为德国企业治理结构中一支非常重要的力量。[①]

上述三国企业持股结构中，不约而同地出现一个现象，那就是金融机构，尤其是大银行、国家社保基金、保险基金参与企业的股本比重很高，而所有这些战略性的基金与大银行又有着交叉持股和非常紧密的业务合作。这就是现实中，西方银行参与企业股权管理的特别优势。同时，银行对行业研究的多年数据积累，使银行对许多企业的未上市股票拥有随时定价的能力，借助银行的技术平台，使未上市企业的股票被质押变现，或流通成为可能，为此，这是非常吸引企业的一项银行服务。企业股权服务的内容很多，以下只列举其中的一项。

摩根大通银行员工持股计划顾问

摩根大通集团是全球员工持股计划专业服务的领导者。在全球已有超过1200多家企业选择该行作为员工持股计划的顾问银行。同时，有超过600多家的企业员工，将持有企业的股票抵押给该行或其他金融机构，获得各种类型的个人贷款融资，购买住房、汽车改善他们的生活。

员工持股计划（Employee Stock Ownership Plans）即ESOP，又称为员工持股制度，是员工所有权的一种实现形式，是企业所有者与员工分享企业所有权和未来收益权的一种制度安排。员工通过购买企业部分股票（或股权）而拥有企业的部分产权，并获得相应的管理权，实施员工持股计划的目的是使员工成为公司的股东。该计划包括以下几方面：

1. 持股常规顾问。 **_A._** 员工持股计划是专业性很强的系统性工程。该行

---

① ［中］高友才. 股权结构的国际比较分析［J］. 郑州大学学报，2003（2）.

擅长将企业的各项发展指标，通过科学的安排，提出企业员工持股的优选方案。不管企业是拓展业务需要扩大股份，还是企业可能将来向外转让股份，该行所做的持股计划，都可以保持企业员工长期持股所带来的战略性好处。*B.* 未上市股份变现，该行有足够的历史数据和行业当前的发展情报，来评估各个行业员工持股的现金价格，并为未上市员工的持股转让或质押融资，找到合适的平台。*C.* 该行经验丰富的专业人员，具有多年从事各个行业复杂交易的经验，可以为企业员工持股计划的整个生命周期提供指导。

2. 持股重点顾问。 *A.* 员工持股计划替代方案咨询。*B.* 协助解决复杂员工持股计划结构化问题。*C.* 咨询和资助新员工或增资扩股后第二阶段的员工持股计划。*D.* 就涉及员工持股计划所属公司的并购或公司财务重新安排，提供新的解决方案。*E.* 就成熟的员工持股计划提供建议，包括回购责任、监管和合规性事宜。

3. 持股类别顾问。 *A.* 发起型员工持股计划，即员工以现金购买公司的原始股，员工以自有资金或借入资金购买公司股票，贷款可以来自金融机构；员工无自有资金或贷不到资金，公司将部分股份质押给银行，银行变现给员工，让员工再购买企业的股票。*B.* 激励型员工持股计划，这种类型的员工持股计划是每年向员工发放本企业股票，若本企业已无股票可供发放，则企业用现金到证券市场上购买本企业的股票，供企业员工持股，一般最高可达工资总额的25%。*C.* 员工持股信托计划，员工持股计划使用贷款直接向其公司或股东购买雇员股，公司可以做出完全可抵扣的本金和利息支付来免偿员工持股计划的贷款。当贷款被偿还后，作为抵押品的股票被存放在个人员工账户中。①

法国公司形式及股权责任

法国公司形式及股权责任如表6–1所示。

---

① 资料来源：摩根大通银行官方网站。

表 6 –1① 根据《法国商法》等法律、法规制定的法国公司形式及股权责任

公司类型	股份责任有限公司 SA	简易股份公司 SAS	有限责任公司 SARL	个人企业 EURL
最低注册资金	37.000 欧元	1 欧元	1 欧元	没有注册资金
公司成立时最低认缴	18.500 欧元	50%	20%	—
股东人数	最低 7 人，无上限	最低 1 人，无上限	最低 1 人，最多 100 人	1 人
股东身份	自然人或法人不自动具有商人身份	自然人或法人不自动具有商人身份	自然人或法人不自动具有商人身份	自然人在商业法庭注册具有商人身份
股东经济责任	有限责任以出资额为限	有限责任以出资额为限	有限责任以出资额为限	以个人财产对公司债务承担无限连带责任
股东投票权	根据出资比例（除非持有享有特别收益权的股份或股票）	可以持有享有特别投票权的股票	根据出资比例	—
股东分红权利	根据出资比例分红（除非持有享有特别收益权的股份或股票）	可以持有享有特别收益权的优先股	根据出资比例分红	—
出资	现金出资、实物出资、禁止技术出资	现金出资、实物出资、禁止技术出资	现金出资、实物出资、技术出资	—
税收	公司税：33.33%	公司税：33.33%	SARL：33.33% EURL 所得税（工业和商业利润）或非商业利润也可以选择公司税	所得税工业和商业利润或非商业利润
上市	可以	不可以	不可以	不可以

---

① 资料来源：巴黎 SUN TAO 律师事务所官方网站。

公司类型	股份责任 有限公司 SA	简易股份 公司 SAS	有限责任 公司 SARL	个人企业 EURL
股票期权	可以	可以	不可以	不可以
银行贷款	可以	可以	可以	可以
发行债券	可以向公众发行债券	可以向公众发行债券	可以在私人投资范围内发行债券	不可以
股份转让	除非有协议另外规定，通常情况下可以自由转让股份 可以在章程中规定针对第三人的同意条款或者优先购买条款	除非有协议另外规定，通常情况下可以自由转让股份 可以在章程中规定针对第三人的同意条款，优先购买条款或者禁止转让条款	股份在股东之间自由转让 如果转让给第三人，须经过多数股东同意	可以转让营业资产或者其他资产 —
组织结构	两种情况：（1）公司章程可自行组织由总裁、公司经理作为其法人代表；（2）也可以设置董事会、监事会等合议机构 传统管理层结构：（1）董事长、总经理会；（2）董事长、股东（大）会 现代管理层结构：经理、监事会、股东大会			
公司领导人免职	董事长及成员无须理由即可被免职	公司章程可以自由规定免职方式	经理需要合理理由才能被免职	总经理需要合理理由才能被免职
资格	董事长及成员必须是股东	董事长可以是自然人或者法人，可以不是股东	经理必须是自然人，可以不是股东	—
审计员	必须有审计员	除非例外，审计员不是必需	除非例外，审计员不是必需	不需要审计员
优点	（1）可以向公众集资 （2）对银行有较高的信用 （3）股份转让自由 （4）容易引进投资人	（1）公司结构自由 （2）可以在分红、投票权等方面量体裁衣 （3）股份转让容易 （4）容易引进投资人	（1）运行简单 （2）对注册资本要求低 （3）可以凭技术出资	（1）没有运行成本 （2）行政及税务手续简单

续表

公司类型	股份责任 有限公司 SA	简易股份 公司 SAS	有限责任 公司 SARL	个人企业 EURL
缺点	（1）至少 7 个股东 （2）注册资本要求高 （3）组织与运行成本高	（1）公司运行成本依然较高 （2）不能公共集资 （3）批准年度账目及分红仍需要集体决定 （4）章程起草应特别小心	（1）对银行而言，信用较低 （2）不能向公共集资	（1）个人资产对债务负无限连带责任 （2）转让资产较难，费用较高 （3）若营业额及利润达到一定规模，建议采取公司形式

第十节　企业特许权业务

西方银行与企业互换角色

进入 21 世纪，西方银行转型进一步加快，主要基于全球信息化时代的到来，移动互联网更促使金融脱媒；同时，跨国公司和大型企业纷纷建立自己的财务公司，企业资金调配能力增强，不仅分流了公司客户在银行的存、贷款，而且开始替代银行提供财务顾问、融资安排等服务；互联网金融也对传统银行发生挤出效应，如今利用互联网的企业，都深藏着抛售金融产品的利剑。银行换位思考，既然企业如此喜欢做金融业务，银行也完全可以参与企业业务，而且利用金融优势做得更加高明。

西方银行人才结构理科化

在此背景下，西方大银行纷纷开始新的探索。首先，从改变银行的人才结构开始。之前，银行招人一般只招商科的毕业生，如今，每年招进一批前沿学科的理科生，如 IT 技术、云技术、生物技术、遗传技术、人工智能、空间技术、导航技术、纳米技术、未来电池、农业技术、环境技术、材料技术、通信技术、节能技术、数字创意、新媒体、工业设计等，成为本行在编的工程师和科学家，并获得国家专业部门的认证。这批人才主要用来与国内和国际上最先进的大学、研究所、专业团体保持紧密联系，参加一系列专业的国际会议或直接参与学科研究，获取前沿学科领域的最新资讯，培养成为本行这些专业前沿技术领域的项目经理。使银行从原来被动听取企业项目介绍，到银行主动出击，掌握行业龙头技术、精通行业知识产权，与产业领袖强强合作。这就出现了银行"特许权服务"一类的概念。而"特许权服务"只是银行科学家团队提供顾问咨询的其中一项内容。

商标——使特许加盟店得以问世

商标，使特许加盟店得以问世，协助促进商业的财团化。公司只要借由买下畅销品牌，就可进入完全非自己专业的领域。举个例子，可口可乐19世纪80年代在美国上市，此前，并非国际大牌饮品，无法敲开欧洲的大门。第二次世界大战期间该公司耗巨资，让美国大兵喝上可口可乐，向世人宣示：前线的美国兵都喝，其他人喝了能有坏处吗？可口可乐公司针对1952年赫尔辛基奥运会，整修好一艘诺曼底登陆时的登陆舰，但该舰上装的不是军队，而是72万瓶可口可乐。从此，可口可乐公司打开欧洲市场大门，遍设加盟工厂。由此可见，商标具有历史意义才会有用，因为消费者熟悉商标；但商标旨在满足资本需求，是不具人格的资产。玫瑰改为别的名字，或许芬芳依旧，甚至换了名字后，玫瑰可能给人以更迷人的形象，但却成了价值较低的花草。名字算什么？"它不是手、不是脚、不是臂、不是脸"，但它是当今社会公司的利润所在。

特许经营历史与分类

国际特许经营协会对特许经营的定义是：特许经营是特许人和受许人之间的契约关系。对受许人经营领域、经营诀窍进行培训，特许人有义务提供或保持持续的兴趣；受许人的经营是在由特许人所有控制下的一个共同标记、经营模式或过程之下进行的，并且受许人从自己的资源中对其的业务进行投资。

第一代特许经营，也叫产品品牌特许经营，发源于19世纪。19世纪40年代，英国的一些啤酒酿造商将专卖权授予一些经营啤酒的小店铺。1851年，一位名叫列察克·梅里瑟·胜家的美国人发明了一种代替手工缝纫的机器——缝纫机。这个革命性的发明被英国世界科技史学家李约瑟博士称为"改变人类生活的四大发明"之一。胜家缝纫机为了增加销量，想出两个办法：一是分期付款；二是特许经营权。胜家缝纫机是这两项革命性创新的鼻祖，为近代制造业快速占领市场提供了重要手段。20 世纪初，石油提炼公司和汽车制造商开始授权给一些企业销售他们的产品。第二代特许经营出现于第二次世界大战以后，随着世界经济的高速发展，餐饮、旅游等服务业的发展使特许经营在内容和形式上更加丰富。以麦当劳、肯德基为代表的第二代特许经营比胜家、福特汽车等第一代更强调"商标、经营技术和店铺设计"等以知识产权为核心的特许。

按特许权要素的不同组合，又将特许经营划分为生产特许、产品—商标特许和经营模式特许三大类型（见表 6 - 2）。

表 6 - 2 企业特许经营类别示意表

	生产特许	产品—商标特许	经营模式特许
授权主要内容	商标/标志、专利、生产技术、产品生产权、产品分销权	商标/标志、产品分销权	经营模式、单店 VIS 系统、单店运营管理系统、产品分销权
特许人特征	强势品牌、专利专有技术特有者	品牌制造商	拥有全面自主知识产权的企业
特许人战略控制	专利、专有技术、原材料等	货源、价格	全面统一管理：品牌、经营计划、选址、VIS、配送、促销、价格、管理制度、培训等
加盟商获利来源	生产利润、分销利润	分销或零售利润	服务利润、零售利润和财务利润
主要应用领域	生产制造业	商品流通	服务领域、商品流通领域

苏格兰皇家银行企业特许权业务

在当今全球一体化的信息社会中，苏格兰皇家银行（RBS）深知服务好顾客，必须建立一支强大的涉及当今最前沿科学的专业化顾问团队。RBS 拥有在编的数千名经英国国家资质认证的职业专家顾问，通过他们可以链接到英国及国际顶端的行业机构和专家。RBS 具有为各行各业做好精细化服务方案的能力，而不仅仅只局限于金融范畴。

1. 特许经营权专业。 RBS 在英国拥有超过 165 名专营权专家，这意味着您将得到您所需要的全部支持，无论您的行业和您的期待如何。特许经营是经济增长的一部分，我们有 30 多年帮助商业人士成功的经验。自己设立和运营新业务可能具有挑战性，但通过特许经营成功的机会增加，您有一个成熟的商业模式。**A.** 商品特许经营权，代理特许知名商品减少了开展新业务的风险。您将获得特许经营权经理的全力支持，确保您在不同时期拥有配套的发展能力和合适的金融方案。**B.** 特许加盟店，如果您想进入加盟店业务，我们可以提供基础服务，在 RBS 服务的加盟店清单上，我们有一系列的顾问指导，支持您成为一个成功的特许加盟店业者，避免商业陷阱。**C.** 特许专营金融：咖啡连锁店、快餐连锁店、理发连锁店、零售商连锁店、健身房连锁店、连锁电影院、美容连锁店、4S 汽车连锁店、二手房连锁店、特许旅游景点等。本行的特许经营行业经理都是这些领域的专家。本行还与特许经营行业的总部有战略上的合作。我们将提供全套专业的金融服务方案。

2. 农业与再生能源专业。RBS 在英国拥有 130 多位独立认证的农业专家和 300 多名认证的可再生能源专家。他们在农业、林业、畜牧业、乳品业等领域所涉及的农业税及欧盟政策等，都具有很深的研究背景；**A.** 农业专家，提供广泛的农业金融经验，包括为农业和农村社区需要的土地、设备和机械安排贷款，抵押和保险。您的客户经理将参与任何贷款决策，由中央农业承销团队支持；获得专业农业金融产品，包括我们的农场贷款、农业抵押贷款、农场网络保险、资产融资和定制储蓄账户。**B.** 可再生能源专家，为不同的可再生能源产品、设备和潜在的创收项目提供支持。我们还可以与独立的技术能源顾问、规划顾问、工程师、安装人员和风速分析师联系。**C.** 农业评论社区，无论您是不是我们的农业客户，我们都欢迎您通过免费的网上"农业商业评论"来了解企业信息。审查：帮助您计算如何充分利用您的资金；如何解释更有效地运行您的农业财务；评估您的农场或农村业务是否得到充分保护；帮助为您未来增长提供资金的最佳方式。

3. 医疗保健专业。RBS 在英国拥有超过 200 名认证的医疗保健经理，我们可以为保健行业的许多领域提供定制服务，包括护理院、牙科医生、眼科医师、兽医等。**A.** 医疗团队，通过本行英国的医疗行业经理来完成这一工作。这些经理有着帮助企业实现目标所需的专业知识。我们的医疗保健专家接受了特许医疗学院认证的培训，并被领先的医疗保健行业组织认证。本行还每月组织 CPD 培训。**B.** 医疗保健行业，包括护理院、住宅护理、专科护理、日托所护理、牙科手术、家庭护理组织、眼医师、药店、私立医院、兽医诊所等。**C.** 本行合作机构，英国牙医专业协会、英国老年人护理行业协会、英国日托所慈善会员协会、英国社区药学工作者协会等。

4. 法律专业。 RBS 在英国拥有 100 多名法律行业经理，他们都是顶尖的法律专家。在这一领域，他们不仅提供银行专业知识，同时提供与金融相关的法律方面的疑难问题。*A.* 财务成本控制方面法律，介绍所在地城市律师事务所、执业律师或大律师。*B.* 金融投资方面法律，包括资产融资、商业卡、国际现金管理、房地产融资等方面的法律问题。

5. 会计专业。 RBS 在英国拥有 400 多名财务行业经理，他们积累了长期的会计实务和金融实务的经验，具有英国金融与会计两个以上的执业资质。他们擅长成本控制、避税与节税、国际贸易核算、企业发票管理、债务重组会计等。

6. 能源效率专业。 RBS 在英国拥有 300 多名独立认证的能源效率行业经理，主要为企业设计如何减少能源消耗，如何将企业的再生能源项目变为企业的重要性收入来源之一。同时为企业的节能项目、再生能源项目安排和设计融资方案，为减少企业的碳排放，增加企业的环境信誉作顾问。我们可以为企业和社区提供利用本辖场地，或附近山丘、滩涂、湖泊、沙漠等资源，开发定制的风力发电、太阳能发电等清洁能源项目，也可以借用附近企业能源，或使本企业能源得到二次利用。从开始规划到工程实施，以及剩余的电力上网出售的一整套落地计划。

7. 高新技术专业。 RBS 在英国拥有 200 多名独立认证的高新技术行业经理。主要涉及 IT 技术、云技术、生物技术、遗传技术、人工智能技术、空间技术、导航技术、纳米技术、未来电池、数字创意、新媒体等。能够在英国各地找到当地优秀的技术合作团队，同时，可以为这类高新技术企业提供一揽子存款、贷款、担保抵押融资，以及轻资产评估、知识产权与股权质押融资、风险投资等的专业化服务。[①]

---

① 资料来源：苏格兰皇家银行官方网站。

第七章

社会金融

第一节 国家金融安全管理 ···················· 210

第二节 可持续发展金融 ······················ 212

第三节 绿色环保金融 ························ 217

第四节 公益性金融 ·························· 223

第五节 公租权金融 ·························· 225

第六节 社区金融 ···························· 228

第七节 政府扶助性金融 ······················ 230

第八节 企业家教育 ·························· 233

第九节 反洗钱管理 ·························· 246

第十节 反金融欺诈 ·························· 251

第一节　国家金融安全管理

银行，乃社会之公器。庄子曰："名，公器也，不可多取。"

由于一家银行的一个金融产品没有管好，居然能够使整个国家陷入全面金融危机！这个您能相信吗？出现金融风险的国家不是小国，而是创造现代银行制度的英国。

德国两次恶性通货膨胀原因

所谓"成也萧何，败也萧何"，这句话用在金融上一点也不会过分。事实上一些西方国家，由于金融的杠杆效应，爆发全国性金融危机，导致经济全面崩溃，国民大规模失业，国家处于深度灾难之中，教训历历在目。比如德国人，对通货膨胀特别敏感，因为在 20 世纪 20 年代和 40 年代德国曾遭遇过两次恶性通货膨胀（见表 7 – 1），使人民处于极度的恐慌之中，这种阴影几代人都挥之不去。当时，"手推车"代替"计量秤"成为衡量货币供应的工具。在发薪日，男人们让妻子到工厂门口等待领取工资，然后冲向商店抢购牛奶，必须在上午购物，这种情况最终发展到商店在中午时间关门，在下午给商品重新标价后再开张营业。

表 7 –1①　　　　　恶性通货膨胀：在德国邮寄明信片的邮资　　　　　单位：马克

1922 年 10 月 1 日	1
1923 年 4 月	29
1923 年 7 月	60
1923 年 10 月 1 日	400000
1923 年 11 月 1 日	20000000
1923 年 11 月 26 日	16000000000

---

① 资料来源：《美国集邮家》，1985 年 1 月。

究其原因，第一次世界大战前，德意志帝国为了筹措战争经费，政府利用对银行的控制权向德意志帝国银行借款。黄金兑换制度及纸币发行税均被废止，取而代之的是政府机构的借款借据、帝国国库券及债券。这种以政府债券替代黄金储备扩张国家信用的战时体制，为战后发生恶性通货膨胀埋下了祸根。在1922—1923年高通货膨胀时期，平均月通货膨胀率高达322%，周通货膨胀率高达40%。①

这段历史不仅影响了德国政府以及中央银行，也影响了欧元及欧洲中央银行的结构。第二次世界大战后建立了以《联邦银行法》为主体的一系列德国银行法律法规，谨慎监管商业银行的金融业务。自1990年联邦德国和民主德国签署《关于建立货币、经济和社会联盟的国家条约》之前数十年，东西德合并后的经济磨合期，直到如今的欧盟，基本都保持了低通胀，中、高增长，房价稳定的良好宏观调控效果，是这一时期全球货币管理的出色代表。

2007年英国金融危机

又如发生在2007年的英国北岩银行事件。当时，该行有150万储户，240亿英镑存款，向80万名购房者提供房贷。该行主要依靠向其他银行借款与在金融市场上出售抵押贷款证券筹款。2007年受美国次级房贷的波及，发生挤兑濒临破产。尽管北岩银行资本充足率完全符合《巴塞尔协议Ⅱ》的标准，但次贷危机使这家住房抵押贷款占总贷款90%的银行陷入困境，并引发连锁效应，使英国陷入系统性金融危机。最终，由英格兰银行注资，收归国有，使英国避免了一场系统性的金融危机。

此事件后，英国议会决定对原有的银行法体系进行修改。英国财政部于2012年6月向议会提交了《银行业改革：〈提供稳定性及支持可持续发展经济〉》白皮书。2013年12月，英国议会通过《2013年金融服务法》。该条款的实施权力被赋予英国财政部和英国金融行为监管局，凡在英国境内的本国银行和外资银行均应遵守本法律，并将于2019年1月1日起生效执行。立法主要内容如下：

1. 建立隔离机制。英国政府对银行业务实施"隔离原则"，将"核心"银行业服务，如零售业务、中小企业业务等的传统业务，与高风险的投资银行业务分隔。即"隔离"内的业务只能向个人及中小企业提供存贷款和支付

---

① ［德］大卫·马什：《德国中央银行：统治欧洲的银行》。

结算等传统商业银行服务；"隔离"外的业务只能将不在存款保险范围内的存款和批发性资金作为融资来源。银行业务和投行业务之间新的隔离机制将降低银行业的结构复杂性，增强其应对危机的能力。

2. 增强损失补偿。如果隔离机构的风险加权资产占英国 GDP 的 3% 以下，则最低一级核心资本率要求为 7%，加上 3.5% 的额外风险缓冲资本（主要指带有损失吸收功能的自救债，如长期无抵押债券等），总资本充足率至少要达到 14%。而对风险加权资产占英国 GDP 超过 3% 的大型隔离机构以及系统重要性金融机构，总资本充足率要达到 17%。

3. 促进银行业竞争。有效的银行业竞争不仅可以使英国经济受益于银行业产品和服务的有效价格，也会刺激创新和经济增长。英国政府通过降低银行业准入门槛，必要时从大银行回撤资金和提高银行透明度等方式来促进银行业的竞争。

立法旨在保护社会公众和中小企业的金融利益，免遭系统性金融风险的攻击，限制大银行利用各种杠杆手段盲目扩大投资银行业务的风险。为使本立法得到全面贯彻，在英国境内的英资银行与外资银行将对原来的开户进行适当的调整和审理。对个人账户、公司账户在与投资银行相关联的账户上进行清理。

以上两个案例，第一个案例是国家利用政权，迫使银行放大金融杠杆，造成国家金融灾难。第二个案例是一国中的其中一家银行受外部金融危机的传导牵连，造成整个国家发生全国性金融灾难。所以，"国家金融安全"问题，不仅是金融监管当局的责任，还是每一家商业银行乃至其对所推出的每一款金融产品之时，必须慎重考虑的重大问题。

第二节 可持续发展金融

联合国 2030 年可持续发展议程

人们长期以来已形成了一种共识：市场并不是自身会良好的可持续运转。它在一些方面的产出总是过多——污染、对地球的破坏；而在一些方面产出总是严重不足——教育、知识、医疗、脱贫等。因此，如果缺乏市场干预，市场的负产品总是高产——如污染等；而对于市场所需求的教育，总是低产。

非洲有句谚语"如果你想走得快，可一个人去，如果你想走得远，就一起走"。人类自从进入工业化，就开始了迈向社会合作，随着科学技术的突飞猛进，这种社会合作变成了全球合作，世界成为一个整体。在联合国成立70周年之际，2015年成员国在纽约联合国总部一致通过了"联合国2030可持续发展议程"。共有17个可持续发展目标以及169个相关具体目标。世界各国领导人一致认为需要共同采取行动，走上可持续发展道路，集体谋求全球发展，也为全球金融体系的转型指明了方向。

低碳城市概念

联合国开发计划署（UNDP）是联合国全球可持续发展的主要职能部门。UNDP与瑞士TOP10节能中心开展合作，从2008年起提出了"低碳城市"的概念框架，已在全球许多城市进行了有益的尝试。

主要内容如下：

_1._ 从能源的视角分配预算，越是能源消耗低的单位，如学校、医院、政府部门等，越是能够获得多的财政预算。_2._ 再生能源利用，如何利用附近的风能、生物能、太阳能、地热能等。_3._ 工业节能，一般制造业大国，工业消费了50%以上的总能源和70%以上的总电力，是节能减排的重点。_4._ 服务业节能，TOP10中心和德国经济部、柏林市警察局做过定量试验，结果显示通过适当努力，办公能耗可以轻松节省约50%。_5._ 交通节能，提升公共交通比重，实施共享交通、智能交通、低碳交通。_6._ 低碳公众教育，现代化生活方式，对能源和资源消耗产生极大影响。一次性消费品、外卖快餐文化、季节性用电（制冷取暖）高峰。_7._ 绿色采购，政府的采购，如汽车、电器、家具等限定只能采购全产品周期的节能型产品。_8._ 绿色回收体制，政府出台政策，强制生产商或供应商回收本企业出售的产品，如汽车、电器、手机、电池、饮品包装物等，根据不同的回收率，给予一定的税收优惠；反之，则缴纳更高的环保税。_9._ 建筑节能，建筑是能耗大户，限定耗能建材退出期限，提高新型绿色环保节能建材的比例。对建筑垃圾处以较高的税率，不敢轻易造房、不敢轻易拆房。_10._ 工业设计节能，工业设计不仅要求选用低碳绿色材料，同时要求设计产品可分拆、可分解、可回收、容易被二次利用。列举可持续设计的优秀案例：外卖文化造成一次性餐具泛滥，这种材料大多含有聚苯乙烯 PS 材质，至少需要 200 年才能被降解，严重污染环境。印度 Bakeys 公司发明了"可食用勺子"，吃完外卖后顺便把勺子一口气吞下。这种勺子有不同的口味，如辛辣味、姜蒜味、薄荷味、胡萝卜味、糖果味，甚至还可以为单位和个人定制特别喜欢的颜色和口味。2016 年售出 417 万个，超过 1500 万名印度人使用可食用的餐具来取代塑料餐具。① **11.** 综合排放管理，低碳城市涉及所有的用能领域如住房、商业体、工厂、学校、交通、废物处理、农业等，并涉及所有的排放物，如水、空气、土壤污染、有害垃圾处理、二氧化碳排放，居民厨房排放等，都必须治理到位，综合管理。**12.** 可持续发展，包括高效利用能源、减少污染、减少二氧化碳排放量，可再生能源和资源回收利用，以生态、经济、社会发展三个元素协调发展，实现可持续发展。**13.** 城市有序管理，减少混乱和无序是低碳城市的基本前提。世界上任何一个行政单位基本上都存在混乱和无序的问题，对可持续发展形成严重障碍。比如一些企业和家庭正在实现节能、环保、健康的生产、生活方式，而另一些企业和家庭正在做着相反的活动，最终效果抵消为负。②

可持续投资 ESG 指标

现代经济学解释了以下的现象：具有广泛道德观念的经济体系，实际上要比那些道德缺失的经济体系运转得更好。近年来，在一些失败的案例中，我们看到了信用缺失、道德败坏所导致的对经济体的灾难性后果，虽然当时它们获得了短期利益，但它们却支付了巨大的长期代价。美国安然公司就是个负面的典型。一个几乎白手起家，迅速达到年收益 1010 亿美元的"巨无霸"，然后倒塌的能源公司。而且一切都是在短短几年内从皇帝到地狱的故事。公司贪婪、会计丑闻、银行业丑闻、放松管制以及自由市场狂热，这所有的一切都纠结到一起。总之一句话，这是"人性自私"的绝佳释义。JP 摩根大通银行、花旗银行、美林银行等从巨额贷款人变为巨额贷款损失者的同时，也抹黑了银行业的公众形象。这些都是没有执行可持续投资道德准则带给我们的深刻教训。

根据全球可持续投资联盟统计，2016 年全球专业资产管理机构对符合环境、社会和治理（ESG）标准项目的投资已达到总投资的 26%，比 2014 年提高了 1 个百分点。这已是一个很了不起的成就，但是面对大量的工业转型项

---

① 资料来源：《艺术与设计》，2018 年。
② 资料来源：联合国开发计划署驻华代表处。

目，任务仍然非常艰巨。一般认为可持续发展的三项指标是如今各国金融机构应遵循的项目投资的重要标准。（1）环境指标，是指涉及战略和环境绩效，能源消耗和气体排放、废物管理等。（2）社会指标，是指涉及公司与投资者关系，尊重人权、工作条件，安全和健康，与客户、供应商关系的质量等。（3）治理指标，是指公司如何运作，管理和控制，尤其是企业与股东、董事会和管理层的关系。通过考察企业 ESG 指标，能够让投资者看清投资企业360 度的视野。[①]

欧洲有些专业投资管理公司甚至规定对所投资的企业或项目，其上下供应链中如果有涉及烟酒、博彩、色情传媒三类之一的，应必须控制在其业务总量的 5% 以内，否则拒绝参与投资。

各国政府同样鼓励优先投资于为解决就业问题、住房问题、环境问题、健康问题、养老问题、安全问题、社会可持续发展问题等方面的政府和企业项目。

北欧人的环境理念

2015 年，笔者与家人一起到北欧度假。从丹麦哥本哈根到奥胡斯，跨过海底隧道，进入瑞典境内，经过林雪平大学，沿着弯曲的依山傍海公路，北欧绮丽风光尽收眼底。不知不觉已开了 7 个多小时，来到了瑞典首都斯德哥尔摩市。令我感到特别惊讶的是，这条北欧的主要跨境高速公路，居然没有隧道，都是依着自然山体筑路，但是，到了斯德哥尔摩市后公路却反而全部进入城区地下隧道，继续北上。我向瑞典朋友请教，她告诉我说："大自然并不需要人类，而人类却离不开大自然！瑞典和许多欧洲国家一样，这种对大自然保护与敬畏的理念是深入人心的。修建公路尽量少修隧道，减少对环境的破坏，高速公路上许多桥梁不是给人走的，而是给动物修建的。因瑞典在两次世界大战中宣布为中立，斯德哥尔摩市未遭轰炸。该市保留了中世纪的街道系统，东长街和西长街被列入世界文化遗产。所以到了市区后公路就从城区底下穿过。"短短一段话，却体现了保护自然与尊重文化的深刻道理。

善用包装——向自然物种学习

自然界以种子、果实的形式提供包装，保护生命、繁衍后代。稻谷、蛋、橙子、香蕉、椰子都有天然的外包装。但它们的目的通常不是吸引消费者，

[①]　资料来源：SUSTAINALYTICS 官方网站。

反而欲是在种子成熟之前，把消费者赶走，昆虫、动物因包装的阻隔而无法食用种子、果子的内核。但种子一旦成熟，外包装会自动脱落或变成鼓励消费者食用，通过消费者扩散，提高该物种成活的概率。比如蛋的外壳硬脆，以便禽类小家伙破壳而出。20 世纪的塑料革命，制造出大小形状各异的无限种塑料容器，从制造垃圾的社会观点来看，包装是人类对自然的最大伤害。所以，向自然物种学习，善用包装是人类的重大课题。

劳埃德可持续发展①

可持续发展是当代企业的基本责任，通常定义为"在不损害今后社会的前提下，满足现在的需求"。

1. 采用可持续商业做法

企业通过提升效率降低成本，避免中断和延误，确保业务持续运行。2014 年英国"低碳信托基金"报告称，英国的低碳经济在整个供应链中的年销售额已超过 1200 亿英镑，预测到 2020 年将达到 3000 亿英镑。所有政府部门和大型组织都要求供应商提供"绿色环保"方案，以便赢得合同和建立企业的品牌。员工参与可持续发展和社区项目显示对社会更多的责任。

2. 企业连续性

企业长期成功，取决于企业应对不断变化环境的能力，以及出现问题时企业有效计划的程度。以下是需要考虑和计划的一些关键问题：*A.* 基本原材料，如能源、燃料、稀有金属的短期和长期可用性。*B.* 企业供应链的安全性，检查企业是否面临运营或供应链故障。*C.* 企业是否遵守废物管理规定？有使用有害物质生产吗？*D.* 企业是否知道所在行业的环保立法（包括所处国家/地区的立法）？*E.* 可能影响企业的技术进步，如 3D 打印以及制造潜力。*F.* 恶劣天气对员工、客户、交付和供应链的影响？*G.* 企业是否已经制订或更新了"灾难恢复"计划？就像可持续发展一样，很容易将企业连续性视为一件好事，但英国企业连续性研究所（BCI）2014 年的一项调查报告显示，76% 的受访者在过去的 12 个月中至少遇到一次供应链中断。生产力损失、企业成本增加和收入损失被列为三个最常见的后果。

3. 循环经济

许多企业仍然采用依赖获取资源和能源的"采购、制造、处置"模式。

---

① 资料来源：劳埃德银行官方网站。

随着资源和原材料稀缺，成本变得过高，这种模式将变得越来越具有挑战性。采用循环经济原则有助于降低供应链的成本和风险。必须考虑产品在设计时如何处置，产品的设计方式可以拆卸，组件可以回收或再利用。这将有助于减少垃圾填埋或被送往海外处理。此外，企业还将助于未来稀有原材料的供应，防止价格波动。

4. 劳埃德环保服务

本行已为企业制定了一个免费的可持续发展规划工具和政策指南，以帮助企业制订可持续发展行动计划。可持续发展规划工具将通过设定目标和行动来帮助企业制订自己的行动计划。企业可以使用行动计划来推动企业的业务活动和变化。注册该工具，以访问本行的可持续发展政策书写指南和模板。政策可能是招标合同的重要组成部分，将政策添加到企业的网站和宣传材料中，向客户、股东、投资者及关联企业展示本企业可持续性的承诺。

第三节　绿色环保金融

巴西原住民的价值观

16世纪，一群葡萄牙人来到巴西，疯狂掠夺巴西的红木长达200多年。巴西红木在欧洲作为一种染料，是纺织、皮革、家具等的天然染色剂。当地的土著首领问葡萄牙人：你们拿那么多的红木去干什么？答：作为染色木卖掉赚钱；又问：为什么要挣那么多钱？答：为了自己养老和留给下一代；再问：你们那里的人不会死吗？答：会死。听罢，那位土著首领开始愤怒地指责："你们葡萄牙人真是一群大疯子，你们远渡重洋，忍受极大的不便，掠夺本地的红木，这就是为了替孩子或比你们晚死的人积聚财物？养活你们的土地，难道不够用来养活他们吗？我们有挚爱的父亲、母亲、小孩，我们深信我们死后，养活我们的土地也会养活他们，因此我们安心离去，不会为未来多操心。"葡萄牙商人听后无以言答。其实，巴西原住民对自然的敬畏，正是我们当今社会所追求的价值取向。

西方环保主义的兴起

从 20 世纪 60 年代起，西方国家的环保主义逐渐兴起，如"塞拉俱乐部"是 1892 年创办的一个著名美国环境组织，拥有上百万会员，"世界自然基金会" 1961 年成立于英国，"国际绿色和平组织" 1971 年成立于加拿大。原因是西方国家的工业化，对森林、海洋等自然资源构成生态危机，工业污染造成严重的社会公害。以美国为例，从 20 世纪 70 年代开始，陆续出台了一批保护环境方面的立法。考虑到环境污染对公众权利造成伤害，美国的环境法主要是联邦立法，由美国环保署主持。如《国家环境政策法案》《清洁水法》《清洁空气法》《联邦农药环境控制法》《有毒物质控制法》《联邦杀虫剂、杀菌剂、杀鼠剂法》《濒危物种法》《资源保存和恢复法》《综合环境补偿与责任法》等法律。需要强调的是，美国的环境立法与大多数西方国家一样，公众参与的程度非常高，有些环境立法，完全是在环保主义的强烈要求下立法的，如上述的《清洁水法》《清洁空气法》是在"塞拉俱乐部"会员强烈要求下，经过 10 多年努力才立法的。所以，一旦触犯法律，违法的成本会非常高，企业将面对巨额的环境清偿赔款，严重的将导致企业倒闭。所以，很多西方国家的化工类工厂是最早迁往境外的。如 20 世纪 70 年代起，联邦德国的化工厂受环境压力开不下去了，就跑到民主德国去开，但莱茵河只有一条，贯通东、西两德通往荷兰入海，联邦德国每年通过一定的预算，到东德段莱茵河上游清理河道，治理废水。当年 1/5 的世界化工产品是在莱茵河沿岸生产的。

如果没有严格管制，市场有时会生产太多的负类商品，如污染，以及太少的优质商品，如基础研究。每一个成功经济体的核心是市场。但是成功的市场经济需要一种政府和市场之间的平衡。在过去的半个世纪里，全球越来越关注环境。市场自身将导致过多的空气污染和水污染，导致过多的有毒废气的排放。市场对污染物的处理缺乏足够的认识和关注。为了确保这些公共性问题得到有效处理，我们不仅需要民间力量的支持，更需要政府合力干预。

西方银行贷款的环境责任

在了解了西方国家对于环境立法的严厉性，就可以理解西方银行在项目融资方面所肩负的环境责任。如果银行在项目环境评估方面没有尽到责任，或者在融资以后没有在监督方面尽到责任，同样要追究损害环境的法律责任，因为没有银行融资，损害环境的项目是不可能建设的，两者构成了共同违法的关系。这种赔偿的金额往往是天文数字，甚至会造成银行破产。

以美国为例，美国的《综合环境补偿与责任法》（CERCLA）界定了有可能被判定对环境污染负清理责任的有关当事人。《环境保护基金修正案与再授权法案》（SARA）确定了无辜土地所有者的免责标准，以及银行免除清理责任的标准。环境保护局的《贷方责任规则》明确规定了银行可以采取哪些行动来避免承担清理责任。环境保护局对贷方介入项目的四个责任阶段：（1）开始立项环评；（2）项目建成后的监控；（3）解决问题贷款；（4）取消抵押品回赎权。这四个阶段银行如果哪个阶段失去管理，就应从那个阶段开始承担清理环境的法律责任。

所以，为了避免承担环境责任，银行必须积极参与对贷款使用全过程的管理。主要参与方式是对借款人服从环境法规情况或者处理环境垃圾行为行使决策控制权，或者对借款人行使执行或经营上的控制权。银行在发放贷款之前，就应要求借款人采取服从环境法规的行动，从而避免产生清偿责任。评估环境保护状况的内容有：（1）评估一项财产的先前使用状况；（2）根据环境保护局和各州环保部门所列的清单，审查被鉴定为危险垃圾的废品存放地点；（3）亲自视察物业以及相邻的物业；（4）要求借款人保证按照计划所安排的方式来使用某一项物业；（5）审查借款者适当处置危险垃圾的计划。

美国商业银行环境评估

美国商业银行环境评估（局部）见表 7 - 2。

表 7 - 2　　　　　　　　美国商业银行环境评估清单[①]

环境评估物要素			
设施/物业所有者			
名称：		电话：	
地址：		城市：	
邮政编码：		国家：	
设施/物业的目前用途（请进一步描述）：			
商业			
工业			
居住			
空调/开放			
其他			

① 雷蒙·凯恩. 审查不动产所涉及的环境问题［J］. 美国商业银行信贷杂志，1990（7）：12.

目前所有者取得所有权的时间	
物业的面积	
物业上的建筑数目	
雇员数量	

设施/物业转移给目前占有者以前的用途（请进一步描述）：

商业	
工业	
居住	
空调/开放	

危险物品及其存放和处置

1. 存放化学制品、杀虫剂、清洁剂和溶剂等危险物质的桶或其他容器是否妥善地保存在封闭的空间里？

是	否	不知道	没有这些危险物品

2. 是否有任何迹象表明上述物质从容器中溢出、渗漏或流出到地面？

是	否	不知道	不存在上述可能性

3. 是否观察到某些区域的地面受到污染或者存在死去或枯萎的植被？

是	否	不知道	不存在上述可能性

4. 某一设备是否是危险垃圾的生产源？（调查）

是	否	不知道	不存在上述可能性

5. 如果是，它有没有环境保护局确定的标识符号码？（提出证明文件）

是	没有	不知道	不存在上述可能性

6. 上述设施的所有者是否妥当地标识了自己所产生的危险垃圾并且将其运往指定的危险垃圾处理场所？（调查、提出证明文件）

是	否	不知道	不存在上述可能性

7. 该物业中是否拥有深坑、池塘、污水池或其他污染物倾倒场所（不包括某些州所要求的常规蓄水池）？（观察）

是	否	不知道	不存在上述可能性

8. 该物业中是否存在任何包含低剂量放射源的物质？

是	否	不知道	不存在上述可能性

9. 该设施的所有者是否曾经因为没有妥当存放，或现场处理危险物质或垃圾而收到来自有关管理机构的违规通知或其他类似通告？

是	否	不知道	不存在上述可能性

10. 如果该设施的所有者收到过这样的通知，那么，该通知所涉及的所有问题是否都已经得到妥善的矫正？

是	否	不知道	不存在上述可能性

11. 该设施的所有者是否曾经收到过环境保护局发出的通告函，要求其参与或间接参与一项在其所在地之外进行的重点环保地带清理工作？

是	否	不知道	不存在上述可能性

12. 该设施的所有者是否能够免予受到任何与危险物质或垃圾存放或处理有关的目前或将来的法律起诉？（调查）

是	否	不知道	不存在上述可能性

评论：

室内污染

1. 该设施看起来是否不会散发出带有化学物品气味、浓烟和薄雾的气体？（观察）

是	否	不知道	不存在上述可能性

2. 如果该物业室内存在地下储存箱，那么，其所有者是否向指定的本州管理机构提交了适当的登记表？（提供证明文件）

是	否	不知道	不存在上述可能性

3. 如果该物业室内存在地下储存箱，那么，是否发生过任何渗漏、溢出或流出事故？（调查）

是	否	不知道	不存在上述可能性

4. 如果该物业室内存在地下储存箱，那么，在这些储存箱上是否安装了渗漏监测设备或第二层的密封系统？（调查、观察）

是	否	不知道	不存在上述可能性

5. 如果该物业室内存在地下储存箱，那么，是否对它们进行过渗漏测试？（调查、观察）

是	否	不知道	不存在上述可能性

评论：

地下储存箱

1. 该物业上是否存在任何地下储存箱？（调查、观察）

是	否	不知道	不存在上述可能性

2. 如果该物业上存在地下储存箱，那么，其所有者是否向指定的本州管理机构提交了适当的登记表？（提供证明文件）

是	否	不知道	不存在上述可能性

续表

3. 如果该物业上存在地下储存箱，那么，是否发生过任何渗漏、溢出或流出事故？（调查）			
是	否	不知道	不存在上述可能性

4. 如果该物业上存在地下储存箱，那么，在这些储存箱上是否安装了渗漏监测设备或第二层的密封系统？（调查、观察）

是	否	不知道	不存在上述可能性

5. 如果该物业上存在地下储存箱，那么，是否对它们进行过渗漏测试？（调查、观察）

相邻物业上的环境危害

1. 相邻物业上是否存在可能会对物业产生影响的不恰当的有害物质、储存桶和容器存放或倾倒？（观察）

是	否	不知道	不存在上述可能性

2. 本物业相邻地带是否存在垃圾掩埋场、垃圾堆放或者其他废品处理设施？（观察、调查）

是	否	不知道	不存在上述可能性

3. 本物业是否邻近以下设施：加油站、化工厂、大型储油罐、加工厂？（观察）

是	否	不知道	不存在上述可能性

评论：

巴克莱银行绿色贷款

巴克莱绿色贷款涵盖各种主题项目，包括能源效率、可再生能源、绿色交通、可持续食品、农林业、废物管理、温室气体减排等。所有绿色贷款融资将要求所得款项用于所述的合格项目和投资。巴克莱银行将遵循其标准贷款程序，根据与全球领先的 ESG（环境、社会和公司治理）研究服务机构 SUSTAINALYTICS 合作，开展绿色框架评估信用指数尽职调查。*A.* 按商定的期限，可获得最高 300 万英镑/美元/欧元的资金；*B.* 贷款用途，为支持向低碳经济转型的广泛项目提供资金支持；*C.* 还款结构，可选择每月、每季度还款，以及选择偿还期限长于合同期限的贷款；*D.* 可申请资本还款假期，即只支付利息，须经批准。通常不适用于固定利率的贷款，除非它们在贷款一开始就商定好。[①]

---

① 资料来源：巴克莱银行官方网站。

第四节　公益性金融

公益性金融主要是指利用国家政策，借助社会慈善资源，银行参与社会公益性、支助性、支援性项目的金融服务。公益性金融服务是银行承担社会责任的重要体现，已被越来越多的西方银行所重视。事实上如果公益产品设计的方案优秀，也是银行一项长期可持续的业务，可谓名利双收。

借助非营利性组织基金

西方国家非营利性组织异常发达，与政府有关职能部门一起，形成一种互补的社会治理体系，是社会稳定和发展的重要力量，影响力巨大。非营利性组织具有丰富多彩的利益诉求，如宗教信仰、维护老年人权益、体育事业、名牌大学联合会、宠物关爱、青少年教育、考古研究、维护妇女儿童权益、控制烟草、保护海洋、保护热带雨林、少数民族研究、白血病防治、同性恋权益等。这些非营利性组织的背后，一般都有各种类型的基金，基金的来源有大公司捐赠、私人捐赠、富人遗产、会员缴纳等。每年这类基金运作频繁、数量巨大。它们需要通过金融机构的平台，如银行、基金公司、资产管理公司进行管理和分配，这就为西方银行公益性金融提供了广阔的服务渠道。如在德国，有些慈善公益性组织，通过银行，指定向未能达到银行贷款标准的低收入者提供担保或利息资助，用于弱势群体的购房或孩子教育。

美国现有非营利性组织150多万个，举例来说，盖茨基金会、霍华德休斯医学研究所、卡耐基基金会、滋养美国、友善商店、联合之路、当代改革社区组织联盟、仁爱之家、家庭之光、教育美国、红十字会、电气与电子工程师协会、国际系统工程协会、国际小母牛组织、无国界译者、儿童救援村等，这些都是国际非常著名的非营利性组织。非营利性组织的一切活动都应遵循其宗旨，组织的绩效评估最终也将以是否实现宗旨为基础。宗旨举例："培养女孩的勇气、信心和性格，女童军让世界变得更美好！"（美国女童军）美国非营利性组织有极大的影响力，雇佣着全国超过9%的劳动力，支付全国

8.3%的薪资，管理着 3 万亿美元的总资产和 1.4 万亿美元的年收入，其产出占美国国内生产总值的 5.2%。仅 2010 年，美国 7.6 万多个基金会共收到捐赠总额达约 457 亿美元。①

苏格兰皇家银行公益性贷款

苏格兰皇家银行从 2012 年起，出资 1000 万英镑，作为社会公益性贷款的核心资本。目标是：为可行的慈善机构、志愿者组织和无法获得主流融资的社会公益机构，提供适当的财务和商业支持，为不断壮大英国公益性组织的规模和实力做出一定的努力。该行还从美国、德国、加拿大等地聘请高级公益顾问，他们具有丰富的社区/地方公益经验，有从事社会调解、健康顾问、慈善资本运作、社区多样性、企业转型规划、再投资等的经历。

1. 贷款条件：*A.* 设立于英国境内的公益性法人或机构；*B.* 拥有明确的社会责任目标、环保目标，产生的利润继续用于公益性方向；*C.* 该机构在财务上是可持续的；*D.* 该机构的组织架构、董事会已为投资做好了准备；*E.* 拥有可持续性的商业模式和偿还借款的能力；*F.* 不能获得主流银行的贷款；*G.* 经评估，破产的风险较低。

2. 贷款金额：该行公益性贷款专家，将会根据不同类型公益机构的具体情况，提出包括贷款金额、期限和优惠利率的一揽子解决方案。*A.* 社区型公益机构，贷款金额为 3 万～50 万英镑；*B.* 区域性公益机构，贷款金额为 20 万～75 万英镑。②

住友银行团体赞助性贷款

1. 产品理念：在富裕国家中，依然会有一批生活困难的家庭或个人，及相对弱小的小企业。在社会进步的当下，有一批社团组织，将它们的慈善资金通过银行信贷运作，去帮助那些有困难的个人和单位。这就是团体赞助性贷款的基本理念。

2. 产品简介：（1）收入较低的个人和家庭，一般较难达到银行贷款的申请条件，怎么办？住友银行的团体赞助性贷款可助一臂之力，前提是申请人必须具有较好的信誉。团体赞助性贷款包括家庭贷款、家庭财产抵押贷款、购车贷款，其贷款额度按家庭的收入确定。与同类贷款相比，该贷款期限更

---

① 资料来源：美国罗格斯大学社会学院网站，《美国非营利组织概览》。
② 资料来源：苏格兰皇家银行官方网站。

长、利率更低、月偿还金更少。（2）该贷款还支持有希望发展的小型企业，包括商业贷款、商业不动产抵押贷款和小型企业流动资金贷款。住友银行将加强同政府机关与非营利组织的联系，降低贷款利率，使中低收入的小企业有能力支付月偿还金。（3）团体赠送方案，经过几年的发展，通过银行"团体赞助性贷款"公益服务，已成为满足社会特殊客户需要的积极力量，欢迎所有非营利公共组织积极提出捐赠申请，本行将努力做好服务工作。[①]

第五节　公租权金融

公租权金融是指以"社会性使用权出租"为主要服务项目的金融服务，共享经济属于公共租赁产业的概念，但本书主要是指银行参与新建或旧楼改造为社会出租房、社会公共车库，或政府认定的其他社会公共设施。2008 年美国约有 300 万个家庭，近 700 万人口接受政府住房资助，随着美国人口的老龄化，预测老龄公寓市场从 1996 年的 860 亿美元上升到 2030 年的 4900 亿美元。

第二次世界大战后西方公租房演变

德国宪法指出"住宅不仅仅是经济品，也是公共品。住宅不应该追求利润最大化"。因此，当一个国家的中低收入阶层无法通过市场购买现实居住权时，政府就有必要介入住房供给，以保障居民的基本权利，公租房出现了。事实上，第二次世界大战后西方国家受战争的重创，城市被炸得面目全非，很多人都处于流离失所的状态，政府为了在较短时间内解决公民的住房问题，基本都经历过公租房的阶段。如英国叫公共租赁房、美国叫公共住房、日本叫公团住宅、韩国叫国租房、荷兰叫公用房、新加坡叫公共租屋等，这些都属于公共租赁住房性质。

美国哲学大师罗尔斯在其著作《正义论》中提出了正义的两个原则，"这两个原则的要义是平等地分配各种基本权利，可以同时尽量平等分配社会合

---

① 资料来源：住友银行（美国洛杉矶分行）公开资料。

作所产生的利润和负担，坚持各种职务和地位平等地向所有人开放，只是允许那种能给最少受惠者带来补偿利益的不平等分配"。

根据这个原则，政府承担起公共租赁房的建设与分配责任。以英国为例，第二次世界大战以后，英国公共租赁住房从政府主导到市场主导；从追求目标数量到追求质量；从单一融资到多样性融资。英国金融机构在不同时期都积极参与了政府公租房的金融服务（见表7－3和表7－4）。

表7－3①　　　　　　　　　1950—1970 年英国住房建造情况　　　　　　单位：套,%

年份	私有住房		公共住房		合计
	数量	比例	数量	比例	
1950	30240	14.70	175787	85.30	206027
1955	116093	35.80	208330	64.20	324423
1960	171405	56.30	132850	43.70	304255
1965	217162	55.50	174072	44.50	391234
1970	174342	48.10	187884	51.90	362226
1975	154595	48.00	167408	52.00	322003

表7－4　　　　　1977—2010 年英国公共租赁住房租户经济状况　　　　　单位：%

年份	1977—1978	1981	1984	1988	1991	2000—2001	2005—2006	2010
全职	52	43	31	26	25	23	22	23.40
兼职	0	4	5	6	5	8	9	9.60
失业	32	34	38	40	41	36	33	32.60
退休	6	8	11	10	10	4	7	8.80
其他	6	11	16	18	19	26	29	25.60

表7－3表明，英国个人住房，1950 年公租房占比高达 85.3%，25 年以后的 1975 年下降到 52%，仍然还是一个很高的占比。而表7－4也表明，英国公租房使用对象的变化，1977 年全职人员占了 52%，到了 2010 年全职人员已下降到 23%，说明全职人员开始自己购房。变化最大的是其他人员，从

———————————

① 资料来源：根据 Anna Clarke 等（2007）及 English Housing Survey：Headline Report 2009—2010 整理。

1977 年的 6% 上升到 2010 年的 26%，增加的这部分人员，主要是没有找到工作的年轻人。而失业人员使用公租房的比重相对稳定，在 30% 左右。

英国公共租赁住房融资手段的多样性，表现在公共租赁住房建设资金来源，既包括政府财政资金，也包括政府依托税收减免政策，鼓励私人组织和非营利性组织投入资金，还包括资本市场和货币市场的借贷资金。在早期（1950—1970 年），公共租赁住房建设资金大多数来源于公共财政支出，而且中央财政支出占绝大部分。进入市场化阶段后（1970—1990 年），政府的财政投入逐渐减少，政府更多地从资本市场和货币市场的借贷来筹集公共租赁住房的建设资金。融资手段多样化，大大减轻了政府的财政压力，有力地推动了英国公共租赁住房市场的发展。

发达的日本公共停车体系

在日本，不管是繁华的东京，还是京都、名古屋、札幌等大小城市，乃至一些风景名胜区，如果你仔细观察会看到一个现象，停车场非常多，而且很多建在街头的十字路口。但那种汽车在大街上乱停乱放、在小区内占用道路及绿化的现象基本没有。这是什么原因呢？

20 世纪 50 年代末，日本开始进入汽车社会。随即，1962 年日本出台了《关于确保汽车保管场所的法律》，实行"一车一位"。在签署购车合同时，必须提交由车主居住地警察署出具的停车位证明，绘制停车位置图。规定居住地和停车位之间的距离一般不得超过 2 公里。可以是自拥车库/位，也可以是租借车位。租借车位的应出具《汽车保管场所使用承诺证明书》，内容包括：保管场所位置、使用期限、用车人姓名、住所、电话号码；土地所有者的姓名、住所、电话号码、土地所有者印章。停车位证明标志必须贴在汽车后挡风玻璃左或右的上角醒目之处，以便随时检查。警察若发现伪造停车位证明的，最高可以执行拘留 3 个月，罚款 20 万日元（约 1.22 万元人民币）。

受这一法律的影响，日本民间对车库投资热情高涨。日本实行的是土地私有制，许多人认为在好的地段投资车库，等于为自己开辟了一个永久的收租场所。银行当然也愿意提供长期的低息贷款，贷款期限可以与车库使用寿命相匹配。如今，日本的停车资源多于已上牌的汽车。所以，你看不到在马路上、小区内汽车乱停乱放的现象。路边或居住区违章停车会被举报或查处，面临 1.5 万日元（约 900 元人民币）的罚款，如果被拖走另加 3 万日元，所以人们自然去车库停车，不敢违法停车。

法国农业信贷银行公租权金融

法国农业信贷银行积极响应法国政府旨在帮助住房困难地区和困难人群建立公租房服务体系的社会目标。作为法国主要商业银行之一，本行将与社会各界通力协作，推出超长期限、超低利率的社会公租房贷款。

1. 贷款对象，法国境内的机构、组织或个人，凡从事"社会性使用权出租"的法律范围内，均可申请本贷款。*2.* 贷款用途，用于新建或旧楼改造成为社会出租房，向低保家庭、老人、学生、残障人士等以政府限定租金，向居住困难者出租；也可以用于新建或拆迁改造旧小区建设社会公共车库，或政府认定的其他社会公共建筑设施。*3.* 贷款期限，根据土地或房屋性质，可以申请 40 年，最长 60 年的贷款期限。*4.* 贷款利率，根据本行与政府部门的有关协议，将按借款人的类别确定长期优惠利率。*5.* 贷款金额，最多可以达到包括项目营运成本在内的 100%（减去政府所有补贴）；最少，项目总融资的 50%。*6.* 税收优惠，25～30 年物业税减免，营运成本增值税由 20% 降至 5.5%。[①]

第六节　社区金融

社区金融，所指的"社区"不单是指城市周边的社区，同时是指广大农村地区、边远地区、国境最后 1 公里地区的社区金融服务。许多西方国家对社区金融的发展有立法支持。这里有两个概念，第一是支持当地的社区银行、农村合作信用机构发展，实现普惠金融；第二是要求大银行为社区企业或为社区银行提供更多的金融资源或服务，承担起为国家相对欠发达地区、弱势群体的金融支持责任。

美国社区金融立法

美国国会于 1977 年通过了《社区再投资法》（CRA），1997 年又进行了第二次修正，以解决金融机构因某些专断的因素（比如地理位置）而对一些

---

① 资料来源：法国农业信贷银行官方网站。

客户存在潜在的不公平待遇问题。比如，有些金融机构被指责为推行社区歧视政策，它们把某些潜在的借款者排除在外，仅仅因为他们来自某一特定的区域，不管他们是否符合所有其他的信用标准。社区中小企业，包括街道手工业，是比较特殊的中小企业，它们具有一定的社会公益性，因此，政府须予以政策扶持。《社区再投资法》明确要求商业银行不仅要满足某些社区重要企业的经营性贷款，同时商业银行也应该贷款给一些专门从事社区心灵受创伤者或进行身体康复训练这一类培训服务的非营利机构。法律对大银行的要求比对小银行的要求更为严格。

英国社区照顾条例

1990年，英国颁布《社区照顾条例》，经过三年实践，于1993年在全国推行。美国、法国、荷兰等国家纷纷效仿。对"社区照顾"下的定义是"社区照顾是指提供适当程度的干预和支持，以使老人们能获得最大的自主性，且掌握自己的生活。为给老人提供服务的家庭成员提供暂托、喘息照护和日间照顾，通过团体之家和临时收容场所，增加照顾范围，直至提供居家护理照料"。《社区照顾条例》促进了英国社区专业服务业的发展，如老人日间护理服务中心、养老院、老人福利院、老人护理院等。在养老财力方面，国家、地方财政出一点，企业、私人慈善机构资助一点，也要求商业银行在可持续框架下为社区养老产业提供支持。

摩根大通银行社区金融

摩根大通银行认为，社区是美国社会重要的基层架构，作为全美最大的商业银行之一，有责任和能力为美国各地的社区建设提供全方位的金融支持。"支援社区建设融资"将侧重于中低收入地区社区的各种公共设施建设、社区小微服务型企业、社区银行、社区基金等的融资需求。摩根大通银行已核贷26亿美元用于社区建设融资（2016年）。支援社区建设融资简介：**1.** 专家管理，发挥本行全球资本市场的独特优势，对于任一"社区融资"项目，都将派出专家团队，从项目评估、方案制订、融资实施到后期管理，提供全流程的自始至终的专家管理。**2.** 融资形态，信贷融资、债券融资、物业收租权融资、股权融资、基金融资、结构化产品融资、政府担保融资、本行担保增强信用融资、银团融资、抵押物管理融资等。**3.** 融资对象，服务于社区，尤其是中低收入社区的"公共租用权"类项目、社区基础设施项目、旧社区改造项目、社区银行再融资项目、社区重点小微企业项目、政府担保的非营利性项目等。**4.** 融资成本，提供长期优惠利率，具体由专家团队测算。①

第七节　政府扶助性金融

各国政府为了平衡社会发展，在不同时期都会推出重点扶助的产业、社会事业，以及特殊关爱的社群。综观西方国家政府扶助的对象，按大类一般分为农业、中小企业、出口创汇产业、科学研究或创新型企业、环境保护、破产企业保护（为国家利益而亏损）、弱势群体保护、大学生助学保护、就业保护等。保护和扶助的形式，一般通过财政转移支付的功能实现。如直接拨款、减免税收，或运用金融平台放大杠杆效应。比如，政府贴息贷款、政府担保贷款、政府特殊定向债券等。政府扶助性金融对于银行来说，不仅仅是块巨大的蛋糕，也是各国金融机构彰显政府信任、社会影响力和社会责任的重要标志。

美国农业扶助

在农业方面，截至 2017 年统计，美国农业部（USDA）每年花费 250 亿美元或以上的资金用于农业生产补助，约占农民净收入总额的 22.7%。每年的具体数额取决于作物的市场价格和其他因素。农业补贴的方向为主要农作物，包括小麦、玉米、大豆、稻米和棉花等，大约 100 万农民和土地所有者获得联邦补贴，但这些补贴大量倾向于大型农场。与农业有关的支出高达 680 亿美元，这些资金都需要财政部委托银行等金融机构发放到全美农户、农场，以及几十万个涉农企业，激活农业生产与消费，银行自然从中带来海量业务。②

法国等技术创新扶助

法国从 1985 年到 2002 年对中小企业接受技术咨询的累计减税额已超过 100 亿法郎。政府创立了研究人员补贴制度，凡 500 人以下的中小企业，政府补贴额相当于一个研究人员第一年研究经费的 50%，对研究人员到中小企业

---

① 资料来源：摩根大通银行官方网站。
② 资料来源：美国卡托研究所官方网站。

任职超过 2 年者，还可获得红利补贴。统计显示，2016 年以税收减免占国内生产总值的一个百分比（R&D）作为标准，爱尔兰、法国、比利时和韩国是最大的国家，其中爱尔兰为 0.28%、法国为 0.27%、比利时为 0.2%。比如法国有欧洲最为诱人的研发费抵税政策：如果科研费用超过 1 亿欧元，第 1 年 40% 的费用免税，第 2 年 35% 的费用免税，第 3 年及以后 30% 的费用免税。额外鼓励政策：如果科研项目与一个公共机构共同完成，科研费用抵税率翻一倍，如果科研项目由年轻博士生在两年内完成，科研费用抵税率为原来的 4 倍。①

美国、澳大利亚环境保护扶助

2017 年 12 月美国国会领导人已达成协议，为美国风能和太阳能开发商保留了 120 亿美元的融资来源。包括在 2017 年发布的全面大修中的一项规定将保留开发商用于增加摩根大通银行、美国银行和其他大型金融公司投资的可再生能源税收抵免的大部分价值，最终的融资方案可以让企业利用可再生能源相关的贷款抵扣多达 80% 的海外交易税。②

澳大利亚政府与 322 个农场主签订协议，减免农场主所得税，促使农场主保护树木（植树、不伐树）和水资源。旅游企业保护森林，如收集垃圾等政府给予税收减免。通过减免所得税的形式鼓励个人、法人节约用水、有效用水。澳大利亚政府已经为可再生能源提供补贴能源多年。可再生能源示范计划（REDP）是一项 4.35 亿澳大利亚元的竞争性赠款计划，旨在加速澳大利亚发电和新型可再生能源技术的商业化和部署。该计划支持在澳大利亚各个地理区域开发一系列可再生能源技术，提高澳大利亚在可再生能源技术开发方面的国际领先地位，并吸引私营部门对可再生能源的投资。以 2∶1 的投资奖励 2000 万~1 亿澳大利亚元的竞争性赠款，每 1 澳大利亚元的政府投资至少需要 2 澳大利亚元的私人部门投资。③

英国等助学贷款扶助

2016 年英国大学毕业生平均贷款负债约为 55000 美元，而 5 年前的平均贷款负债约为 20000 美元。英国的学生贷款总额已达近 1000 亿美元。2016 年美国大学毕业生的平均学生贷款债务为 37000 美元，比上年增长 6%，联邦助学贷款债务总额现在为 1.3 万亿美元，是 10 年前的 3 倍。澳大利亚、加拿大、

---

① 资料来源：经济合作与发展组织（OECD）官方网站。
② 资料来源：美国彭博资讯公司官方网站。
③ 资料来源：美国"我们的能源政策基金会"官方网站。

挪威和瑞典也遇到类似的学生债务状况。美国联邦政府共设有两个联邦助学贷款项目：威廉·D. 福特联邦直接贷款和联邦帕金斯贷款。联邦直接贷款是最大的联邦助学贷款项目。教育部是贷款的出借人，高校是直接贷款人，包括直接贴息贷款、直接无贴息贷款、研究生和学生家长贷款、合并贷款。①

日、韩中小企业扶助

在日本，对中小企业的贷款援助以政府设立的金融机构为主，有"中小企业金融公库""国民金融公库""商工组合中央金库""环境卫生金融公库""振兴开发金融公库"等。它们向中小企业提供低于市场 2 ~ 3 个百分点的较长期的优惠贷款，息差部分由财政支出。此外，日本政府还设立"信用保证协会"和"中小企业信用公库"以向中小企业从民间银行所借信贷提供担保。在日本，提交"蓝色表格"纳税申报表的中小企业可以选择在某些条件下加速折旧 100% 的基本购置成本，或获得相当于指定设备基本购置成本 10% 的税负抵免。

韩国为中小企业及个体经营者提供了良好的创业环境。第一，从《税收修正法案》公布之日起到 2018 年底，扩大中小企业购买农产品和海产品的增值税进项税额扣除范围。第二，从《税收修正法案》公布之日起到 2019 年底，扩大外国职员个人所得税特殊低税率的适用范围。第三，通过"大企业与中小企业促进合作基金会"免费租赁设备给中小企业的租赁企业享受 3% 的税收抵免，中小企业投资福利设施的税收减免比例从 7% 增加至 10%；对符合条件的中小森林工业企业，实行 5% ~ 30% 的税收抵免。②

美国小企业政府贷款

美国小企业政府贷款是颇具美国特色的政府支持中小企业的融资项目，具有以下特点：*1.* 美国小企业管理部不直接从事贷款，只为非常具体的贷款目的提供各种贷款计划。当企业申请小企业政府贷款时，企业通过银行而不是通过美国小企业管理部。当银行提供实际贷款时，美国小企业管理部正在担保贷款的一部分，实际上，正在担任共同签署人，从而帮助银行为借款人提供更灵活的条款。*2.* 银行因贷款人的条件而有差异，不是所有的银行都能提供相同的小企业政府贷款计划，例如，一般小企业贷款、房地产和设备贷

① 资料来源：耶鲁全球在线·麦克米伦中心官方网站。
② 资料来源：普华永道·日本官方网站。

款、小额流动资金贷款、灾害贷款等。参与银行必须获得美国小企业管理部贷款资格许可，并选择哪些贷款种类。此外，根据具体的银行政策，任何给予贷款人的条款可能因银行而异。**3.** 政府对中小企业融资提供全面帮助，美国小企业管理部的贷款计划不仅适用于新业务，也为小企业提供财务援助计划，除了用于满足融资需求，还可以申请债务融资、担保债券和股权融资等。**4.** 帮助不符合多数银行贷款标准的借款人，企业可以通过美国小企业管理部贷款获得更好的条款，该贷款旨在帮助可能不符合大多数银行设定的贷款标准的借款人，这可能包括业务所有权的变化、担保贷款的抵押品短缺、净值低的商业流动贷款或需要延长付款条件等的贷款问题。**5.** 小企业政府贷款审核，小企业政府贷款意味着企业需要向美国小企业管理部和银行同时提供文书材料，通常包括贷款申请、业务计划、个人财务报表、三年的企业财务报表、三年的联邦企业报税表、一年现金流量预测、所有业主信息以及贷款如何帮助业务的解释，以及营业租赁或拟议条款的副本。顺便说一句，这不是一个完整的清单，可能会要求提供其他更多的文件和信息。[1]

第八节 企业家教育

西方银行十分注重对企业家的教育，是公司金融的重要组成部分。西方银行种类繁多的顾问服务，就是企业家教育的一种途径和手段。如企业保障计划顾问、市场风险管理顾问、欧盟国际贸易顾问、国际证券投资顾问等。因为只有健康的企业，才有健康的银行。企业家是企业的掌舵人，企业家的理念、企业家的素质、企业家对经济周期的把握、企业家对社会环境的认识、企业家如何掌握最先进的生产技术、企业家如何管理和引进人才、企业家对国际市场的认识、企业家如何与银行打交道等一系列问题，决定了企业稳健发展的可持续性。银企关系表面体现于财务与金融，但更深层次的理解，必然体现于企业与银行唇齿相依的理念共享之中。

---

[1] 资料来源：美国银行官方网站。

企业生命周期

事实上，企业如同人的寿命一样也存在着"生老病死"的各个阶段。尽管企业无论大小，生生死死都很正常，但企业活得长久还是更让人期待，这也是发达国家的经验。美国《财富》杂志的统计数据显示，美国62%的企业寿命不超过5年，只有2%的企业能存活50年。日本《日经实业》的调查显示，日本企业平均寿命为30年；《日本百强企业》一书记录了日本百年间的企业变迁史，在百年中，始终列入百强的企业只有一家。贝塔斯曼通过对10个经济合作与发展组织（OECD，成立于1961年，由35个市场经济国家组成）国家的数据分析发现，20%～40%的企业在最初两年之内就会退出市场，40%～50%的企业可生存7年以上。通常来说，在一个给定的市场中，在1年之内有5%～10%的企业离开市场。

耶鲁大学教授理查德·福斯特（Richard Foster）的研究表示，1958年标准普尔500指数名单上企业的平均寿命为61年，到1980年降到25年，2012年甚至降到了18年。这主要是因为现代高科技异军突起，使传统企业更加难以占领统治地位。但他同时指出，高科技企业的平均寿命比传统企业的平均寿命更加短暂。

表7-5是中国企业平均寿命分布，可以做个参考（由国家工商行政管理总局企业注册局对近395万家企业抽样调查得出）。西方国家的企业平均寿命比中国企业稍高，主要原因是企业准入市场的门槛比中国企业更高。

表7-5　中国企业不同行业平均寿命分布（2008—2012年内资企业）[①]

单位：万户，%，年

行业	企业数量	比重	平均寿命	生存危险期
农、林、牧、渔业	8.9	2.30	5.19	1年以内
采矿业	2.97	0.80	7.75	5年
制造业	67.43	17.10	7.01	1年以内
电力、热力燃气及水的生产	1.64	0.40	8.02	5年
建筑业	18.63	4.70	5.32	3年

---

① 资料来源：《全国内资企业生成时间分析报告》，见原国家工商行政管理总局企业注册局网站，2013年6月访问。

行业	企业数量	比重	平均寿命	生存危险期
批发和零售业	142.84	36.20	6.23	1年以内
交通运输、仓储和邮政业	31.31	7.90	6.38	3年
住宿和餐饮业	11.34	2.90	7.49	3年
信息传输、计算机服务软件业	11.02	2.80	5.14	3年
金融业	6.29	1.60	8.84	4年
房地产业	12.41	3.10	4.49	1年以内
租赁和商务服务业	38.26	9.70	4.42	2年
科学研究和技术服务业	18.26	4.60	5.14	2年
水利、环境和公共设施管理业	1.62	0.40	5.79	1年以内
居民服务、修理和其他服务业	14.09	3.60	6.09	2年
教育	0.56	0.10	5.35	3年
卫生和社会工作	0.41	0.10	5.6	4年
文化、体育和娱乐业	4.79	1.20	5.67	2年
公共管理社会保障和社会组织	0.44	0.10	7.5	3年
其他	1.00	0.30	9.38	6年
合计	394.22	100	6.09	3年

以上资料显示，1年以内就受到生存威胁的行业主要集中于农业、制造业和商业的小微企业。同时表明，企业生命周期的客观性，大部分企业在被逐渐地淘汰中，而新的企业又会源源不断地诞生。

许多企业家开业之初雄心勃勃、志在必得，但是，一遇到困难又不知所措，病急乱投医，险象环生。企业的倒闭，给社会、家庭、个人所带来的痛苦或灾难，是任何人都不想看到的。到目前为止，加拿大蒙特利尔银行、英国劳埃德银行等针对企业周期的不同特点，为企业家编辑了一套《小企业答疑》管理手册，分15个专题，明确解答了企业家在企业的不同发展周期，应该做一些什么？怎么做？如何规避行业风险？连企业家写字台应该放些什么，不应该放什么，都给你管到。本书（第一篇第二章第五节）曾论述了加拿大银行在全球稳健经营的领导者地位，作者认为，只有稳健的企业，才可能会有稳健的银行，这充分显示了银行对企业家教育的重大意义。让我们来欣赏蒙特利尔银行对企业家教育的其中几段。

您是企业家吗？

1. 什么是"企业家"？

企业家的本质就是创造与建立企业、开拓市场。为了获得成功，企业家必须同时具备以下素质：

发明家，能创造出新产品或新工艺。

改革家，能使用新方法、能改进产品或工艺的用途。

管理家，能设定目标并认清达到目标的途径。

监督者，能执行与修正管理政策。

2. 企业家的心理素质

对产品或服务有好的想法只是一个方面，经营起来则是另外一个方面。问一下自己以下的问题，就会知道自己是否具备企业家必需的气质。

（1）能否由自己发起经营？是否在始终考虑新的想法？是否发现完成艰巨的任务非常困难？是否一直需要别人推一下？

（2）与别人相处好吗？喜欢与别人一起工作吗？对于那些与您的意见不同的人，相处有问题吗？

（3）您是个领导吗？别人是否重视您的决定、执行您的决定？或者是否让他们做您想做的事比较困难？

（4）能否担起责任？您愿意负责吗？还是愿意让别人去做？您愿叫别人去承担责任吗？

（5）您是合格的组织者吗？您是否自己计划每件事？设计重点在哪？或当要同时处理几个问题时您会变得烦恼吗？您是否不提前设定计划而是当事情发生时才予处理？

（6）您工作努力吗？长时间工作吗？还是宁可享受生活的乐趣而让别人去做？

（7）是否善于做出决定？是否认为自己具有决定性？您的决定一般合理吗？是否需要长时间才做出决定？或在压力下变得急躁？是否更乐于让别人来做出决定？

（8）人们相信您的话吗？您是否遵守诺言？不说无意义的话？或您是否发现不告诉人们真情而使他们保持高兴更加容易？您是否相信真情会使您遇到麻烦？

（9）您能坚持吗？一旦您已决定去做某事，您会坚持吗？有时会遇到麻烦，如果某事不顺，您是否愿意立即试一下别的方法？

（10）您的身体健康吗？是否状态极佳？还是还可以，但到周末时觉得疲倦？最近生过病吗？

给以上的问题答案打分，从 0 分到 10 分不等，如果您的总分高于 60 分，合格，但是须查看一下得分低于 5 分的任何一项，是否可以更好些？您能否找到一个合伙人、主要雇员或者业余顾问能够帮助您克服薄弱项目？最后，复印该表交给一位朋友看看他怎样给您打分。

3. 个人环境

切勿低估您周围情况的压力，回答下列问题，对还是错：

（1）您是否愿意冒风险将您的储蓄投入您的企业？

（2）得到您的配偶及家庭的支持吗？

（3）短期内有收入的第二来源吗？

（4）您及您的家庭是否已准备收入的暂时减少？

（5）您是否适合于创立以及管理您自己的企业？

（6）认识您的人是否认为您适合于从事这项事业？

（7）有没有客观地估计过您的弱点？

（8）有没有计划来改进或弥补这些弱点？

（9）从您自己及您的家庭来看，这是否是开始经营的好时间？

任何回答"不"的问题须严肃地对待，是否有办法来克服每一项"不"。

4. 您的目标

如果您没有具体的目标，您不会知道您走向哪里，经营得怎么样。企业还是个人都须有一项计划来实现各个目标。再回答以下问题：

（1）您有没有确定的经营目标：明年的以及接下来三年至五年的目标？包括销售额及利润、资产净值、市场占有率。

（2）您有没有确定的个人目标：包括资产净值、薪水、度假时间等。

（3）是否拥有自己的企业是实现个人目标的最佳途径？

（4）计算一下您的投资将为多少？包括工资可能减少的数额。明年？以后的 3～5 年？

（5）这些目标是否现实？

（6）是否准备了经营计划或融资计划，并出示给您可能需要帮助的银行家或风险资本家？

以上问题的答案必须是"对"，否则应再考虑一下。

5. 您的企业

（1）在该领域中有没有个人经验？

（2）有没有能力或知识来管理您的企业？

（3）在销售及市场方面是否有经验？

（4）在会计和财务方面是否有经验？

（5）您是否知道您将需要多少雇员？支付他们多少工资？

（6）您有一群可信赖的顾问吗？

（7）您是否会与一位合格的会计师协商？

（8）您是否会与一位好的律师协商？

（9）与您的银行关系好吗？

（10）是否已为适当的保险做好准备？

（11）如果您发生意外，谁会接替您？

以上问题必须尽量地使自己能够回答"是"。如果您在某个特定的领域没有经验，您可以找个有这方面经验的合伙人或主要雇员。

企业的资本来源

私人来源：个人，如生意上的朋友或私人的朋友、合伙人、雇员。

银行融资：加拿大的银行除了主要提供短期贷款外，也提供长期贷款、租赁、抵押贷款、代收账款，以及诸如工资单、信用证、资信调查等服务。

1. 银行所关心的：各项公司记录、报表以及计划等，公司的稳定性、偿债能力、担保等。

2. 与银行交易的一些提示：坦诚公开，以增强他们的信心，准备一份现金流量表，并与银行一起检视，不时地邀请银行来公司，以便了解公司的运行情况。建立信用记录，减少贷款余额，如需要可再增加，不要让其维持原状不变，银行也可给予其他帮助，他们知晓当地的经济情况以及其他地区的潜力，他们也可向您介绍潜在的顾客及供应商，提供信用调查、与银行讨论未来的融资需要，并与银行保持良好的业务关系。

长期放款机构：1. 保险公司、信托公司、抵押公司、银行等以土地及建筑物为抵押发放长期贷款；2. 商业长期放款人：包括银行、承兑公司、金融公司以及一些小型专业公司，他们以商业资产包括土地，建筑物以及设备为抵押放贷，期限通常为10年以至更长，偿还期长达25年，利息浮动。

租赁：1. 直接租赁，租赁公司从一开始就安排原始交易：计算机、汽车、机器设备等；间接租赁，供应商（卖方）、顾客（承租人）以及租赁公司三方之间的交易。2. 杠杆租赁，对用户来说是一种不完全的产权投资，比如20%～40%，差额通过租赁来融资。3. 回租租赁：把不动产卖给租赁公司，然后回租过来，并保留 5 年或 10 年后购买的权利。

供应商：这里所指的是可与大供应商协商的特别贸易条款。

1. 一些需要考虑的可能情况：（1）季节性的峰谷期间，特别付款期限可能为 120 天或更长，计息或无息；（2）寄售交易，这样您仅支付所售的货物钱款，有权退回未出售的货物；（3）对您的成功感兴趣的供应商可能会给予技术上、销售上以及其他的帮助。2. 一些不利因素：（1）过分依赖于一个供应商；（2）价格/折扣方面协商余地过小；（3）如果供应商过于慷慨——要小心！当心他以后不提供售后服务和配件。

顾客：考虑下面的情况：（1）现金支付，您的顾客可能需要折扣；（2）安全分期支付；（3）销售预付卡，尤其是对于服务业的长期顾客，偶尔使用的服务项目。

风险资本：风险资本家如果认为您的企业盈利且发展迅速，就会直接投资于您的公司。（1）风险资本期望高收益，通常占有股份的 20%～40%，或者在企业创立阶段控股；（2）风险资本公司期望有一支高效、均衡的管理队伍；（3）您公司的发展前景必须良好；（4）风险资本可在以下几点有所帮助：计划与方针、融资与控制、安排兼并、安排上市；（5）他们可能要求：董事会的一个席位、定期召开董事会议、按月结账、业主保险、参与预算制定过程、您公司的股票与他们股票的买卖协议等；（6）多数的风险投资将要求更多的资金，因此要确保风险资本有良好的声誉及足够的资信。

政府：1. 联邦及省政府可为下列企业提供贷款担保或补偿：创造就业机会的企业、出口企业、进口替代企业、培训新技术的企业、增强能力的企业、技术创新企业；2. 企业开发计划，综合了以前的几个政府计划，有非常灵活的贷款及担保方案；3. 小企业贷款法案，由联邦政府担保的固定资产贷款，利率比通常的要低。

如何经营您的企业

企业开办前请确认下列事项：

1. 不管您的产品有多好，不管您认为您的服务有多需要，您仍旧得出售给顾客。

2. 小有小的优点，小企业可以迅速变动，更加容易改变经营路线，通常能提供更好的服务。

3. 作为一个更小的独立公司，把您自己限制在某些您能够处理的事，切勿万事俱做。

4. 时间是关键，太早与太晚一样不好。

5. 顾客始终在给予评估，但并不总是以言语传达，重要的不仅在于他们说什么，而是在于他们是否购买了您的产品和服务。

确定市场

下面这些问题回答得越完整、准确，成功的机会也就越多。

1. 您处在哪个行业？

2. 谁是您的顾客？

3. 谁是您的竞争对手？他们在哪里？与您有哪些不同？他们成功吗？如果不，为什么？他们对您有何反应？

4. 市场处于什么样的阶段？是处于早期的导入阶段、成长阶段、成熟阶段，还是衰退阶段？您的产品处于哪个阶段？

分销渠道

1. 直接渠道：包括电话、网络销售、直接邮寄等。优点：完全控制、立即反馈、反应迅速、利润最大；缺点：费用高。

2. 分销商：优点：存货较少，销售成本很少或无，库存成本减少，他们熟悉市场；缺点：反馈较慢、注意力分散、利润率较低，生产计划安排可能出现问题。

3. 代理商：优点：费用不高、可以远距离销售，对市场熟悉；缺点：不够忠心、注意力分散、难以制订存货计划。

4. 零售商：优点：他们了解市场和顾客，可以在交易展示和促销上给予合作，容易监控；缺点：注意分散力、退货、定价上控制少，需求预测难。

5. 战略联盟：包括合资企业、合作销售及生产协议。优点：可以弥补产品/地域上的薄弱环节、减少成本，尤其是生产技术、启动/导入费用，新产品、新服务主意的来源；缺点：控制较少、存在所有权或经营方针变化的风险，需要强有力的合法协议，分散注意力、间接的市场反馈。

6. 特许经营：优点：加快产品扩展、期初资本损失共担、保持市场中的产品及名称；缺点：存在控制问题，存在提供培训、选择场地等费用，选择特许经营的困难。

定价方针及结构

定价和利润率会受到分销渠道、成本以及您相信顾客愿付的价格的影响。仔细考虑以下情况：

1. 您的产品/服务需要什么售后服务、跟踪服务等建议？

2. 竞争产品/服务如何销售？

3. 需要送货上门吗？

4. 顾客们通常在哪里购买您的产品/服务？

5. 谁做出购买决定？

6. 正常支付方法和期限是什么？

7. 您从哪里获得反馈？

8. 生产产品需多少时间？

9. 您能承担多少存货？

认清产品特征、问题及机会

当您有自己的想法时，做一些顾客调查：

1. 顾客怎样使用您的产品？

2. 与您的竞争对手相比他们对您的产品有何意见？

3. 是顾客的忠诚度更加重要，还是价格及便利更加重要？

4. 送货及售后服务重要吗？比价格更重要吗？

5. 人们对您的产品有何评价？常见的抱怨是什么？

6. 是什么使您的产品不同于其他的？您的观点及顾客的观点分别如何？

7. 您如何描述这些特征？

广告及促销

怎样把产品介绍给顾客？通过网络、电视、报纸还是杂志？顾客怎样发现您的产品？展示您的产品了吗？让人们试用您的产品有问题吗？竞争对手是如何做的？您能否做得更好？

销售目标

您的销售目标越具体，销售管理就越好，切勿强加目标，让您的员工参与设定目标；按月、季度以及年详细设定总体目标，也应制定五年目标；将销售额按下列标准分类：地区、商店、产品、销售人员。

营销战略

将上述各要素集中起来，营销战略是组成经营计划的一部分，许多现金流量预算计划是基于该点之上。

预算

预算包括一定时期内的收益预测以及支出预测，它们是经营计划不可缺少的一部分。您的销售预算必须包括：

1. 成本：销售费用、广告费用、促销费用、折扣等。每一项应按具体的产品与时期归属。

2. 收益：以产品分类、以顾客的类型分类、按月估算。

回顾

至少每季度回顾一下预算；所有负责执行的人员应参与回顾；必要时，修改计划；在有差距或有无法解释的偏差地方应进行更多的研究及反馈。

营销信息来源

1. 外部：网络、图书馆、出版商，尤其是带有年度统计资料的杂志、统计机构、贸易协会、加拿大市场营销研究机构、律师、会计师、零售专家、其他公司出版的年度统计回顾等。

2. 内部：现有的记录，包括顾客账户、销售电话记录、担保索赔、退货、抱怨；研究：商业回执、担保登记卡、观察零售商店中的顾客、市场研究采访等。

企业商业周期

启动准备阶段

1. 尝试阶段问题：未做充分研究盲目前进；未确定收益之前盲目投资固定费用、租赁资产、购买存货；预先向供应商、合伙人承诺；轻信别人对未来利率走势的判断；低估了各项费用。

2. 怎么办？与朋友、潜在的供应商、顾客、银行经理交换意见，寻找不利的原因，潜在的问题；核实专利、执照、政府法令，向律师咨询有关的法律问题；核实合作者、合伙人的可能来源；核实所需资本；列出个人的强项和弱点；配偶是否理解并接受该风险？计划，包括预算和时间。

3. 生存的关键：学习、研究、市场调查；尽可能降低营业费用；任何经营必须有利润，否则经营不会长久；做个一年内的薪水支出预算；考虑一个合伙人，需要和您在智力水平或技术上不同的人来弥补您的不足；所有的业主都是乐观主义者，成功的业主也必须是个现实主义者。

发展阶段

1. 特点：已经过研究，调查过市场，并且安排好一段时期的资金，发展阶段以一固定的营业费用起步，并且持续到达盈亏均衡点，固定营业费用包括所有经营所支出的费用。

2. 问题：通常比所预料的要多两三倍时间才能达到盈亏均衡点；开头订单的出厂时间比预料长；市场反馈比预料的慢；产品、服务、销售的改进比预料的要费时，使费用增加；仍旧要亲自去处理一切事情。

3. 怎么办？开始设定目标，然后对比检查，直接与顾客和供应商保持联系；按部就班，别放松；追索应收账款；记住：需要好几年才能赢得声誉，一错，则前功尽弃！

4. 生存的关键：多安排所需资金，别害怕寻求帮助，您的银行经理、贸易商、供应商甚至您的竞争对手，可能比您还要了解您的进展。

增长阶段

1. 特点：您的企业已经盈利，现在考虑扩大生产，追加第二条生产线，再开一家商店，或开拓新的领域。

2. 问题：销售增长必须带来更多的利润，包括资产收益率增加，否则增长是徒劳的；可能要向银行或其他来源更大规模地融资，需要审计过的财务报表、损益表和资产负债表，并且需填数不清的政府表格；随着市场占有率增加，竞争对手可能会有所反应；所有的增长都涉及风险，可能会把您推回到老地方。

3. 怎么办？问自己：5年到10年后我将处在什么位置？如果您已满足现状，那么增长是不会属于您的；如果您想拥有一家大公司，您必须开始为此计划并准备以不同的方式来管理。

4. 生存的关键：向您有经验的领域扩展，如不可能，则雇佣一位有经验的人士或者开办合资企业；记住管理的原则，如果您无法获知您周围所发生的每一种情况，务必要了解最重要的信息；如果您需要更多的融资，考虑发行股票。

成熟阶段

1. 特点：增长放慢，每年低于10%；拥有一份优厚的回报，如成为俱乐部成员、出外旅行、拥有自己的房产且已增值，企业资产也已增值。

2. 问题：出了事怎么办？生病时，有没有受过良好训练的合适人选来管理企业？想退休怎么办？有没有公司职员或其他人买您的股份？资产收益低，是否在债券或其他投资中可以获得更高的收益？对您的市场感兴趣的人，宁可把您驱逐出去而不愿来买您的股份。

3. 怎么办？严格要求自己，决定 5 年后、10 年后自己的位置；一位好的企业经理在于他资产创利的能力。

4. 生存的关键：有没有减产？是否已停止了内部或外部的研究与开发？是否越来越依赖于一个主要的供应商或顾客？您的雇员是否变得懒散？您愿出售您的公司吗？一家处于增长阶段的公司要比处于成熟阶段的公司更值钱，因为增长中的公司拥有未来赚取利润的潜力；可出售给谁？考虑您自己的员工；是否决心花 3 年的苦心经营使您的公司再次进入增长循环中？

衰落阶段

1. 特点：公司遇到了麻烦，亏损已两年，您的竞争对手已夺取了大部分市场，且使您失去了顾客的信任，您想尽力扭亏为盈，但流动资金所剩无几，银行和其他信贷机构不再给予支持。

2. 问题：内部方面，一个人经营太久？经营记录不佳，缺少对经营情况的注意？应付款项支付拖延？雇佣管理人员不当？扩展太快？营业费用太高？外部方面：因为竞争对手压价而使盈余总额不足导致亏损？是否产品生命周期结束？经济周期不佳？信贷过紧？利息费用过高？货币贬值？

3. 怎么办？裁减无生产力的人员、产品及服务项目；资产变现，通常是指清理资产，包括存货，以增加现金；与供应商和银行协商，他们也许会给您一次机会。

4. 生存的关键：吸取错误教训；如果无法单独处理，可引进您所发现的最好人员，可以考虑让他们参股，但别把公司拱手让给他们。

怎样与您的银行相处

银行可以提供的项目

1. 短期放款：银行给您信贷额度，但是银行可能需要以下形式的担保：良好的应收账款，"良好"通常是指90天以下的（取决于行业及条件）；存货情况；其他流动资产，如其他存款；业主/业主配偶的担保；抵押资产，如不在经营中的土地或建筑物；固定或浮动利率的公司信用债；信用证。

2. 过渡性贷款：用于特别目的，通常为期仅几个月；许多企业的需求具有季节性或周期性，可以预先安排的期限非常短的贷款；经常需要额外的担保及经常性的监控；海外信贷，可以从其他国家安排信贷便利。

3. 长期贷款：期限通常为 1～5 年，或更长。

4. 抵押贷款：常规抵押贷款，1～5 年，利率固定，房屋或土地抵押，通常偿还期长达 10～15 年；不动产抵押：以土地或房产作为贷款的担保；动产抵押，用动产设备作担保。

5. 其他贷款或融资可能性：租赁、代收账款、仓库收据、样品交易计划、企业改良贷款、担保。

6. 非贷款服务：代付工资、定期存款/可转让定期存单、现金管理、保险，可以通过银行安排企业贷款保险、电子资金转账系统、企业现金管理系统（国内、跨国）、企业公务信用卡等。

7. 综合服务：介绍潜在的顾客/供应商，资本的其他来源；研讨班；经济趋势预测；特别行业的具体信息；想出售或待兼并的公司的信息；出口机会。

银行所需要您的东西

1. 担保：流动资产、固定资产、抵押资产、保证。

2. 流动性：您按时还本付息的能力。

3. 过去的记录：利润、遵守诺言情况、按时支付、可靠性。

4. 公司及稳定性。

5. 个人信誉及能力。

6. 增长的机会，您的行业过去情况及未来潜力，您的公司增长潜力，管理能力。

与您的银行保持良好关系

1. 定期与您的银行讨论经营计划。

2. 准备现金流量预算，并每月更新。

3. 准备应收/应付账款的清单。

4. 定期将财务报告送交您的银行，尤其在下面 3 项发生前：预期的大笔订单、计划扩展、增添房产。

5. 在银行听到坏消息之前，向他报告：应收款项延期、存货出售缓慢、供应商要求更高、租金增加、合同或订单的失去。

6. 如果银行及时知道，会给予您最大的帮助。

7. 定期与您的银行碰面，不管目前您是否要借款。

8. 按需确定信贷限额。

9. 邀请您的银行客户经理去您的营业场所参观。

10. 始终按时付清各种贷款。

11. 如果您要迟付，预先与银行讨论，并且建议一个解决办法。

12. 通过您的银行介绍其他资本来源。

13. 使用银行的非贷款服务项目。

14. 使您的个人财务保持有序。

接近新的银行

1. 确定哪些银行对您的行业感兴趣？

2. 获得有力的推介，并安排会面。

3. 仔细阅读该银行的书面材料。

4. 提供扼要的书面介绍资料。

5. 提供安全性的保证和付款安排。

6. 提供当地的推荐人。

7. 第一次见面不要持续太长。

8. 10 天后再次造访。①

第九节　反洗钱管理

2012 年 12 月，美国国会指控汇丰银行让恐怖主义者和墨西哥毒品贩子进入美国金融系统，违反美国《银行保密法》和《禁止与敌国贸易法》，被罚款 19.2 亿美元。2014 年 6 月，法国巴黎银行同意支付 89 亿美元的天文罚款额，以和解美国司法部对该行提出的刑事诉讼。他们指控这家法国最大的银行为苏丹和其他被美国列入黑名单的国家近十年来所转移的资金。

银行不是"拯救灵魂"的产业，而是追求"金钱信用"的机械。但是，当巨额罚单落到银行头上之时，是否恰恰在警告：银行真的只要金钱不要灵魂吗？这是在提醒所有的跨国银行，必须加大对可疑交易的监管，符合所在国的监管要求，切实履行国际有关反洗钱公约和有关法律的责任，否则将铸

---

① 资料来源：蒙特利尔银行，《小企业答疑》，1997 年。

成大错。

国际洗钱历史

从 20 世纪 20 年代开始，在美国的工业中心芝加哥等城市出现了庞大的有组织的犯罪集团，这些犯罪集团利用大规模的生产机会，大力发展自己的犯罪企业，谋求巨额的经济利益。一名犯罪集团的金融专家购买了一台自动洗衣机，为顾客清洗衣服，并收取现金，然后将犯罪集团的收入混入洗衣收入存进银行，同时，向税务机关申报纳税，使犯罪收入变为合法收入，形成现代意义上最早的"洗钱"。

20 世纪 50 年代末，被西方称为现代有组织犯罪之父的黑手党首领勒基卢西诺和洗钱分子迈耶兰斯基以及有专业金融背景的美歇桑东诺等人聚集在美国召开会议，讨论毒品走私的进口、分销、零售以及相关的洗钱问题，达成了协议，制定了国际贩毒网络运作细则。从这一时期开始，洗钱从孤立的、单独的、无序的隐瞒黑钱，演变为具有专门分工、有组织的隐瞒、清洗"黑钱"的完整体系。国际金融行动特别工作组（FATF）指出，毒品走私是不法利润的最大来源。毒贩所获得的非法利润金额庞大，必须经由洗钱方式将黑钱"漂白"。因此，毒贩必须从世界各地不同的金融机构从事洗钱活动，并将毒钱累积、转换与投资。

根据联合国麻醉品管制局估计，每年毒钱漂白至少有 2000 亿美元。然而，美国金融犯罪执法网络（FinCEN）的估计则是每年全球洗钱金额约 7500亿美元，其中以毒品暴利为其最大来源，占美国全年洗钱案件的 60%～80%。因此，美国国务院每年度的国际毒品控制策略报告，均列入全球主要洗钱国家名单，并将其视为美国国家安全利益的重大威胁之一。[①]

20 世纪 80 年代初开始，恐怖活动成为社会面临的一大祸害。据统计，1968—1997 年的 30 年间，全球发生的恐怖活动至少有 1.36 万起，平均每年约 453 起，造成的人身伤亡与财产损失难以计数。恐怖活动之所以能够长期存在，并且有愈演愈烈之势，很重要的原因就是其有源源不断的经济来源。据估计，恐怖分子每年仅在美国境内就花费高达 70 亿美元的活动经费。[②]

恐怖活动的经济来源主要来自两个方面：一是贩毒、走私、军火贸易、人口贩卖等有组织犯罪所得；二是支持者捐赠，从现已被查明的案例看各类

---

① ［中］严立新. 反洗钱基础教程［M］. 上海：复旦大学出版社，2008.
② ［中］严立新. 反洗钱基础教程［M］. 上海：复旦大学出版社，2008.

企业都有可能，包括石油公司、建筑公司、制革厂、银行、农产品种植者、经纪人、贸易公司、饭店、酒店、书店等。为有效遏制消除恐怖活动，必须断绝其经济来源。联合国早在 1999 年就通过了《制止向恐怖主义提供资助的国际公约》。

进入 20 世纪 90 年代以来，世界经济进一步全球化、资本国际化，信息技术的高速发展为社会经济的全球化提供了更有力的工具，但犯罪分子利用计算机等高新技术（要破译 1024 bit 的密钥，需要 1 亿台电子计算机工作 28 万年），隐瞒和掩饰犯罪收益已成为现代洗钱的重要特征。犯罪分子利用一些国家的法律与监管漏洞，疯狂清洗非法所得，严重破坏一国与国际的社会稳定基础，威胁国际与地区金融安全与经济安全，引发一系列的社会问题，成为危害国家安全与社会稳定的重大隐患。因此，打击洗钱和制止恐怖融资成为国际共识。美国金融犯罪执法网络指出，联邦政府近年来侦破的跨境洗钱案件中，90% 以上都是通过银行，将信用证、银行汇票、国际信用卡等结算工具与银行电子化服务结合套做，有些犯罪集团则使用货币、利率等衍生工具在一些外汇管制疏漏的国家进行洗钱。

国际反洗钱公约和法律

2000 年《联合国打击跨国有组织犯罪公约》规定"各缔约国均应：在其力所能及的范围内，建立对银行和非银行金融机构及在适当情况下对其他特别易被用于洗钱的机构的综合性国内管理制度和监督制度，以便制止并查明各种形式的洗钱"。2003 年《联合国反腐败公约》规定"各缔约国均应当：在其权限范围内，对银行和非银行金融机构，包括对办理资金或者价值转移正规或非正规业务的自然人或者法人，并在适当情况下对特别易于涉及洗钱的其他机构，建立全面的国内管理和监督制度，以便遏制并监测各种形式的洗钱"。

1989 年 G7 首脑会议，成立了国际金融行动特别工作组。该工作组不属于其他任何国际组织的一部分，而是一个独立的专门进行国际反洗钱的特殊组织。FATF 在 1990 年版反洗钱《四十项建议》规定"应考虑将反洗钱义务主体扩大到从事现金业务的非金融机构"；2003 年版反洗钱《四十项建议》明确规定了承担反洗钱义务的特定非金融机构的范围，包括赌场、房地产代理商、贵金属和宝石交易商、律师、公证人、其他独立法律人士、会计师、信托和公司服务提供者等。

欧盟理事会先后制定了三个反洗钱指令。1991 年的第一个反洗钱令仅将"银行、货币兑换所等金融机构"规定为反洗钱义务主体；2001 年的第二个反洗钱指令将反洗钱义务主体从银行、货币兑换所等金融机构扩展到律师、会计师、审计师、房地产商、拍卖师和赌博业主等非金融机构和职业；2005 年的第三个反洗钱指令则进一步扩大了反洗钱义务主体的范围，即包括信托、公司服务机构以及现金交易超过 1.5 万欧元的商品提供者。

美国是世界上最早关注洗钱并对洗钱活动进行刑事立法的国家。通过三个层次构建了比较完备的反洗钱法律体系，在国际上起到了反洗钱立法的良好示范和推动作用：一是由国会制定的反洗钱法律；二是由政府机关制定的反洗钱行政法规；三是由监管机构或行业组织制定的反洗钱行业准则。1970 年，美国国会通过了《银行保密法》，改革了传统的银行保密准则，要求金融机构进行现金交易报告和记录保存；1986 年，又通过了《洗钱控制法》，将隐瞒或掩饰犯罪收益的洗钱行为直接规定为犯罪；1992 年，通过《阿农齐奥怀利反洗钱法令》，要求金融机构报告可疑交易；1999 年，通过了《1999 年反洗钱法》，授权财政部和司法部组织联合工作组，负责制定对涉嫌介入洗钱的金融机构进行监控和账户管制的具体措施；2001 年，出台了《爱国者法案》，对尽职调查程序、可疑交易报告、金融犯罪信息网络建设、反恐怖融资和调查提出了更高要求，并加重了洗钱的民事和刑事责任从事贸易及商业活动的机构和个人对超过 1 万美元的交易都按照规定填报 8300 表。

国际反洗钱做法

目前，国际洗钱活动主要集中在两大领域：一是金融领域；二是非金融领域。金融领域的手段有伪造商业票据、使用信用卡、信贷回收、开立支票账户、利用银行存款的国际转移、证券业和保险业洗钱、期货与期权洗钱；非金融领域的手段有成立空壳公司、向现金密集行业投资、利用假财务公司与律师事务所、走私贵金属与古玩、利用"地下钱庄"、运用国际互联网及通信账户等。面对如此复杂多样的洗钱手段，各国政府以"道高一尺，魔高一丈"的系统化策略，全面围剿洗钱犯罪分子。以美国为例，从七个方面进行侦查、防范、督察与合作。

1. 识别责任。1992 年，美国国会授权财政部发布行政法规，要求金融机构制定反洗钱的工作程序，包括建立"了解你的客户"的规范和程序。1996 年建立了汇款报告制，要求银行了解客户的以下情况：客户整体框架、经营思想、从事的业务及其拥有的资金；客户的客户及其供应商；客户的经营场地、客户汇出汇入资金的大致线路；客户财富的来源、客户合法存在方式。要求对客户提供的材料进行审核。

2. 记录责任。美国法律要求金融机构必须完整保留对客户或交易对象的身份记录和交易记录。《银行保密法》将记录保存分为四类：一是在开具或者出售在 3000 美元以上的金融票据时，必须识别和记录购买银行支票、汇票、现金支票、旅行支票的交易人的身份，并保存交易信息；二是交易建议、指令与申请的记录，要求金融机构对涉及国内和国际资金转移的某些记录予以保存，包括资金转移的申请人和受益人的姓名或名称、住址和账号；三是信贷延长的记录，金融机构必须保存数额在 1 万美元以上的信贷延长的记录；四是其他特别记录，对于银行、证券经纪人和经销人、赌博公司和货币交易人与兑换人，金额在 1000 美元以上的交易保存额外的记录。金融机构应保存交易记录的时间为 5 年，以备执法当局查处犯罪案件时查阅或调取，作为案件线索或者证据。

3. 报告责任。报告分为三类：一是金融机构大额交易报告制度。对每一笔超过 1 万美元的存款、提款、货币兑换或者其他货币支付或转让的货币交易，向税务总署报告。二是货币或金融票据转移报告制度。金额在 1 万美元以上的，要求通过陆地运输、邮寄、船运等方式转移任何形式的货币、旅行支票以及可转让的金融票据，向海关总署报告。三是其他人的交易报告制度，除金融机构之外的其他商业机构或者个人，应当报告自己收到 1 万美元以上货币和特定的金融票据的交易行为。"其他人"包括航空公司、旅馆、饭店、抵押经纪人、批发商或零售商等，向税务总署报告。

4. 内控责任。有关法规要求金融机构必须建立和保持适当的内部控制制度和程序，要求以书面形式制定，并且通过董事会的批准、载入董事会的会议记录。最低目标：不间断地履行反洗钱的义务，提供程序上的保证；为银行职员、机构提供监督履行上述义务的规范标准；指定专门人员负责日常反洗钱规定的工作。

5. 培训责任。美国在 1992 年就颁布专门法规，要求银行对雇员进行必要的反洗钱培训。它规定，银行的下列人员应能识别洗钱现象：高级管理层、与客户联络人员、信贷部门、对私业务部门、从事汇出汇入款项的人员、现金出纳人员以及任何能够接触客户或其账户的雇员。

6. 保密责任。根据法律规定，金融机构及其董事、高级职员、一般雇员或者任何其他代理人，在提出可疑交易报告后或者配合执法过程中，不得向任何与自己实施交易的人透露已向有关政府机关提出了可疑交易报告的情况，即不得泄露报告信息。否则，违规的机构或个人将受到法律处罚。

7. 合作责任。要求金融机构应尽可能与执法部门合作，不得利用改动、不完整的或有欺骗性的资料蒙骗执法部门。

第十节　反金融欺诈

网络金融犯罪　全球公害

2017 年全球人口约为 75.4 亿人，网民人数已达到 41.57 亿人，全球互联网普及率为 55.4%。从 2009 年到 2017 年世界平均网民人数年增幅约为 14%，主要是中国、印度两个人口大国增速强劲。全球网站数量已达到 14.29 亿个。[①]

据统计，2016 年仅全球网络零售业支付就达 2.37 万亿美元，其中移动支付金额为 6170 亿美元，比 2015 年增长 42%。2016 年全球支付方式比重：信用卡 29%、电子钱包 18%、银行转账 17%、借记卡 13%、现金付款 9%、其他 14%。但 Worldpay 预测到 2021 年全球支付方式的比重电子钱包将占 46%，而信用卡则降为 15%，现金支付降为 7%。同时，新兴科技的电子发票、包邮、预付、移动计费、加密货币等将进一步占领支付市场。[②]

支付方式直接涉及国家经济命脉，从来都是国家关注的焦点。电子支付已成为当今世界最主要的支付手段。随着支付手段对互联网的依赖程度越来越高，互联网正在成为事实上的信息基础设施的网络主体。电子支付对移动互联网无处不在的接入，也意味着安全隐患、网络违法行为无处不在的可能性。使网络欺诈、网络犯罪成为如今全社会的公害。

打击互联网犯罪立法

诈骗犯罪是最古老、最常见的犯罪之一，如今利用互联网，诈骗犯罪不

---

① 资料来源：联合国贸易和发展会议（UNCTAD）、Worldpay 官方网站。
② 资料来源：Worldpay、Netcraft 官方网站。

断变换手法，愈演愈烈。利用病毒获取、骗取他人银行账户信息、窃取磁条信息等成为网络诈骗犯罪的主要形式。金融诈骗犯罪行为人如狼为了吃羊，必须首先破坏栅栏，以达到非法占有的目的。通过伪造信用卡进行信用卡诈骗；通过盗用财物印鉴或者与他人共谋实施票据诈骗；以及通过伪造信用证实施信用证诈骗。

诈骗犯罪大多表现为交易形式，支付是交易的必要组成部分。数千年来，各国支付方式无不经历了从商品支付到货币支付，再由货币支付衍生出票证支付以及今天的各种电子支付的发展演变路径。尤其是近 40 年来，在计算机、互联网技术的广泛普及下，电子支付方式迅猛发展，并引起全球支付方式的彻底革新。

巧合的是，同一时期也是各国诈骗犯罪刑法条文频繁变动的时期：日本现行刑法制定于 1907 年，其诈骗犯罪相关条文历经 80 年而保持不变，但却在近 25 年内被 4 次修改；成文法是英国惩治诈骗犯罪的法定依据，近 40 年来同样被 5 次修改、增删；台湾地区现行"刑法"制定于 1935 年，仰仗条文的高度概括性，诈骗罪条款保持了 60 余年不变仍能有效指导司法、惩处犯罪，但这一稳定状态也被近 15 年来的三次重大修改所改变。①

网络犯罪主要原因

为什么网络犯罪如此猖獗？主要基于以下四方面的原因。一是互联网技术在应用中天然存在的泄密潜质；二是新技术、新业态层出不穷，但立法滞后，对惩治电信互联网犯罪乏力；三是商业机构把利用互联网经营放在第一位，而对保护消费者权益的投入严重滞后，造成客户利益的重大损失；四是消费者自身对利用互联网生活消费，可能所受到的攻击认识不足，防护力量、防备措施、唯权能力缺乏。

在互联网移动通信的服务过程中会产生大量的用户信息，如位置信息、通信消息、消费偏好、用户联系人信息、计费话单信息、业务应用订购关系信息、用户上网轨迹信息、用户支付信息、用户鉴权信息等，这些信息通常会保存在移动网络的核心网元和业务数据库中。如果这些信息一旦被不法分子利用，就会产生极其可怕的后果。2018 年 3 月，拥有全球 20 亿用户的社交平台 Facebook 遭遇信任危机，超过 5000 万名用户个人资料疑遭泄露；此前，

---

① ［中］秦新承. 支付方式的演进对诈骗犯罪的影响研究［M］. 上海：上海科学院出版社，2012.

类似事件屡见不鲜：全球连锁酒店支付系统被黑客入侵，大量数据外泄；Malware 病毒在全球范围内造成至少 130 亿美元的损失。原因是原来需要一个网站才能进行的工作，现在一个人就能完成，而 P2P 技术使原来需要大型设备和传输渠道传播的信息现在可以被很方便地大量快速传播。据统计，全球有钓鱼网站上千万个，建站成本只有几十美元，全球数亿人被诈骗金额超过上千亿美元。全球著名的 Netcraft 公司，拥有一个全球黑名单钓鱼网址数据库，该黑名单能够只屏蔽该钓鱼网页，而不屏蔽整个网站。①

通过互联网人们正在改变生活，如互联网金融、互联网保险、快速农村电商、消费品电商、钢铁电商、生鲜电商、服装电商、在线二手车、在线娱乐、在线家居、在线票务、在线医疗、在线教育、在线旅游等。但所有这一切都是先行先试，缺乏行业规范和基础的法律保障。如今，垃圾邮件、垃圾短信、垃圾电话已成为各国的公害。有统计显示，垃圾电信信息占了所有电信信息的 50% ~90%，这说明用户的基本信息已无保密可言。《电子交易法》《消费者保护法》《隐私及数据保护法》《网络犯罪法》这些计算机、互联网时代所必需的法律，远远跟不上新兴业态、新技术发展的要求，使犯罪分子有机可乘。②

日本反金融欺诈

1. 信用卡发卡量与信用卡犯罪同步上升

日本是电子银行业务发展最早的国家之一，早在 20 世纪 90 年代初，日本电信电话株式会社（NTT）就开始研究开发电子货币，到了 90 年代中期 2G 网络已基本覆盖全日本。而且日本是半导体大国，一度打败美国成为全球第一。日本金融机构对电子银行的开发与应用一直走在世界前列，如 JCB 信用卡公司，诞生于 1961 年，由三和银行、三井住友银行、协和银行等组建。1996 年 JCB 卡在全世界的发行量已达到 3500 万张，特约商店约 423 万家，年度签账金额 360 亿美元。另据日本信用卡协会统计，截至 2008 年 3 月底，日本信用卡发行数量已达到 3 亿张，信用卡消费金额为 38 万亿日元，交易笔数为 38 亿笔，笔均交易金额约为 1 万日元。

伴随着日本各银行信用卡发卡量的激增，自 1997 年起日本伪造、盗用、

---

① ［美］罗伯特·W. 克兰德尔. 竞争与混沌——1996 年电信法出台以来的美国电信业［M］. 北京：北京邮电大学出版社，2006.

② ［中］何霞. 网络时代的电信监管［M］. 北京：人民邮电出版社，2010.

冒用信用卡等诈骗犯罪不断上升，伪造信用卡造成的损失及年增幅由 1997 年的 12 亿日元和 6.4% 上升至 2003 年的 165 亿日元和 56.6%。信用卡诈骗犯罪猖獗，朝野上下一片哗然，怎么办？修改刑法。①

2. 修改刑法，立竿见影

日本国会于 2001 年通过《刑法修正案》（2001 年法律第 97 号），专门打击伪造、变造信用卡及其他支付用磁卡的相关犯罪，可处 10 年以下惩役或 100 万元以下罚金。此次修正打击和遏制信用卡犯罪可谓立竿见影，2010 年，此类犯罪金额已从最高峰（2003 年）的 165 亿日元下降至 41 亿日元，降幅达 75%。②

摩根大通银行反欺诈服务

如今社会，人们不是接入互联网，而是活在互联网中，谁也无法躲避。金融的互联网支付，渗透到社会的方方面面，这也给犯罪分子提供了网络攻击的机会。近年来，金融诈骗居高不下，成为危害社会发展的公敌。据统计，2017 年美国有超过 60% 的企业和个人成为网络欺诈的对象，而且攻击的成功率不断上升，损失越来越大，形势十分严峻。为此，防范金融诈骗，保护企业和个人的账户免受侵害，成为本行的一项艰巨任务，本行防欺诈的具体手段如下：

1. 提供培训。本行定期为企业财务人员作防金融诈骗专业培训，包括案件分析、企业防欺诈财务软件、不同企业财务防欺诈重点。2. 技术手段。增加企业付款对象审核，凡对有疑问的支付提供预警提示；增加对支票、单位借记卡、供应链清算等的加密保护套件；加大银企对账频率，提供账户正常分析报告。3. 重点防范。（1）支票诈骗，支票诈骗是最古老的诈骗手段之一，因技术手段先进，伪造支票不仅更加容易，而且仿真度更高，真假难辨；（2）电汇诈骗，如果电汇的授权人经常更改，就非常容易泄露密码；（3）互联网诈骗，通过各种钓鱼网站拦截与查看信息，有重点地向机密财务站点攻击。企业必须妥善保护账户，通常是企业认为他们正在合法网站操作，但实际上是欺诈性的网站，企业因此跌入陷阱。③

---

① ［中］于青. 发行量 3 亿张，日本"信用卡麻烦"成流行语 ［N］. 人民日报，2009.
② 周振杰. 日本近现代刑法史研究 ［J］. 刑法论丛，2011.
③ 资料来源：摩根大通银行官方网站。

巴克莱防欺诈中心

在英国，每十几秒钟发生一笔欺诈事件，这种情况还在继续加剧。为了保护客户，巴克莱防欺诈中心提供以下措施来确保客户的账户、设备和计算机、手机的安全。

1. 临时冻结。如果您不确定您的信用卡目前在哪里，则可以使用巴克莱移动银行应用程序中的"临时冻结"功能。这意味着您不必取消卡并等待更换。如果您认为您的卡遗失或被盗，请尽快与我们联系。

2. 取款机限制。您可以自己设置您每天在自动取款机上取款的额度，设置新的提款限额。一旦您保存了新的限额，它就会立即应用到您的卡上，下次去取款就是按照新的取款额度标准执行。

3. 远程购买。您可以通过在巴克莱银行应用程序中关闭"远程购物"来帮助保护自己免受欺诈并获得更多对消费的控制权。

4. 网上银行及手机银行保证。如果欺诈者设法从您的账户窃取资金，您将自动受到巴克莱网上银行和手机银行的保护。这意味着巴克莱银行会立即退款至您的账户，只要您没有欺诈或没有自主泄露安全信息（例如，您没有将您的个人识别号码记下来，或将其披露给他人）。如果巴克莱银行有合理的理由认为您无权获得退款，那么可能会首先查看您的申诉。如果银行认为您采取了欺诈行为，将不会给您退款，在这些情况下，银行可能会联系警方。

5. 欺诈监控。巴克莱银行一直在检查您的账户是否有任何可疑活动，因此您可能会收到短信或来自银行的自动系统的电话，以确认最近的交易或地址更改。巴克莱银行有时可能会延迟或拒绝您的不常见的交易，甚至会阻止您的账户交易，直到银行确认您正在进行交易。①

① 资料来源：巴克莱银行官方网站。

第三篇

西方银行选

第八章　欧洲银行选

第九章　美洲银行选

第十章　亚洲银行选

第八章

欧洲银行选

伦敦金融城……………… 260

瑞典中央银行……………… 264

巴克莱银行……………… 268

苏格兰皇家银行……………… 272

劳埃德银行……………… 275

法国农业信贷银行……………… 278

法国巴黎银行……………… 281

法国兴业银行……………… 285

德意志银行……………… 289

德国商业银行……………… 293

德累斯顿银行……………… 296

瑞士银行……………… 300

瑞士信贷银行……………… 304

荷兰银行……………… 308

桑坦德银行……………… 312

伦敦金融城

伦敦金融城位于伦敦圣保罗大教堂东侧，是一块被称为"一平方英里"的地方，17世纪末伦敦金融城就已经成为世界首屈一指的金融中心，19世纪初期，世界前25家银行中，英国占据了10家，主要集中在伦敦。世界上最古老的证券交易所、中央银行（英格兰银行）、伦敦期货与期权交易所就在附近。如今，伦敦金融城东侧的金丝雀码头周边建立了新区，驻有100多个国家/地区的上千家金融机构，繁荣时期拥有70多万名上班一族，是世界三大金融中心之一。

根据伦敦国际金融服务局(IFSL)2007年统计，共有486家银行在伦敦营业，其中33%来自欧洲，近2/3是外国银行。伦敦的银行经营着全球20%的国际银行业务，英国银行业50%的资产由外国银行管理，其资产也主要是外国顾客的资产。伦敦还是欧洲最大的投资银行中心。

伦敦集中了近180家外国证券公司，几乎50%的国际股权交易在这里进行，在伦敦股票交易所上市的外国公司的数量超过欧洲其他交易所。伦敦还是主要的国际债券市场中心，分别占国际债券一级市场和二级市场份额的60%和70%。

伦敦是世界最大的航空和海运保险市场，是世界保险和再保险中心。有100多家的跨国保险公司在此营业，主要经营财产保险，其中世界航空保险业务的31%和水险业务的20%都集中在这个市场。伦敦保险市场的繁荣程度非常高，40%的业务来自美国，33%来自英国，其余部分来自欧洲大陆和世界其他地区。值得一提的是"劳合社"，它是世界上唯一的专业保险市场，也是目前全球第二大商业保险人，在世界60多个国家和地区拥有从事直接保险业务的执照。

伦敦在世界上最早开办了金融衍生品交易业务，也是全球最大的场外金融衍生交易市场。伦敦国际金融中心承揽了全球36%的场外衍生金融产品交易，伦敦还是继芝加哥之后全球第二大期货与期权交易市场，与纽约并列为世界两大基金管理中心。伦敦黄金市场是西方世界最重要的黄金市场，其黄金交易量曾达到世界黄金交易总量的80%。

夕阳下的伦敦金融城老区

位于伦敦金丝雀码头区块的伦敦金融城新区

伦敦金融城新区夜景

伦敦金融城，一度拥有超过70万名白领

伦敦金融城街景一角

瑞典中央银行

瑞典中央银行成立于1668年，其前身为成立于1656年的斯德哥尔摩银行，是世界上最古老的中央银行和世界上第四家仍在运作的历史最悠久的银行之一。它有时被称为瑞典国家银行或瑞典银行。斯德哥尔摩银行是世界上第一家发钞银行，由于没有必要的抵押品而被太多票据签发拖累而倒塌。

1968年瑞典中央银行成立三百周年时，为纪念阿尔弗雷德·诺贝尔，瑞典中央银行出资设立了瑞典银行经济学奖，即诺贝尔经济学奖。瑞典中央银行隶属于瑞典议会，负责发行瑞典克朗，制定货币政策，维持物价稳定，维系一个安全和有效的支付系统。瑞典中央银行认为物价稳定有赖于低而稳定的通货膨胀率，消费者物价指数应维持在2％左右。瑞典中央银行管理约3000亿瑞典克朗的资产，以实行货币政策、买卖外汇，以及在需要时为银行提供紧急的流动性现金支援。

瑞典中央银行在中央银行创新方面享有盛誉，如推出的负利率政策。2009年7月，瑞典中央银行成为世界上第一家实施负利率的中央银行。当时为了应对2008年国际金融危机导致的经济放缓，瑞典中央银行将回购利率（央行向商业银行证券提供短期资金的比率）降至0.25％，这导致其相关的隔夜存款利率（商业银行利息与央行隔夜存入利息）被降低至-0.25％，而隔夜拆借利率（央行向商业银行收取隔夜贷款的利息）降至0.75％，这引起了世界各国央行的广泛兴趣；又如电子克朗研究，随着瑞典社会纸币和硬币使用量的减少，电子货币和支付方式的技术进步正在迅速发展。因此，瑞典中央银行启动了"电子克朗"项目，旨在调查克朗是否需要以电子形式发行，并了解瑞典央行能够发行电子克朗的法律和技术条件。它还将涉及诚信问题以及如何向公众提供电子克朗。2017年该项目发布了第一份中期报告，其中概述了"未发现引入电子克朗的主要障碍"。调查将于2019年底完成。

瑞典中央银行现为欧洲中央银行成员。

位于美丽的斯德哥尔摩市海滨的瑞典中央银行

瑞典中央银行发行的瑞典克朗

　　瑞典外汇银行网点，门面很小，亮点很多：夸张的蛋黄色上下协调，吸引眼球，斜跨玻璃门下用不锈钢栏保护，小旗代表外汇专营，大方有范

北欧银行在瑞典斯德哥尔摩市的网点

巴克莱银行

英国巴克莱银行成立于1690年，是英国最古老的银行，起源于伦敦金融城建立的金匠银行业务，当时主要为皇家和商人提供资金服务。"巴克莱"是1736年以创始人的女婿詹姆斯·巴克莱命名的。在接下来的100多年中，巴克莱银行通过一系列的国内并购活动扩张成为英国最大的五家银行之一，并在1925年以后通过与殖民银行、英国—埃及银行及南非国民银行三家银行合并，构成巴克莱的国际业务，使其成为一家全球性银行。值得一提的是在2008年的国际金融危机中，巴克莱银行收购了雷曼兄弟的北美业务，交易额约为13.5亿美元，包括雷曼兄弟在纽约市曼哈顿的办公大楼。

巴克莱银行是全世界第一家拥有ATM的银行，1967年6月在伦敦北部的恩菲尔德分行设置了全球第一台ATM，至今已有50多年，目前在英国约有7万台ATM，在全球约有300万台，最南端位于南极洲最大科学研究中心的麦克默多站，最高点位于海拔4733米的中国新疆与巴基斯坦接壤的红其拉甫口岸。

目前，巴克莱银行是国际主流银行之一，在全球50多个国家和地区开展业务，在英国设有2100多家分行，拥有4800多万名客户。其主要业务范围包括零售、批发和投资银行以及财富管理、抵押贷款和信用卡等，其中巴克莱信用卡、巴克莱资本、巴克莱财富管理、巴克莱投资是独立的全球性金融品牌。

巴克莱银行总部位于英国伦敦，2016年主要数据：营业额495亿美元，美国《财富》杂志世界500强企业排名第181位，英国《银行家》杂志全球1000家大银行排名第17位。

泰晤士河边的巴克莱银行总部大楼

　　巴克莱银行是全世界第一家拥有ATM的银行，1967年6月在伦敦北部的恩菲尔德分行设置了全球第一台ATM，至今已超过50年，目前全球约有300万台ATM

位于纽约的巴克莱银行大厦

巴克莱银行古色古香的标志，有一种古代祭祀文化的象征

苏格兰皇家银行

苏格兰皇家银行成立于1727年，是英国最古老的商业银行之一，2000年以前，苏格兰皇家银行仍是英国苏格兰地区的一个地区性商业银行，拥有700家分行。但2000年苏格兰皇家银行成功收购了比自己资本规模大3倍的英国国民西敏寺银行，使苏格兰皇家银行完成了跨入世界著名商业银行的关键一步。

苏格兰皇家银行现为英国最大的银行之一，同时还是欧洲领先的金融服务集团，其业务遍及英国和世界各地。该银行在英国的法人、个人及海外银行业中排名第一。苏格兰皇家银行集团主要经营三大板块业务，每块业务都有几个子公司品牌经营，个人和商业银行业务主要子公司：国民西敏寺银行、苏格兰皇家银行、阿尔斯特银行；商业和私人银行业务，主要子公司：库茨银行、亚当公司、德拉蒙德银行、里德公司、隆巴德中北部公司；投资银行业务，主要子公司：苏格兰皇家银行证券公司、国民西敏寺投资银行。

英国国民西敏寺银行成立于1968年，由三家著名的英国银行合并而成，其历史可以追溯到17世纪。苏格兰皇家银行目前是欧洲的主要银行集团之一。2009年，它仍是全球资产和负债最大的公司之一，随着金融危机后的股价大跌和信心下滑，银行排名也一路向下，濒临破产。之后，该行获得了英国政府约455亿英镑的陆续救助，目前英国政府通过英国金融投资公司持有该行约80%的股权。主要业务有：零售和商业银行业务、资产管理、全球金融市场、全球债务市场、商业资产融资、私人银行、消费信贷、信用卡、住房按揭、保险服务。它是英国四大清算银行之一，与全球3000多家银行有代理行关系，在全球债务市场、全球中长期国际银团、国际资本运作中具有举足轻重的地位。

苏格兰皇家银行总部位于英国苏格兰爱丁堡，2016年主要数据：营业额290亿美元，美国《财富》杂志世界500强企业排名第361位，英国《银行家》杂志全球1000家大银行排名第19位。

位于苏格兰的苏格兰皇家银行老大厦

苏格兰皇家银行的标志

苏格兰皇家银行的宣传资料

苏格兰皇家银行伦敦网点，欧洲有许多古老建筑，银行在建筑外加装现代标志，看上去十分协调

劳埃德银行

劳埃德银行集团是2009年通过劳埃德信托储蓄银行收购哈利法克斯等银行形成的一家金融机构。劳埃德银行是英国最古老的银行之一，成立于1765年，之后通过一系列兼并成为英国四大银行之一，曾是英国银行业中最早进行国际业务的银行。20世纪70年代进行了大规模的全球扩张，但80年代劳埃德银行在拉美和英国商业房地产贷款中遭到严重损失。

2001年，英国银行业市场经历了一波整合，使当时的哈利法克斯建筑协会同意以108亿英镑的价格与苏格兰银行合并。哈利法克斯和劳埃德银行品牌在英格兰和威尔士使用，苏格兰银行品牌则在苏格兰使用，每个都提供不同的产品和定价。劳埃德银行集团首席执行官曾告诉《银行家》杂志："因为客户态度的差异化，我们将保留不同的品牌。"2012年英国财政部通过英国金融投资有限公司拥持劳埃德银行集团40%的股权。该集团的零售银行业务包括按揭、批发业、生命、退休金、保险等，覆盖美国、欧洲、中东和亚洲地区。

劳埃德银行集团总部位于英国伦敦，2016年的主要数据为：营业额472亿美元，美国《财富》杂志世界500强企业排名第193位，英国《银行家》杂志全球1000家大银行排名第24位。

　　劳埃德银行在英国伦敦展示最新的网点形象，门楣设计采用带有云光的翠绿色，与白色行体字相配，耀眼夺目，尤其是行徽，一匹昂首挺立的骏马代表了英格兰的骑士精神

劳埃德银行在英国威尔士首府加的夫皇后大街的网点

劳埃德银行在英国牛津街上的标志

劳埃德银行ATM

法国农业信贷银行

  法国农业信贷银行成立于1920年，是法国互助合作性质的半官方农业信贷机构，也是法国最大的银行，由法国地方信贷合作公司和地区金库合并而成。1885年，法国农民为解决短期资金周转问题，建立了互助性质的农业信贷地方金库。1920年法国政府设立了国家农业信贷管理局，1926年改名为国家农业信贷金库。有3009个地方金库，94个区域金库（每省1个），上层是国家农业信贷金库。国家农业信贷金库是官方机构，是联系国家和农业互助信贷组织的桥梁，受法国农业部和财政经济部双重领导。

  法国农业信贷银行最初的资金来源于法兰西银行（法国中央银行）的贷款，后来则通过吸收存款和发行债券筹集资金，并大大超过自身发放贷款的需要。业务包括对个体农民的长期、短期生产贷款、对地方公共事业贷款、对农业合作社的贷款和家庭建房贷款等。此外，还办理一些特别贷款，如为鼓励青年农民和海外移民创办一定规模的农场、为发展畜牧业、为实现农业生产现代化的贷款和农业救灾贷款等。法国农业信贷银行的分支机构遍及全球60多个国家（主要在中东和东南亚地区），拥有7679家分行，服务客户1600多万人。除提供基本的商业银行业务外，还通过其子公司提供广泛的金融服务和保险产品。

  法国农业信贷银行总部位于法国蒙鲁，2016年的主要数据为：营业额841亿美元，美国《财富》杂志世界500强企业排名第77位，英国《银行家》杂志全球1000家大银行排名第11位。

　　法国农业信贷银行巴黎街头网点，这是一款非常个性化的门楣设计，白色长条下留出蛋黄色块，蔚蓝色方框内突出圆弧造型，同时在ATM上方有一块透明发光的有机玻璃显示牌，功能美观与现代时尚表现得淋漓尽致

法国农业信贷银行塞尔维亚的苏博蒂察分行

法国农业信贷银行法兰克福分行

法国巴黎银行

法国巴黎银行成立于2000年，由法国巴黎国民银行与巴黎银行合并而成，其前身为1848年创建的巴黎贴现银行，1889年改名巴黎国民贴现银行，1946年被收归国有。法国巴黎银行是欧洲具有领导地位的银行，也是欧元区最大的银行之一。拥有庞大的国际网络，覆盖80多个国家，包括七个主要国际金融中心。在公司银行、资本市场、国际私人银行及资产管理等业务方面成绩卓越。在法国，其向公司及私人客户提供服务方面的优势无可比拟，尤其是在资产管理、消费信贷、租赁及房地产等业务领域。

主要下属机构有：法国巴黎资产管理公司，是欧洲首屈一指的投资管理专家之一，为机构及零售客户提供全面服务，涵盖股票、固定收益及另类资产类别；法国巴黎银行财富管理公司，主要从事私人银行业务，在亚洲一直处于领先地位，业务遍布中国香港、新加坡、中国台湾、中国大陆和印度；法巴安诺公司，为企业提供全生命周期汽车租赁业务，在25个国家提供国际一流的汽车租赁服务；法国巴黎银行全球托管行，为资产管理公司、资产汇集者、资产拥有者、发行机构及金融中介机构设计涵盖全面的证券方案，为全球所有在岸和离岸的资产类别提供一站式的服务；哲翰管理咨询公司，在过去的30多年间一直被认为是有颠覆性创新的典范，而这些创新往往会驱使公司及其员工的改变，公司的使命是帮助企业将这些想法转变成可实际操作的项目；法国巴黎保险，在全球范围内有9000万人享受其保险服务，始建于1973年，已发展成为一家全球性的专业个人与财产保险公司，业务遍及欧洲、亚洲和拉丁美洲的36个国家。

法国巴黎银行总部位于法国巴黎，2016年的主要数据为：营业额1115亿美元，美国《财富》杂志世界500强企业排名第39位，英国《银行家》杂志全球1000家大银行排名第12位。

法国巴黎银行在摩纳哥的财富管理中心

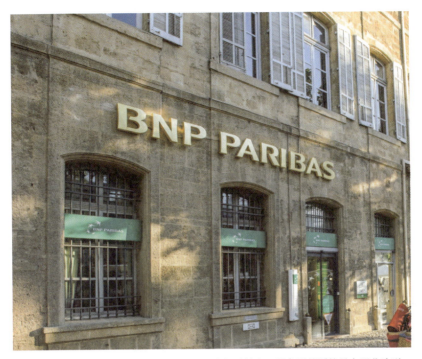

　　法国巴黎银行普罗旺斯分行，门店指示牌极具特色，长条形的圆柱见方凹凸造型，配上绿色行徽，令人耳目一新

法国巴黎银行的宣传手册　　　　　法国巴黎银行是法国网球公开赛的主要赞助商

　　法国巴黎银行巴黎街头网点，法国巴黎银行标准的门楣灯箱设计，以弧形扣弧形的方式打破了平面设计的普通感，给人一种未来时空的感觉

法国兴业银行

法国兴业银行成立于1864年，是法国最大的商业银行集团之一。成立之初为"法国促进工商业发展总公司"，由一群工业家和金融家建立，最初为私营银行，1946年国有化，1979年国家控制该行资本的93.5%，后转为全额控股。1987年，该行又重新私有化，它是1945年国有化的三大法国商业银行中以其优良的风险覆盖率、公平性和生产率而被选中的银行。一开始，该行几乎只利用自有资金开展金融和银行业务。

1871年，法国兴业银行开始进入法国公共问题市场，通过发行国债来支付"法兰克福条约"规定的战争赔偿。1886年，为了纪念法国大革命100周年和申办1889年的巴黎世界博览会，法国政府决定建造埃菲尔铁塔，但当时政府只能出资五分之一，其余资金由法兰西银行、法国兴业银行和法兰克·埃及银行融资解决。

法国兴业银行通过推出"一人一辈子一账号"和引入爵士服务（银行提供一系列服务的名称），确保其客户的长期忠诚度。现在国内外共设有分支机构3000多个，在英国、比利时、瑞士、日本、中国香港、新加坡、美国、加拿大等30多个国家和地区拥有网点和机构。主要业务：个人和企业银行业务、国际贸易、国际零售、金融咨询、投资银行、私人银行、资产管理和证券服务。

法国兴业银行总部位于法国巴黎，2016年的主要数据为：营业额1077亿美元，美国《财富》杂志世界500强企业排名第43位，英国《银行家》杂志全球1000家大银行排名第25位。

　　法国兴业银行巴黎总部大厦，法国兴业银行的标识给人一种过目难忘的感觉，红、黑、白三色，方正造型，代表规范与忠诚

法国兴业银行布加勒斯特总部

法国兴业银行普罗旺斯网点

法国兴业银行巴黎街头标识

法国兴业银行的宣传手册，尽显法国人的浪漫

德意志银行

德意志银行1870年在柏林成立，旨在推动和促进德国与海外市场间的贸易合作。1876年收购德意志联合银行和柏林银行，成为德国最大的银行。1872年进入中国，在上海设立其第一家海外办事处。1889年德华银行在柏林成立，是一家专门面向东亚市场的特殊机构，由贴现公司和德意志银行为首的德国银行财团组建。1972年德华银行及下属分行并入新组建的欧亚银行。第一次世界大战前德意志银行被公认为世界上最主要的金融机构，100多年以来德意志银行一直从事世界大型项目的融资，在德国及海外工业化的融资方面起着领头羊的作用，并一直保持着在全球金融行业中的这一地位，是世界上最主要的综合金融集团之一。

德意志银行是一家全能型银行，提供了一系列的现代金融服务。国际贸易融资是该行的一项重要业务，经常单独或与其他银团及特殊金融机构联合提供中长期信贷。项目融资、过境租赁和其他金融工具业务，大幅补充了传统贸易融资的范围。在项目融资方面，德意志银行对环境环保、绿色能源、智能科技、航空航天、交通通信的重视程度日益增加。该行是当今世界最主要的证券发行银行之一。

德意志银行的管理模式，在欧资银行中具有代表性。各分行不是利润考核的中心，分行也不负责编制单独的损益表，分行行长的基本职能是负责分行资源的合理配置，保证分行的合规性经营。利润考核主要集中于业务部门，业务部门再细分到具体产品，资源集中于核心的部门。德意志银行在公司业务和零售银行方面更多侧重于欧盟，而投资银行、资产管理和私人银行业务注重在全球发展。进入21世纪以来，德意志银行将业务重心放在银行和顾问服务方面，如投资银行和商业银行业务，形成两个客户为中心的部门——公司和投资银行部（CIB）；私人客户和资产管理部（PCAM）。将非核心业务，如多种后勤服务、物资供应全部外包出去。此外，银行管理中心和外包服务部行使审计、公共关系、风险管理、法律、IT、人力资源管理、后勤保障等职能。

德意志银行总部位于德国法兰克福，2016年主要数据：营业额524亿美元，美国《财富》杂志世界500强企业排名第166位，英国《银行家》杂志全球1000家大银行排名第21位。

法兰克福的德意志银行总部双子塔大厦

德意志银行位于柏林的网点，德意志银行门楣上的行体字特别宽厚，给人一种庄重与质量的感觉

德意志银行在波兰华沙的网点

德意志银行在西班牙的网点

德意志银行的宣传手册

德国商业银行

德国商业银行成立于1870年，由一批商人成立于汉堡市，1905年和柏林人银行合并后迁到柏林，1958年迁移至法兰克福。2008年收购德累斯顿银行全部股份，两家银行合并后，新德国商业银行在客户数量和国内网点数量上均超过了德意志银行。20世纪90年代跟进全能型银行浪潮，进入中小企业融资、地产金融、公司金融、证券交易、私人银行、资产管理等业务领域，其中，中小企业融资创新独具特色，将原来面向大型企业客户的产品改造成适合中小企业需求的产品，使中小企业客户同样能够获得在资本市场直接融资的便利，尝试用证券化方式出售中小企业融资票据。德国商业银行总部位于德国法兰克福。2013年美国《财富》杂志世界500强排名第468位。

位于法兰克福金融中心的德国商业银行总部大厦（亮灯大楼）

德国商业银行法兰克福营业大厅柜台，典型的德国设计，黑白、线条、质感，光景

德国商业银行的ATM，透出的
文化：隐私、现代、简洁

别具一格的填单台

客户经理工作室，家具黑白线条分明，代表一种内涵

德国商业银行的宣传手册，图中小朋友滑雪的镜头代表该行为家庭创造幸福而努力

德累斯顿银行

　　德累斯顿银行成立于1872年，与德意志银行、德国商业银行并列为三大德国银行之一。德累斯顿银行在全球首创了"客户经理行动组计划"，其基本概念是：不管企业有多大，只实行一个客户经理负责制，这个客户经理与上级派驻的风险经理共同签字后就可以发放贷款，而且利率、收费等还有一定的自主调节权，超过授权的贷款只需总行风险官审批即可。因此，贷款从受理到发放只有两个环节，第一个是分行的风险经理，第二个是总行的风险经理，没有其他任何中间环节，从根本上解决了决策链条过长，内部工作效率低下的问题。人员减少了40%，效率却提高了30%。但这个体制的背后是强大的"客户经理行动组计划"充当了全天候的保姆团队，内容极为庞大，技术手段先进。

　　2008年德累斯顿银行与德国商业银行合并，不再使用德累斯顿品牌。

德累斯顿银行位于柏林的网点

法兰克福分行现金柜台

银行低柜区，柜台外有客户放置物品的小架子

客户自助支票专用设备

营业大厅内充满绿色，让银行环境处于大自然的怀抱中

德累斯顿银行的宣传手册

瑞士银行

瑞士银行由瑞士联合银行与瑞士银行公司在1998年合并而成，简称瑞银集团（UBS）。合并背景主要是当时瑞士联合银行历史上的百年老对手瑞士信贷集团与民族银行进行了合并，瑞士联合银行失去了瑞士银行业龙头老大的地位，瑞士银行公司失去的市场份额更大，只有两家银行主动联合，才能夺回失去的霸主地位。瑞士联合银行是1912年由温特图尔银行和托根贝格银行合并组成的，而温特图尔银行1862年建于瑞士东北部交通中心温特图尔，托根贝格银行1863年建立于利希藤施泰格城的托根贝格地区，均已有超过一个半世纪的历史。

自从1998年瑞士联合银行集团成立以来，资本和资产规模不断扩大，业绩持续增长，全球影响力大幅增强，从一家仅在欧元区内有一定影响力的银行，发展成为在全球金融市场有竞争力的大型银行集团，2005年一度登上全球金融业资产规模排名第一的宝座。

由于瑞士银行业在私人银行服务和财富管理两大金融领域上的传统历史优势，作为瑞士最大的银行，瑞银集团（UBS）目前是全球最大的私人银行和全球最大的资产管理商之一，为全球50多个国家的私人、企业和机构客户提供财富管理、资产管理和投行服务。主要业务包括流动资本贷款、建设贷款、特别融资、国际商业贷款、出口融资、项目融资、证券信贷与担保、投资咨询与托管、证券交易、证券管理与间接贷款、发行并经销股票、债券和票据，从事银团贷款，经营外汇、银行票据、贵金属，从事货币市场业务，从事转移与支付等。

瑞士银行旗下由瑞银华宝、瑞银机构资产管理与瑞银瑞士私人银行三大分支机构组成，瑞银机构资产管理拥有客户资产近2万亿美元。

瑞银集团总部位于瑞士苏黎世，2016年的主要数据为：营业额385亿美元，美国《财富》杂志世界500强企业排名第257位，英国《银行家》杂志全球1000家大银行排名第35位。

瑞士银行位于法兰克福的大厦

著名的瑞士银行标志

瑞银香港楼内的雕塑

瑞银香港楼内的中国画

瑞银香港楼内的培训中心

瑞士银行日内瓦街头的ATM设备

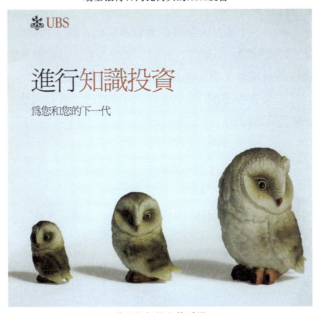

瑞士银行的宣传手册

303

瑞士信贷银行

瑞士信贷银行成立于1856年，当时主要为瑞士铁路系统的发展提供资金。它发行了有助于创建瑞士电网和欧洲铁路系统的贷款，也为发展国家货币体系和资助企业发展做出了贡献。20世纪，瑞士信贷银行开始转向零售银行业务，以应对中产阶级人数的增长和储蓄账户的日益普及。

目前，瑞士信贷银行是世界上最大的金融集团之一，也是瑞士第二大的银行（仅次于长期竞争对手瑞士银行），经营个人和公司金融服务、银行产品及退休金、保险服务、投资银行、私人银行等。在全球60个国家和地区开展业务，拥有投资银行、私人银行、资产管理和共享服务集团四大板块，其中第四个板块的功能是为其他三个部门提供市场和服务支持。该行分别于2002年、2004年和2006年进行了重组，是国际金融危机期间受影响最小的银行之一。

业务范围主要分为四个区域：瑞士、欧洲、中东和非洲、美洲和亚太地区。瑞士信贷私人银行负责处理财富管理，企业和机构业务；瑞士信贷投资银行负责处理证券投资、研究、交易，大宗经纪和资本采购；瑞士信贷资产管理公司负责出售投资类别、另类投资、房地产、股票、固定收益产品和其他金融产品。

瑞士信贷银行总部位于瑞士苏黎世，2016年的主要数据为：营业额352亿美元，美国《财富》杂志世界500强企业排名第292位，英国《银行家》杂志全球1000家大银行排名第26位。

瑞士苏黎世，瑞士信贷银行总部大厦

瑞士信贷银行总部入口一景

飘扬在游艇上的瑞士信贷银行行旗

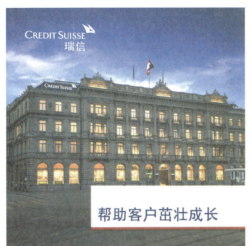

瑞士信贷银行的宣传手册

瑞士信贷银行在苏黎世市中心的老楼

荷兰银行

荷兰银行成立于1991年，由荷兰通用银行、阿姆斯特丹银行、鹿特丹银行三家银行合并而成，有近两百年的历史。该行的前身机构早在1826年于雅加达、1858年于新加坡、1859年于东京、1903年于上海分别设立了服务网点，是欧洲著名的老银行和享誉世界的国际性金融集团之一。荷兰银行选定的客户层包括三大类：企业金融客户、消费金融及中小企业客户、私人银行/资产管理（共同基金）客户。目标是促使这三大事业单位各自创造最高的价值，同时也经由资源整合创造倍乘的效果。主要业务包括商业借贷、贸易融资、投资银行和外汇服务，通过财务管理和操作、借贷、信用业务，发展其他资本市场的理财工具，为迎接信息时代的来临，荷兰银行通过科技研发，持续发展电子商务相关的业务。

私人银行与资产管理服务已经成为荷兰银行最大的客户类别，为富裕的个人客户提供私人银行服务。通过荷兰银行全球网络、各主要业务部门的专家和各种产品，致力于为私人及散户投资者提供一站式的金融服务，私人投资产品部以量身定制的接口及平台，发展并吸纳全新的零售投资市场，以便善用荷兰银行的资源，更有效地推算市场周期性及结构性的变化。

荷兰银行总部位于阿姆斯特丹，2016年的主要数据为：营业额662亿美元，美国《财富》杂志世界500强企业排名第117位，英国《银行家》杂志全球1000家大银行排名第33位。

荷兰阿姆斯特丹荷兰银行的私人银行营业部

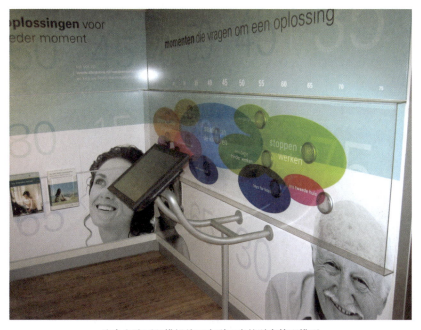

这台电脑可以模拟从20岁到75岁的财富管理模型

东方风格的会客室

阳光的荷兰银行财富经理

生涯财富管理展览

现代风格的洽谈室

桑坦德银行

桑坦德银行（也叫西班牙国家银行）成立于1857年，顾名思义，该公司起源于西班牙坎塔布里亚的桑坦德，是西班牙境内最大的银行，全球知名的多功能银行，在欧洲和南美洲拥有广泛的客户基础。截至2013年，桑坦德银行在全球拥有超过18.6万名员工，1.43万家分支机构和1.02亿客户，2016年桑坦德银行在福布斯全球2000强最大上市公司名单中排名第37位。侧重于零售银行业务，主要服务对象包括个人、公司、机构、学校等，零售银行业务对集团总利润的贡献率超过80%。

该集团自2000年以来通过多项收购进行扩张，并在欧洲、拉丁美洲、北美洲和亚洲开展业务，其许多子公司，如位于英国的修道院国民银行，在2004年被收购后也使用了桑坦德品牌。2010年，桑坦德进驻美国零售银行市场，收购了主权银行，该行在美国东北部有723家分行。

桑坦德银行于1993年在中国设立代表处，是西班牙公司进入中国市场的最佳桥梁。同时，桑坦德也在中国坚实地履行其社会责任，尤其是通过桑坦德大学计划促进中国教育的发展，桑坦德银行也是中欧商学院的赞助者。

桑坦德银行总部位于西班牙的桑坦德，2016年的主要数据为：营业额849亿美元，美国《财富》杂志世界500强企业排名第75位，英国《银行家》杂志全球1000家大银行排名第16位。

桑坦德银行在桑坦德的老大楼

桑坦德银行位于纽约市的自助网点

桑坦德银行巴塞罗那市网点，桑坦德银行的门面追求热烈和浓重的色
彩效果，极具视觉冲击力

桑坦德银行里斯本市网点

桑坦德银行伦敦街头的标识

桑坦德银行维也纳市网点

第九章

美洲银行选

华尔街……………………318

摩根大通银行……………323

美国银行…………………327

花旗银行…………………331

富国银行…………………335

加拿大皇家银行…………338

加拿大丰业银行…………341

多伦多道明银行…………344

蒙特利尔银行……………347

加拿大帝国商业银行……351

华尔街

　　华尔街是美国纽约市曼哈顿区南部一条大街的名字，长不超过一英里，宽仅11米，两旁是古老的摩天大楼。独立战争期间，华尔街曾是战争的重要融资场所，但它还不是美国的金融中心，当时的美国金融中心在费城。依赖美国在两次世界大战前后30年经济的突破性发展，大批金融机构聚集到了纽约的华尔街。1944年"布雷顿森林体系"的建立，使美元取代英镑成为国际最主要的清偿和储备货币。世界各地的美元交易都必须在美国，特别是在纽约的银行账户上进行收付、清算、划账和存储。从而使纽约迅速发展成为先是与伦敦并驾齐驱，而后又超过伦敦的全球最大的国际金融中心。

　　华尔街有来自世界各地的金融机构4000多家，是美国主要金融机构的所在地。纽约证券交易所、原美国联邦储备银行等金融机构，以及美国洛克菲勒、摩根、杜邦等大财团开设的银行、保险、铁路、航运等大公司的总管理处都在这里。各公用事业和保险公司的总部以及棉花、咖啡、糖、可可等商品交易所也在这里。华尔街是金融和投资高度集中的象征，这条街承载着太多的辉煌。

　　纽约是美国联系世界的纽带和门户，美国的企业最先通过华尔街的金融服务将它们带到全球，它们也吸引了大批国际企业到美国投资，华尔街和银行业相当于纽约这个城市其他产业合计的总税收。纽约证券交易所有来自世界各地的公司在这里上市，其中包括490多家世界500强企业。无论是上市公司发行股票筹集资金的数额，还是上市交易股票的总值，纽约证券交易所都是当今世界上规模最大的证券交易市场。这里所传递的信息直接对美国和全球经济产生重大影响。在美国家庭的所有资产中，平均三分之一以上投资在了以华尔街所代表的金融市场。如今，每年从境外进入美国的资金有上万亿美元，其中很大一部分进入了华尔街，以华尔街为中心的庞大的资金网络已将全球无数金融投资机构网罗其中，网络的末端触及无数个家庭、企业的经济利益。以华尔街为代表的美国股市资金有将近70%是来自世界各地的养老金等投资机构。

　　外国银行在华尔街的资产规模和存款总额已远远超过美国的国内银行。华尔街作为一个著名的国际金融中心，其金融业开放程度是当今世界上最高的。

华尔街全景

华尔街铜牛，1987年华尔街股市崩盘后，一位美国人卖掉祖传农场筹资36万美元而建，其目的是为美国年轻人增强信心

纽约证券交易所

20世纪初华尔街上的纽约商品
交易所

路标：华尔街11-21号、百
老汇大街1-26号

华尔街附近的商业大街

华尔街26号，美国首任总统华盛顿曾在此办公

先锋式石质华尔街大厦

华尔街上的罗马式建筑

　　华尔街原"美国联邦储备银行"大厦，地下金库储存有黄金7000多吨，小国中央银行、世界富豪的黄金也寄存于此

纽约时代广场，世界上最贵的霓虹灯广告　　　　华尔街附近时代广　　华尔街附近林立的
　　　　　　　　　　　　　　　　　　　　　　场上的银行广告　　　　摩天大楼

摩根大通银行

　　摩根大通银行由大通曼哈顿银行与JP摩根公司在2000年合并成立，称摩根大通集团，是全球历史最长、规模最大的金融服务集团之一。该行的历史可追溯到1799年，当时黄热病疫情肆虐纽约，卖棺木的街贩亚伦·伯尔成立了曼哈顿公司，表面上是一家由布朗克斯河运送干净卫生的饮用水至纽约的公司，但事实上该公司被设计成纽约的第二家银行，与纽约银行进行竞争，并在1955年与洛克菲勒家族持股的大通国家银行合并成为大通曼哈顿银行。合并后的大通曼哈顿银行在1961年采用了一个风格鲜明的八角形作为新标志，至今仍是银行标志的一部分。其创意来自曼哈顿公司铺设的原始水管，由木板钉在一起。

　　而JP摩根公司的前身是1860年组建的纽约摩根担保信托公司，1895年改名JP摩根公司。第一次世界大战期间，该公司包揽了美国对西欧的金融业务，大发其财。根据1933年《银行法》，摩根公司改为商业银行，把原来经营的投资银行业务交付给摩根士丹利。2000年总存款占美国存款总额的25%，分行有6000多家，是美国最大的金融机构之一。

　　合并后的摩根大通银行业务遍及60多个国家，主要在两大领域内运作：一是在摩根大通的名义下为企业、机构及富裕的个人提供全球金融批发业务；二是在美国以"大通银行"的品牌为3000多万名客户提供零售银行服务。其金融服务内容包括股票发行、并购咨询、债券、私人银行、资产管理、风险管理、私募、资金管理等。

　　摩根大通银行总部位于美国纽约，2016年的主要数据为：营业额1010亿美元，美国《财富》杂志世界500强企业排名第55位，英国《银行家》杂志全球1000家大银行排名第3位。

摩根大通银行纽约总部大厦

摩根大通银行华尔街分行，在华尔街古建筑上，浑厚的天蓝色斜角钢架支撑起摩根大通银行的正白蓝边行体字，以及由自来水管变异而来的蓝色切面行徽，感觉结实刚毅，古典与现代融为一体

摩根大通银行纽约百老汇大街网点

摩根大通银行芝加哥营业网点，皇家式的建筑风格，在金色门面框架上，门楣以白色打底，配合黑行体字与蓝色行徽，显示贵族与庄重的气质

美国银行

　　美国银行即美洲银行，该行的历史可以追溯到1784年的马萨诸塞州银行，是美国第二个历史最悠久的银行。20世纪20年代，它就成为美国西部最大的银行，1929年意大利国民信托储蓄银行与加利福尼亚美洲银行合并，改名美洲国民信托储蓄银行。第二次世界大战期间，加利福尼亚州是美国重要的军火生产中心，战争给美洲银行带来了巨额利润。战后，加利福尼亚州成为飞机、导弹、火箭和宇宙空间军火工业的主要生产基地，为美洲银行的金融活动提供了极其有利的条件，加速了该行的扩张。该行所拥有的资产和存款，长期以来在美国商业银行中均占第一位，直到1980年才被花旗银行超过，退居第二位。

　　美国银行曾推出了"奖励零头"的商业活动，创造了世界上一家银行开发一种新产品的神话。如果您用美国银行VISA信用卡消费23.36美元，美国银行取其整数为24美元，并将这之间的差额0.64美元存到您在该行的储蓄账户上，最高奖励金额为120美元。这项活动吸引了全美10%的人蜂拥前往该行开立储蓄账户和申请美国银行VISA信用卡，这项商业活动震动全美。该行还推出了最少为25美元的小额贷款，这种"聚财莫嫌金银碎"的精神提高了美洲银行的公众形象，同时该行在基层网点大力配备能说汉语、越南语、印度语的员工，过去10年美洲银行80%的利润增长来自亚裔人群。

　　美国银行总部位于美国北卡罗来纳州夏洛特，2016年的主要数据为：营业额931亿美元，美国《财富》杂志世界500强企业排名第64位，英国《银行家》杂志全球1000家大银行排名第6位。

美国银行洛杉矶分行大厦

美国银行纽约第五大道营业网点

美国银行洛杉矶分行营业大厅

　美国银行设于州际高速公路上的银行电子机具，客户不用下车，即可办理取现、转账、存款、查询等业务

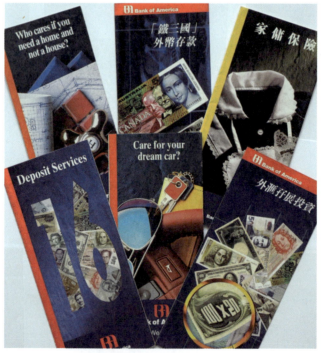

美国银行在香港机构的宣传手册，设计非常亮丽

花旗银行

1812年6月16日，纽约州特许设立花旗银行（City Bank of New York），9月14日在华尔街52号开业，为纽约的一些商户提供服务。1861年南北战争爆发，林肯总统恳请纽约各银行为联邦筹款1.5亿美元（约合2018年的96亿美元），花旗银行以黄金认购其中的近50%即7000万美元。1893年该行存款和资产已排名纽约市各银行之首。1897年该行在美国银行业率先设立外汇部，开始外汇买卖业务。1902年在伦敦、上海、香港、横滨、马尼拉、新加坡、旧金山开设分行。1904年该行推出旅行支票，1921年该行在美国率先推出以复利计算的储蓄存款，1928年又推出了无担保个人贷款。

1929年，并入成立于1822年的美国农业信贷及信托公司，花旗银行成了全世界最大的商业银行。1939—1949年花旗银行分别在23个国家开设了100多个办事机构，成为当时最大的国际性银行。1950—1955年，随着美国消费者收入的提高，各种新型消费应运而生，银行业开始大规模发展个人支票账户及消费贷款。1956年花旗银行在商业贷款部安装了首台计算机。1961年首创可转让定期存单，1968年成立了一家针对银行的控股公司，使其可以扩展并提供新的金融服务，其他银行纷纷效仿。1974年花旗集团将浮动利率债券引入美国金融市场。1976年花旗银行设立花旗卡业务中心，通过多功能自动柜员机和花旗卡，使"花旗24小时服务"成为现实。

1985年花旗银行将客户的私人计算机与其系统相连接，开启了银行互联网时代，方便客户直接办理银行业务。1992年花旗银行成为美国最大的银行。花旗集团分支机构、办事处遍及90多个国家和地区，成为业务覆盖面最广的国际性银行之一。1993年花旗银行成为世界上最大的信用卡及消费卡的发卡行和服务行，一直保持至今。同年，花旗集团推出"风险之窗"管理模式，以国别、行业、产品及客户为重点，从内部评估及管理花旗集团的整体风险。1996年中国台湾成为该行第一个在美国之外发卡量超过百万张的地区。

花旗银行总部位于美国纽约，2016年的主要数据为：营业额883亿美元，美国《财富》杂志世界500强企业排名第70位，英国《银行家》杂志全球1000家大银行排名第7位。

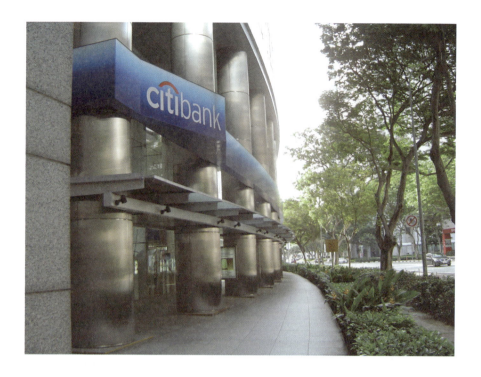

花旗银行新加坡分行，门楣上方设计为半菱形，两边都可以显示行体字，扩大了视觉亮点

花旗银行新加坡分行自助营业网点，ATM上方花旗银行的字体凹凸有型，ATM下方的不锈钢质感令人有一种力量的享受

营业大厅低柜服务区，由于地处热带，采用海韵风格设计，配樱桃木柜台和家具，尽显亲切的沟通环境

花旗银行的宣传手册

富国银行

富国银行1852年成立于美国纽约，是加利福尼亚历史最悠久的银行，由19世纪美国西部信贷服务的标志性银行——西北银行于1998年收购原美国富国银行后成为如今的富国银行。如今，它是按市值排名世界第二大和按资产排名美国第三大的银行。2015年7月，富国银行成为世界上市值最大的银行，而又在2016年被摩根大通银行赶超。2015年底，富国银行超过花旗集团成为按资产排名美国第三大的银行（前两位分别为摩根大通银行和美国银行）。

富国银行在存款、家庭贷款与银行卡业务量方面排名全美第二，是美国首屈一指的抵押贷款、小企业贷款、网上银行服务商。富国银行有一个与其他银行不同的地方，该行称下属网点为商店，而不是分支行，其目的就是要求这些商店以产品的形式向客户交叉销售银行、保险、投资类产品，据统计，该行商店平均向公司类客户推销产品5.3个，向个人类客户推销产品4.6个。由于该行是一家老银行，老员工较多，凡是能够让机器替代的都让机器去做，该行集中精力培训老员工以适应新的销售技能，也就是做机器无法做的事。

富国银行总部位于美国加利福尼亚州旧金山，2016年的主要数据为：营业额900亿美元，美国《财富》杂志世界500强企业排名第67位，英国《银行家》杂志全球1000家大银行排名第8位。

富国银行西雅图分行大厦

富国银行纽约州营业网点，橱窗显示世界著名科技企业的标识，代表该行服务与现代化相衔接

富国银行在阿肯色州的社区网点，以中世纪美洲大陆马车夫形象彰显富国银行的历史和开拓精神

加拿大皇家银行

加拿大皇家银行成立于1869年，是加拿大市值与资产最大的银行之一，也是北美领先的多元化金融服务公司之一，早在一百多年前该行就已在美国纽约进行批发金融业务。该行的证券承销、并购顾问、托管业务在北美处于领先地位，旗下控股的保险公司一直在加拿大和美国为个人和企业客户提供人寿、信用、健康、旅游等保险服务和再保险服务。

加拿大皇家银行下设五个部门分别是：加拿大银行、财富管理、国际银行、资本市场、保险。加拿大银行主要提供加拿大境内的各种日常业务，包括存取款、投资等；财富管理主要面对高端客户，包括证券、资产管理公司、房地产与信托、国际财富管理、私人顾问、美国财富管理等业务；国际银行主要面对海外业务，在加勒比地区业务比较集中；资本市场

加拿大皇家银行多伦多总部大楼

业务为各类客户提供投行业务，遍及加拿大、美国、欧洲和亚太地区。

加拿大皇家银行总部位于加拿大多伦多，2016年的主要数据为：营业额348亿美元，美国《财富》杂志世界500强企业排名第297位，英国《银行家》杂志全球1000家大银行排名第40位。

加拿大皇家银行多伦多分行营业部

营业厅设立亚洲客户咨询台，亚洲业务是该行重要的发展趋势

营业厅内填单区，由护栏围住，保护填单者的私密性

营业厅墙上挂有世界主要城市的时钟，显示为客户国际化服务的理念

营业厅设有残疾人专柜，柜台设计有高有低，方便不同客户放置物品，细微设计，显示服务精神

加拿大皇家银行的宣传手册

加拿大丰业银行

加拿大丰业银行成立于1832年，是加拿大主要的国际性银行、北美最大的金融机构之一，也是北美、拉丁美洲、加勒比和中美洲地区领先的金融服务提供商。其核心业务包括国内国际银行业务、财富管理业务，该行外汇和货币市场业务、衍生和结构化金融产品业务、黄金和其他贵金属业务在北美洲处于领先地位。加拿大丰业银行在50多个国家设有分支机构，由1800多家分支机构和事务所组成。

本土银行业务，为1000万家私人、小型企业、财富管理客户提供全套金融解决方案；国际银行业务，为超过1500万家的私人、企业和商业客户提供服务，专注于拉丁美洲，包括墨西哥、秘鲁、智利和哥伦比亚以及加勒比和中美洲的太平洋联盟国家；环球市场业务，该行是加拿大和墨西哥的批发银行和投资交易商。

加拿大丰业银行总部位于加拿大多伦多，2016年的主要数据为：营业额251亿美元，美国《财富》杂志世界500强企业排名第428位，英国《银行家》杂志全球1000家大银行排名第43位。

加拿大丰业银行多伦多总部大厦

341

　　银行柜台有高低之分，下层给客户放置物品、填单，上层是银行处理业务的柜面，没有防弹玻璃墙，而是彩色气球，显示出该国治安高度自信

加拿大丰业银行营业大厅

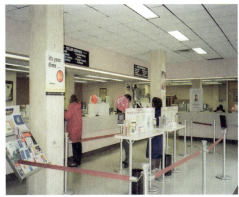

受保护的填单台，显示出隐私保密的重要性　柜台后的加拿大丰业银行标识，非常有质感

加拿大丰业银行的宣传手册

多伦多道明银行

多伦多道明银行成立于1955年，由1855年开业的多伦多银行（1855年一位谷物商人，为了满足国内和国外的业务需求而创建了这家银行）。与1869年开业的道明银行合并而成。多伦多道明银行及其子公司被统称为TD银行集团，下属TD加拿大信托、商业银行、TD汽车金融、TD财富管理、TD直接投资、TD保险、道明证券等，为全球2500多万名客户提供全方位的金融产品和服务。业务范围：为广泛行业的各种规模的加拿大企业与个人提供财务解决方案，包括融资、存款、投资、现金管理、国际贸易和外汇交易等，关系团队为客户提供正确的工具和建议。

早在1976年多伦多道明银行就完成了自动取款机的网点配备，是加拿大最早实现自助机器服务的银行。

多伦多道明银行总部位于加拿大多伦多，2016年的主要数据为：营业额302亿美元，美国《财富》杂志世界500强企业排名第350位，英国《银行家》杂志全球1000家大银行排名第47位。

多伦多道明银行总部大厦

多伦多道明银行正门门景，方形基座式标识，花岗岩石雕，稳重气派

多伦多道明银行总部入口处

多伦多道明银行在美国华尔街上的网点

多伦多道明银行在安大略省的网点

多伦多道明银行营业大厅，客户优雅地填单与阅读

多伦多道明银行的宣传手册

蒙特利尔银行

蒙特利尔银行成立于1817年，是加拿大历史最悠久的银行之一，也是加拿大第一家特许银行和加拿大按市值和资产计算的第四大银行，同时还是北美十大银行之一。加拿大历史上第一张钞票也由该行发行。在1934年加拿大中央银行成立的半个世纪前，蒙特利尔银行身兼二任，同时行使中央银行的职能：管理公债、发行货币、保护加拿大元对外汇率等。在蒙特利尔银行的历史上，它伴随并参加了决定加拿大经济进程的几乎所有重大事件：第一条运河、第一条铁路、第一个电报局、加拿大太平洋铁路，水电站和能源、矿业的发展。

蒙特利尔银行长期居于加拿大商业银行的前列。业务范围：向加拿大和美国的消费者提供个人银行服务，为私人投资者提供担保，是加拿大主要税收银行；为企业提供外汇和现金管理等各种银行服务，为公共服务机构提供各种短期和长期贷款及公共基金管理；提供农业金融服务；提供欧洲债券、票据、政府债券交易、向各国政府机构提供支票付款、财政代理和债券保险服务、向非银行金融机构提供现金管理和债券管理服务。在加拿大，蒙特利尔银行是最大的信用卡业务拥有者之一。另外，还在加拿大拥有最多的贸易商，现在它已经为60%的加拿大贸易商提供服务，银行的国际金融业务量处于加拿大国家的第二位。

蒙特利尔银行自1829年以来一直没有停止对股东的分红派息，即使是第一次世界大战、经济大萧条、第二次世界大战和2008年国际金融危机等重大世界危机期间，依然持续分红派息。这使得蒙特利尔银行成了自19世纪20年代以来，从未中断分红的世界上少数几家著名银行之一。

蒙特利尔银行的法定总部位于加拿大蒙特利尔，但其实际行政总部已于1977年迁至多伦多。

蒙特利尔银行总部大厦

蒙特利尔银行在温哥华市的网点

蒙特利尔银行营业网点全貌，柜台分上下两层，填单台有私密性

营业厅内，磨砂不锈钢圆柱与错落有致的填单台互相配合，为客户提供了很大的便利

349

蒙特利尔银行的宣传手册

　　蒙特利尔银行对中小企业的辅导手
册，如"你是企业家吗""制订你的经
营计划""资本的来源""广泛的融资
工具""如何经营你的企业""怎样与
银行打交道""全球化经营"等，共有
15册，本书已选择性地做了翻译

加拿大帝国商业银行

加拿大帝国商业银行成立于1867年，由加拿大商业银行和加拿大帝国银行合并而成，其历史可追溯至1825年的哈利法克斯银行，是北美洲最大的银行之一。加拿大帝国商业银行是一个综合型、国际化的商业银行，尤其是在资产证券化、收购与兼并、企业重组等投行领域，高价值的私人银行业务如家族企业境外资本运作、慈善基金、遗产信托、私人资产投资等方面积累了近一个世纪的经验，在北美地区具有良好的声誉。

加拿大帝国商业银行在成立初期到1928年半个世纪中，先后兼并了多家银行。进入20世纪70年代再次形成兼并高潮，1977年该行获得澳大利亚马丁公司40%的股权；同年吞并了特立尼达和多巴哥有限公司商业信托公司银行；1978年获得法国圣彼埃尔和密克隆银行40%的股权；1978年获新组建的伦敦投资银行51%的股权。

加拿大帝国银行总部位于加拿大多伦多。

加拿大帝国商业银行多伦多管理总部

加拿大帝国商业银行大厦入门，台阶式的绿色花坛衬托着红色的行名标识，冲破了钢铁大厦竖横条柱的呆板格局

加拿大帝国商业银行营业大厅，具有很高的智能化程度

加拿大帝国商业银行对公业务贵宾区

以家庭为主题的加拿大帝国商业银行宣传手册

第十章

亚洲银行选

东京银座·····················356

东京三菱银行···············362

住友银行·····················366

第一劝业银行···············370

日本中央农林金库·········376

三和银行·····················378

樱花银行·····················381

富士银行·····················384

大和银行·····················387

朝日银行·····················389

日本东海银行···············392

日本JCB信用卡公司········395

新加坡星展银行···········398

新加坡大华银行···········401

新加坡华侨银行···········403

汇丰银行·····················406

渣打银行·····················410

恒生银行·····················412

东亚银行·····················414

美国亚洲银行···············416

集友银行·····················418

东京银座

象征日本自然、历史、现代的三大景点（富士山、京都、银座）的银座，与巴黎的香榭丽舍大街、纽约的第五大道并称为世界三大繁华中心。1612年德川幕府在今银座设有银币铸造所，与金座相对应，俗称银座町。如今，银座约占地40公顷，南北长1200米，东西宽500~600米。有商业设施约3780家，其中商店与餐饮约1752家，日平均人流超过55万人。在日本人的心目中，银座是高级、名牌、流行、信用、品位、货真价实、憧憬、时尚的代名词。最著名的百货公司：三越百货、和光百货、松板屋。银座也是东京金融机构最密集的地区之一。

东京金融中心主要集中于千代田区和中央区。日本拥有庞大的金融市场，企业并购活跃，货币全球流通及储蓄率高，20世纪八九十年代全球银行业十强中有5~7家聚集在东京。东京是日本的经济中心，日本的著名公司都集中在这里，它们大多分布在千代田区、中央区和港区等地，东京同它南面的横滨和东面的千叶地区共同构成了闻名日本的京滨叶工业区。

东京是世界上主要的金融市场，也是亚洲能和欧美发达国家相比的国际金融中心。1872年明治政府就参照美国银行制度制定了《国立银行条例》。如今，东京金融市场主要由东京短期资本市场、东京长期资本市场、东京外汇市场、东京美元拆借市场、东京日元清算市场、东京离岸金融市场组成。东京长期资本市场包括股票市场和债券市场，有国债、公社公团债、地方政府债、公司债、金融债等。东京的股票市场和债券市场（统称证券市场）是规模仅次于纽约的世界第二大市场。

从20世纪80年代起，日元作为国际上的主要结算与储备货币之一，与美元、英镑、西德马克处于同等地位，因此东京也成为国际上日元的清算中心。东京离岸市场（JOM）是日本在1986年开设的境外金融市场。开业以来已经发展成为一个巨大的市场，目前东京离岸金融市场的规模是仅次于伦敦市场的第二离岸市场，超过了纽约、新加坡和香港金融市场。

东京银座街心，亚洲最贵的商业街

357

银座，也是日本金融机构必争之地，银行等广告牌一望无际。

设计新潮的三井住友银行银座分行

日本的银行在银座见缝插针开设网点，各有招数

银座，世界著名百货公司林立，三越百货等，是亚洲奢侈品最密集的街区

东京三菱银行

东京三菱银行成立于1995年，由日本外汇专业银行东京银行和日本大型都市银行三菱银行合并而成。

东京银行的前身是1880年成立的横滨正金银行，以经营对外汇兑、贴现为主要业务，是20世纪初至第二次世界大战结束前日本帝国主义对华及东南亚进行经济侵略的主要金融机构。第二次世界大战期间，日军入侵哪个国家/地区，横滨正金银行随即在当地发行"军用券"以取代当地货币，如在中国香港、新加坡、马来西亚等，是日军"以战养战"侵略政策的金融工具，第二次世界大战后被解散，改名东京银行。

三菱银行成立于1919年，是掌控日本经济命脉四大财阀（三菱、三井、住友、安田）三菱系的主要成员。其核心企业有：三菱银行、三菱重工、三菱商事、三菱化学、三菱电机、本田技研、麒麟啤酒、旭硝子玻璃等。该集团以成套设备、军火、电子、石油化工、飞机、造船、汽车、核能等产业为重点，也从事房地产和新材料研发。三菱家族在日本和世界上都很著名，如三菱重工，第二次世界大战前后曾是日军武器制造的主力，从当时世界上最大的战列舰"武藏"号到"零式战斗机"，军火产品涵盖陆海空。东京三菱银行1997年资产总额排名世界各大银行第一。

2006年东京三菱银行与原日本联合银行合并成为三菱东京日联银行。其母公司三菱日联金融集团现为日本最大的金融机构。截至2018年3月，该银行拥有资产171万亿日元，员工34101人，在日本设有753个分支机构，在海外设有79个办事处。东京三菱日联银行为客户提供广泛的金融产品和服务，包括个人银行及信贷、公司银行与投资银行、证券经纪、交易服务和财富管理等产品服务。

三菱东京日联银行总部位于日本东京，2016年的主要数据为：营业额476亿美元，美国《财富》杂志世界500强企业排名第191位，英国《银行家》杂志全球1000家大银行排名第10位。

20世纪90年代东京三菱银行东京总部大厦

东京三菱银行银座支行

东京三菱银行大阪网点

东京三菱银行自助网点标识

用"迪士尼"代言的宣传手册

住友银行

住友银行成立于1895年，在德川幕府时代住友家族通过经营铜矿起家，1875年建立了从事抵押贷款业务的钱庄，这是住友银行的萌芽。1905年存、贷款额在日本大银行中居第三位。第二次世界大战期间，日本政府指定住友银行为军需融资金融服务机构，受其融资的有82家军需公司。战后，住友银行被解散。1948年改名为大阪银行后重新开业，1952年恢复住友银行的名称。1985年住友银行跻身世界最大的10家商业银行，居第4位。业务范围：存款、贷款、国际业务、资本市场业务、银行报告和顾问咨询服务业务、黄金买卖、外币投资账户等。住友银行在2001年4月与樱花银行合并成为三井住友银行，继而成为日本第二大商业银行。

住友银行属于住友财阀集团成员，关联企业有：住友生命保险、住友海上保险、住友金属、住友化学、住友商事、松下电器、马自达、日本电器（NEC）、三洋电机、朝日啤酒等。

三井住友银行总部位于日本东京，2016年的主要数据为：营业额398亿美元，美国《财富》杂志世界500强企业排名第243位，英国《银行家》杂志全球1000家大银行排名第15位。

住友银行东京中央区分行大厦

住友银行网点玻璃门上的彩印，优美的朦胧感，保护店内的私密性

街头标识一景

标志分黑、白、红三色，设计干净有力

又一组银行广告竞争

关门了，广告牌上岗

住友信托银行门面

美国的住友银行宣传册

第一劝业银行

第一劝业银行成立于1971年，由日本第一银行和劝业银行合并而成。第一银行是日本最古老的银行之一，1873年由东京三井、小野两个兑换店改制为银行，主要从事日本政府财政收支和纸币发行，1896年改为商业银行，第二次世界大战期间与三井银行合并，改名为帝国银行。1944年帝国银行又兼并了第十五银行，从而成为日本最大的银行。第一银行于1948年脱离帝国银行，1971年与日本劝业银行合并。日本劝业银行是1897年根据《日本劝业银行法》设立的特种银行，即为振兴实业，是为工业企业提供长期低息贷款而设立的。

第一劝业银行属于第一劝银财团，其核心企业有：伊藤忠商事、富士通、兼松、清水建设、川崎制铁、旭化成工业、富士电机、横滨橡胶等。该财团在化工纤维、金融、光通信、计算机、石油开发、食品等方面较有优势。

合并后的第一劝业银行1986年资产额居世界大银行第一位。主要从事的业务：存款业务，贷款业务，有价证券投资业务，国内汇兑业务，国外汇兑业务，公司债券的受托和登记业务，其他业务如代理业务、保管业务、债务担保业务等。2000年，第一劝业银行与富士银行和日本兴业银行合并组成日本瑞穗金融集团。

瑞穗金融集团总部位于日本东京，2016年的主要数据为：营业额268亿美元，美国《财富》杂志世界500强企业排名第399位，英国《银行家》杂志全球1000家大银行排名第18位。

第一劝业银行名古屋分行大厦，大型凹凸合金玻璃结构凸显现代流线感

第一劝业银行名古屋分行门面，门面做工精细

橱窗宣传是日本各银行的重要对外形象

第一劝业银行街头形象标识指示牌

第一劝业银行自助网点

第一劝业银行自助网点标识灯箱

户外大型广告牌，笔者曾考察过位于日本北海道的大型广告牌工厂，工艺相当复杂，用材很挑剔，保证户外广告牌10年白天与晚上的良好效果

停止营业，但形象宣传不能停止

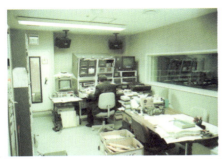

日本的银行一般都配有本行小型编播系统，一是用于新产品
的推广，二是用于员工的培训，都能在全国各网点播放

第一劝业银行的宣传册，设计师用人们熟悉的各种食材形成
凹凸感，再贴上邮票，色彩斑斓

日本中央农林金库

日本中央农林金库即日本全国信用合作联社，是以1951年成立的《信用金库法》为准则的地区性信用合作金融组织。与一般的银行相比有以下特点：和银行不同，信用金库是非营利性组织；信用金库的宗旨是为地区经济发展服务，所以它的营业范围有地域限制；信用金库的服务对象是中小企业和个人，不对大型企业开放。

日本中央农林金库总部位于日本东京，2016年英国《银行家》杂志全球1000家大银行排名第23位。

日本中央农林金库东京营业部大厦

行长办公层微笑的女秘书

忙碌的银行客户经理

营业部低柜服务区，促销奖品琳琅满目

三和银行

　　三和银行是日本历史最悠久的银行，其起源可以追溯到德川幕府时期1656年创立的鸿池钱庄，1897年改称鸿池银行，1933年关西地区的三十银行、山口银行、鸿池三家银行合并为三和银行。1983年三和银行跻身世界最大的10家商业银行，居第9位。在日本纺织、化工、石油、钢铁、机械制造的金融服务方面具有重要地位。业务范围：存款业务、贷款业务、国际业务、信用卡、证券、为客户提供信息等。

　　三和银行属于三和财团成员，关联企业有：日商岩井、日本电信电话（NTT）、日棉、科思摩石油、神户制钢所、夏普、日本通运、积水化学工业等。

　　2002年，三和银行收购旭日银行、东海银行全部股份，三家银行合并成为新的三和银行，目前是日本的主要商业银行之一。

三和银行东京金桥分行大厦

三和银行以绿色为主基调

门前的悬式灯箱具有视觉冲击力

日本的银行网点一般都选择在街道的转角处，这是银行选址的重要原则

三和银行自助服务网点

三和银行美国加州分行的宣传手册

樱花银行

樱花银行成立于1876年，1972年建立樱花信息系统株式会社，1992年成立樱花投资顾问株式会社，1996年成立樱花信托银行。樱花银行在日本是一家比较出名的中型银行。主要业务为商业银行的信贷投资、证券买卖、国际资金的输出输入、货币兑换、债券信贷，为投资者提供投资，有价证券信息服务，信托服务，无担保贷款，代理有价证券担保贷款等。樱花银行在2001年与住友银行合并，成为三井住友银行的一部分。

属于日本三井财阀集团成员，三井财团的主要成员有：樱花银行、丰田汽车、三井商社、三越百货、三井不动产、东芝电器、索尼公司等。该财团在汽车制造、重型机械、综合电机、半导体、核发电、石油化工、房地产、医疗及办公电子设备方面拥有优势。

樱花银行东京银座分行

樱花色是该行的主色调

樱花银行名古屋分行

樱花银行东京室町支行

带时钟的樱花银行灯箱

樱花银行东京本町支行

夸张的动画设计宣传册

富士银行

　　富士银行成立于1948年，前身是1863年的安田屋兑换店，1880年改称合平安田银行，1900年改名为安田银行，1923年成立了新安田银行，是当时日本规模最大、实力最雄厚的银行。富士银行曾是日本和世界大商业银行之一，是日本富士财团的骨干企业。富士财团的核心企业有：富士银行、日本航空公司、日产汽车、日本钢管、札幌啤酒、日立、丸红商社、佳能、雅马哈、日本精工、久保田农机等。富士银行从事的业务主要有存款、贷款、有价证券投资、国内、外汇兑换、公司债的受托和登记；兼营业务有代理保管业务，有价证券贷款、债务保证等。2003年富士银行、第一劝业银行和日本兴业银行组成日本瑞穗金融集团。

富士银行名古屋分行大厦

橱窗宣传——夏季优惠促销信息

富士银行灯箱白天与晚上的效果

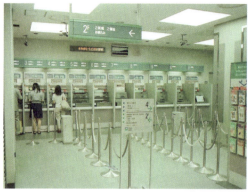

富士银行自助网点，日式风格，井井有条

手册设计，以热烈的花卉汽车做代言

大和银行

大和银行成立于1918年，前身为大阪野村银行，1925年拆分为大和银行和野村证券。当时大和银行主要在大阪为主的关西地区，靠吸收、兼并破产的地方中小银行等扩大业务区域。大和银行是日本城商银行中兼营信托业务的银行之一，除一般银行业务外，还经营货币信托、土地信托和养老金信托等金融业务。大和银行是日本向中小型企业提供贷款的主要银行之一，包括地产及私人银行服务等。2001年，大和银行与大阪银行、奈良银行联手成立大和银行控股公司。

大和银行东京营业厅大楼

大和银行东京神田驿前支行，
门面的悬式灯箱具有视觉冲击力

大和银行东京八重州口支行，
注意玻璃门上的条纹设计

大和银行名古屋分行

以各种花卉作为创意的宣传手册

朝日银行

朝日银行（日语：あさひ银行，商标含义：水平线上的日出）成立于1991年，由埼玉银行与协和银行合并而成，存款总额曾一度达到1770亿美元，是当时世界上最大的银行之一。朝日银行的前身是埼玉银行，成立于1943年，属日本地方性银行，总行位于埼玉县，在日本拥有超过170家分支机构，其海外分支机构所在地包括新加坡、伦敦、纽约、香港和布鲁塞尔。埼玉县为东京的卫星城，是日本人口数量最多的县之一，属于东京加工区性质。主要业务：日元储蓄、外币购买、投资信托、住宅贷款等。20世纪90年代日本泡沫经济扩大，日本银行业的金融不稳定性开始严重显露，大量日资银行开始行业重组，朝日银行于2002年将国内资产和大和银行合并，将国外债务转让给东京三菱银行（现东京三菱日联银行）。

朝日银行名古屋分行大厦

朝日银行
东京金桥支行

名古屋分行门面，注意玻璃门上的大红纹饰

为结婚提供的金融服务，可赠送礼物的海报

朝日银行标识灯箱

朝日银行整洁的自助银行

宣传册在湖蓝色块中，以新鲜的水果纹脉，传导该行产品的新颖立意

日本东海银行

日本东海银行是由名古屋地区的商业银行合并而成，成立于20世纪60年代，2002年东海银行、三和银行、东洋信托银行组成日本联合金融控股集团。2006年东京三菱银行与日本联合银行合并，成立三菱东京日联银行。

名古屋大都市圈集合了日本大量的制造业企业和著名高校，如丰田汽车中心、三菱航空宇宙制造所、名古屋大学、丰田工业大学等，形成了日本国内工业出货额第二位的中京工业核心地带。又因为它是日本中部地区的商业、工业、教育和交通的中心，而且位于东京和京都的中间，所以又称"中京"。

20世纪70年代到90年代，东海银行是日本主要的商业银行之一，也是名古屋地区最大的本土银行，在美国、中国香港、新加坡等地均设有分支机构。但由于杠杆过高，加上亚洲金融危机的重创，最终以合并而谢幕。

日本东海银行名古屋总行

日本东海银行东京秋叶原分行

日本东海银行大阪分行

以动漫创意的宣传册，表达力强

日本JCB信用卡公司

　　日本JCB信用卡公司成立于1961年，是第二次世界大战后日本经济高速发展的信用卡机构代表，是世界四大信用卡公司之一（其他三家公司分别是维萨卡、万事达卡、运通卡）。JCB标志由三色"S"形字母构成，蓝色代表责任，红色代表活力，绿色代表亲近，"敢享人生、畅享人生"是公司提倡的理念。日本JCB信用卡公司开发的各种信用卡达数百种，在世界主要城市有服务机构和合作商社，日式服务在JCB信用卡公司体现得淋漓尽致。

矗立于东京街头的JCB广告

东京JCB信用卡公司门店

JCB信用卡的现金服务，
可支持各家银行卡种

JCB针对去海外工作的本
国人的国际购物用信用卡、
日本地铁联名卡、国际礼品
卡等的介绍

JCB的日本各大棒
球俱乐部联名信用卡

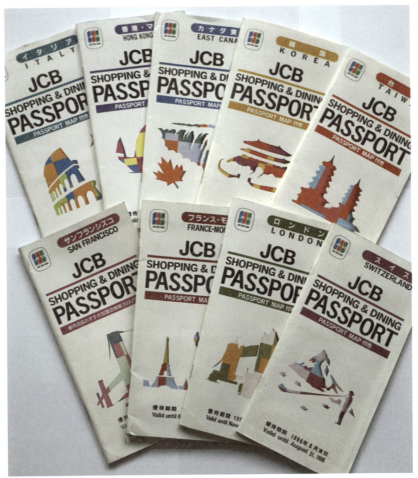

JCB对世界各大热门旅游城市做重点介绍，包括主要景点、餐馆、宾馆、土特产、日本医院、地图等

新加坡星展银行

　　新加坡发展银行成立于1968年，后改名星展银行，是新加坡最大的商业银行。主要股东是淡马锡控股有限公司。其总部位于新加坡，且在新加坡拥有最多分支网点，在中国香港、印度尼西亚、中国、印度、日本、韩国、马来西亚、缅甸、菲律宾、中国台湾、泰国、英国、美国、阿联酋拥有子公司、分行和代表处。该行是新加坡资本市场业务、全球托管业务、货币市场业务、离岸外汇业务的主要服务行。2001年收购香港道亨银行集团。2015年，在《环球金融》杂志评选出的全球50家最安全银行榜单中排第13位。

新加坡星展银行大厦

新加坡星展银行总行大厦前台

新加坡星展银行会议大厅入口

新加坡星展银行自助服务网点

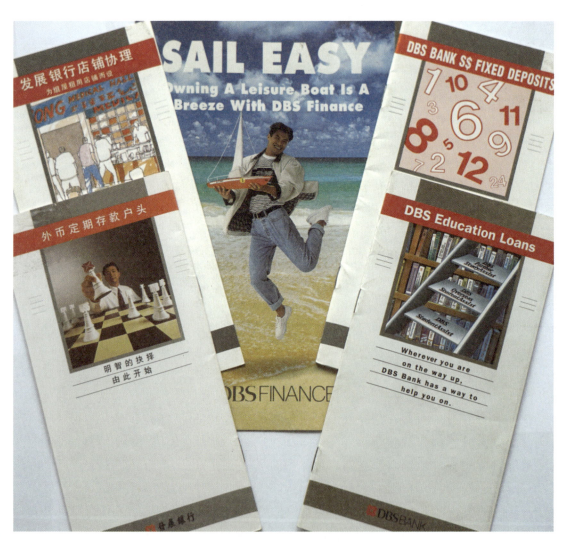

新加坡星展银行的宣传手册

新加坡大华银行

　　新加坡大华银行成立于1935年，成立初期主要服务于福建社群，业务集中在东南亚。如今，新加坡大华银行已是亚洲的优秀银行之一，向着全能型银行的方向发展。2015年穆迪信用评级为Aa1级，标准普尔和惠誉评级皆为AA-。在全球有超过500家分支机构。如纽约、温哥华、伦敦、巴黎、悉尼、东京、北京、上海、香港、台北等。1971年开启收购兼并之路，崇侨银行、利华银行、远东银行、工商银行等近10家，尤其是2001年收购了比自己大得多的华联银行，从此坐上了新加坡三大银行的宝座。如今，大华银行集团主力有大华银行、大华保险、大华人寿、大华资产管理、大华继显和大华置业、虎豹企业（虎标万金油）。

　　大华银行之所以能够取得如此优异的发展成就，与担任大华银行主席兼总裁近30年的黄祖耀先生有着密切的关联，其遵循的理念是最好的解读："银行是一个不同一般的行业，因为一家银行90%以上的资金来自客户的存款，银行的资本比率约为10%。既然是处理公众的资金，银行家必须在任何时候保持诚实守信、刚正廉洁。"

　　大华银行总部位于新加坡。

新加坡大华银行总行大厦1–2号门景

新加坡大华银行自助网点

华联银行的宣传手册（2001年
被新加坡大华银行收购）

新加坡华侨银行

新加坡华侨银行总部位于新加坡，是新加坡历史最为悠久的本地银行，1932年由华侨银行、华商银行、和丰银行三大华资银行合并成立（华商银行成立于1912年）。1938年与中国邮政局签订合约，为东南亚华侨提供民信汇款。1940年总资产增至7540海峡元（1海峡元等于2先令4便士）。1941—1945年日本占领新加坡时期，华侨银行被迫关闭。1946年英军收复新加坡，银行在大多数档案损失严重、许多职员战时丧生的极端困难条件下再度开业。在战后经济恢复过程中，华侨银行采取了"自由与慷慨"贷款的政策，对战后新加坡经济恢复起了较大作用。

1974—1976年华侨银行集团的主要股东是：李光前家族占20%，是唯一的最大股东；其他家族有李俊承家族、陈振传家族、李伟南家族、陈笃生家族等。这些家族带有浓厚的家族经营色彩，他们推举本家族的成员组成董事会，并通过家族所拥有的公司来代表其家族的利益。

如今新加坡华侨银行（OCBC）是一家旗下拥有银行、保险、资产管理和证券等的东南亚第二大金融集团，在20多个国家和地区拥有800多个服务机构，也是亚洲信誉评级较高的银行之一。2015年穆迪评级为Aa1、标准普尔评级为A+、惠誉评级为AA−。经营内容包括个人业务、公司业务、投资业务、私人银行业务、交易银行业务、资金业务、保险、资产管理和股票经纪业务；业务范围：主要市场包括新加坡、马来西亚、印度尼西亚和大中华地区；市场占有率：在新加坡、马来西亚的个人业务及商业银行业务占据主导地位，在新加坡的银行保险业务销售方面排名第一，在财富管理、住房抵押贷款业务、单位信托基金分配、个人信贷、小型和中小型企业市场和新加坡币资本市场方面是市场的领先者之一。

华侨银行从1972年起开始兼并收购，比较著名的有2001年全资收购吉宝资本控股、2004年收购大东方控股81.1%的股份、2006年认购宁波银行12.2%的股权、2014年以384亿港元收购香港永亨银行、2016年收购巴克莱银行在亚洲的私人银行业务。

新加坡华侨银行总行大厦门景

自助服务网点，图意为新加坡华侨银行助力人生不同阶段的追求

显示新加坡华侨银行早期由三家华商银行组成的历史

汇丰银行

汇丰银行成立于1865年，中文汇丰取"汇款丰裕"之意。19世纪中叶，英国东印度公司在孟买的一批洋行靠对中国鸦片贸易，积累了巨额资金，其中由有政府背景的沙逊洋行发起，携当时在香港的十大洋行，成立了香港上海汇丰银行有限公司。汇丰银行英文缩写HSBC中"S"字母指代的正是上海。成立当年，在上海成立汇丰银行上海分行，而当年的上海远比香港生意做得大，所以汇丰银行的第一桶金主要来自上海。

由于英国在华的殖民利益集中于长江流域，上海分行就成为汇丰银行对华业务的枢纽，具有指挥在华各分行的职权，营业额远远超出香港总行。其经手的外汇通常占上海外汇市场成交量的60%~70%。截至1900年，汇丰银行在伦敦、孟买、新加坡、旧金山、横滨、曼谷开设了分行，20世纪初已成为远东地区的第一大银行。第二次世界大战之后，汇丰银行业务转而注重于香港和东南亚，20世纪60年代及80年代两次香港银行风潮，汇丰银行发挥了重要作用。汇丰银行（集团）现为世界银行业市场的主要领导者之一，是香港最大的注册银行及三大发钞银行之一，在亚太地区设立了700多家分行。

汇丰控股有限公司总部位于伦敦，是汇丰银行的最终控股公司。横跨全球80多个国家和地区，覆盖欧洲、亚太、美洲、中东和非洲，机构超过6500个。2006年后汇丰控股通过一系列的跨国兼并收购，其对欧洲、美洲和亚洲三个单一市场的依赖程度都不超过30%，分享着经济全球化的丰硕成果，这在全球金融业中极为罕见。

汇丰控股有限公司的股份在伦敦、香港、纽约、巴黎以及百慕大的证券交易所上市。产品范围：零售银行、工商银行、贸易服务、私人银行服务、投资银行、财资及资本市场服务、消费及商业融资、退休金及投资基金管理、信托服务、证券及托管服务、保险等。汇丰集团还拥有世界最大规模的资讯网，通过该网络运作全球最大的国际贸易和自动柜员机组。

汇丰银行总部位于中国香港，2016年的主要数据为：营业额891亿美元，美国《财富》杂志世界500强企业排名第68位，英国《银行家》杂志全球1000家大银行排名第9位。

汇丰银行香港管理总部大厦

汇丰银行新加坡分行大楼

汇丰银行在伦敦街头的自助网点标识

汇丰银行矗立在新加坡街头的广告

汇丰银行新加坡分行客户服务区一角

汇丰银行的宣传手册

渣打银行

渣打银行又称标准渣打银行，成立于1853年，得到维多利亚女王的特许（即"渣打"这个字的英文原义）。1858年在加尔各答、孟买、上海设立分行，1859年在香港、1861年在新加坡设立分行，渣打银行一直是这些殖民地的主要英资银行。1862年，渣打银行被批准在香港发钞，不久，也成为新加坡的发钞行之一。目前，业务集中于亚洲、非洲、中东及拉丁美洲等新兴市场，该行在英国的客户非常少，是香港三家发钞银行之一。主要业务包括零售银行服务如按揭、投资服务、信用卡及个人贷款等，商业银行服务包括现金管理、贸易融资、资金及托管服务等。渣打银行集团在全球拥有600家分支机构，遍布世界56个国家。

渣打银行总部位于英国伦敦，2016年的主要数据为：营业额210亿美元，美国《财富》杂志世界500强企业排名第498位，英国《银行家》杂志全球1000家大银行排名第37位。

渣打银行香港大厦

渣打银行新加坡分行

渣打银行位于新加坡街头的自助网点

恒生银行

恒生银行香港总部大楼

恒生银行成立于1933年，其前身为恒生银号、汇隆银号，原始股东大部分来自广东的第一代华资香港企业家。至1965年恒生银行已是香港主要的华资银行。

20世纪60年代初，因中国三年自然灾害，大批人员拥入香港，促使香港房地产异常繁荣，但最终却酿成房地产泡沫。1965年2~4月大批中小华资银行受挤兑面临倒闭，4月5日仅恒生银行一天内兑付了六分之一的总存款。港英政府为了化解挤兑风险指定英资背景的汇丰银行和渣打银行无上限支付优质的中资银行，如恒生银行、永隆银行、道亨银行、广安银行等。1965年4月10日恒生银行以5100万港元出售51%的股权予汇丰银行，挤提潮即告平息。当时全港最大华资银行即变为英资汇丰的附属公司，事后引发各方争议。

1964年，恒生银行就开始编发恒生指数，以1964年7月31日为基数日，基数点100点，选出30家上市公司股票为成分股，仅供银行内部参考。1969年11月24日起正式向外发报，开始点数是150点。现由其全资附属的恒生指数公司编制，为香港股票市场最有影响力的国际股市指数之一。不到40年，恒生指数翻了180倍，平均每年增长约4.5倍。

恒生银行香港地铁ATM

恒生银行的宣传手册

东亚银行

　　东亚银行1918年成立于香港，是香港最早的华资银行之一，当时只是一个服务于本地居民的区域性银行。1920年东亚银行在上海开设分行，并从20世纪60年代开始走向海外，在美国、加拿大、新加坡、印度尼西亚、马来西亚等地广泛设立网点，逐渐成为一个全球性的银行。至今，东亚银行已是香港最大的独立本地银行。主要业务：企业银行、个人银行、财富管理、保险及养老金托管、资金市场、银团贷款、贸易融资、存款、外币储蓄、汇款、按揭贷款、私人贷款、信用卡、电子网络银行服务、零售投资和财富管理、外汇交易、住房公积金等。东亚银行在香港及大中华主要城市拥有超过210个营业网点、分公司和代表处，是香港恒生指数的成分股之一。

东亚银行香港总部大楼

东亚银行新加坡分行

东亚银行的宣传手册

美国亚洲银行

　　美国亚洲银行即美国银行（亚洲）有限公司，源自1912年在香港成立的广东银行。是由旧金山广东银行约集美洲华侨和香港殷实商人共同投资，为香港首创之华商银行，额定资本200万港元。1935年受世界经济危机的影响宣告停业清理。后由国民政府官僚资本加入股份进行改组，宋子文任董事长，香港总行与上海、广州、汉口等分行恢复营业。以汇兑为主要业务，太平洋战争爆发香港沦陷，总行一度停业，沪行曾被改为总行，抗战胜利后，总行于1945年在港复业，之后，又曾易名数次。

　　1988年美国太平洋银行收购广东银行，并易名为太平洋亚洲银行。1992年，美国太平洋集团并入美国银行集团，太平洋亚洲银行再度易名为美国亚洲银行。2001年，美国亚洲银行易名为美国银行（亚洲）。2006年被中国建设银行收购，其在香港和广东的机构并入中国建设银行（亚洲）股份有限公司。

美国亚洲银行香港大厦

美国亚洲银行香港分行的宣传手册

集友银行

　　集友银行成立于1947年，是爱国侨领陈嘉庚先生为了使厦门大学、集美大学能继续办下去，集资10万港元在香港注册成立，以期获得股息与红利，使集美学校增加一个长期、稳定的经费来源。至今，集友银行付给学校的红利与股息已有数十亿港元，为一所大学而成立银行，而且能维持半个世纪以上，这在世界上极为罕见！陈嘉庚先生的办学精神令中国金融业敬佩。2001年，7家于民国时期在内地成立银行的香港子行和华侨商业银行、集友银行等合并更名为中国银行（香港）有限公司。因集友银行支持办学的特殊因素该品牌被保留下来，并继续作为中国银行大家庭的重要成员独立存在。集友银行以"立基香港、连通中港、联系华侨"为宗旨。

厦门大学陈嘉庚像雕塑

集美大学航海楼

集友银行的宣传手册

419

附　录

西方银行大事记

11 ~ 15 世纪

1. 11 世纪，爱琴海地区出现了借贷货币的商人，这是早期西方银行业的萌芽。

2. 11 世纪末至 12 世纪中叶，随着城市商人的兴起，欧洲出现了大量的集市，钱币兑换商这一职业因此产生。

3. 1171 年，意大利成立威尼斯"国家借放所"。这是西方最早由国家经营的贷款取息机构，该借放所也被称为威尼斯共和国公债经营所。

4. 12 世纪中叶至 13 世纪中叶，复式簿记法的出现和逐渐完善，为银行业的进一步发展创造了条件。

5. 1272 年，巴尔迪银行在佛罗伦萨成立。

6. 1310 年，佩鲁济银行成立。

7. 1348 年，巴尔迪银行和佩鲁济银行因集中向政府放款而相继倒闭，这是国际上第一次金融危机。

8. 1397 年，美第奇银行成立。

9. 1407 年，热那亚圣乔治银行成立，这是第一家国家存款银行。

10. 1472 年，意大利的锡耶纳牧山银行成立，这是世界上现存最古老的银行。

16 ~ 18 世纪

11. 1580 年，威尼斯银行成立，这被认为是具有现代意义的银行。

12. 16 世纪末开始，银行由意大利传播到欧洲其他国家。1609 年，阿姆斯特丹银行成立；1619 年，德国（普鲁士）汉堡银行成立；1621 年，纽伦堡银行成立。

13. 1602 年，阿姆斯特丹证券交易所由荷兰东印度公司创建，用于处理其印刷的股票和债券。

14. 1637 年，荷兰"郁金香泡沫"爆发，这是有记录的历史上第一次经济泡沫事件。

15. 1661 年，瑞典斯德哥尔摩银行在欧洲首次发行银行券/纸币，后改组为瑞典国家银行，享有发行货币的特权，是如今中央银行的鼻祖。

16. 1690 年，马萨诸塞州殖民地发行了美国第一张货币。

17. 1690 年，巴克莱银行成立。

18. 1694 年，第一家私人股份制银行英格兰银行成立，标志着现代银行的产生。

19. 1716 年，约翰劳在法国成立了"劳氏公司"银行，并发行了世界上最早的垃圾债。最终"南海泡沫""密西西比计划"失败，导致了欧洲金融危机并迫使许多银行停业。

20. 1717 年，艾萨克·牛顿确立了新的银和金的铸造比例，最早提出了金本位货币制度。

21. 1727 年 5 月，苏格兰皇家银行成立，它是欧洲甚至世界第一家由私人个人组织的股份制银行，并成为全世界第一家有透支服务的银行。

22. 1763 年，巴林银行在伦敦成立。

23. 1765 年，劳埃德银行在英国成立。

24. 1775 年，英国伯明翰成立了第一家建筑社——凯特利建筑社，这标志着住房信贷机构（银行的一种形式）正式产生。

25. 1784 年，马萨诸塞银行（波士顿银行前身，后被美国银行收购）成立，该行是美国第一个州政府特许的股份制银行。

26. 1791 年，美国第一银行成立，特许经营 20 年。这是美国中央银行的雏形。

27. 1792 年，美国国会通过《铸币法案》，确定美元为法定货币，美元从此走向国际社会。

28. 1799 年，曼哈顿银行（摩根大通银行前身）成立。

19 世纪

29. 1800 年 1 月 18 日，法兰西银行成立。

30.1800 年，罗斯柴尔德家族建立欧洲银行业务。

31.1810 年，亨利·邓肯牧师在苏格兰的鲁斯韦尔成立了"储蓄和友好互助会"，这是世界上第一家较有现代意义的储蓄银行。

32.1812 年，花旗银行的前身"纽约城市银行"成立。

33.1816 年，美国第二银行成立，特许经营 20 年。

34.1817 年，纽约证券交易委员会成立。

35.1817 年，蒙特利尔银行成立。

36.1825 年，英国发生了第一次资本主义经济危机，70 多家银行因此破产。

37.1832 年，丰业银行在加拿大成立。

38.1844 年，英国国会通过《银行特许条例》（即《比尔条例》），英格兰银行获得独占货币发行的权力，成为真正的中央银行，标志着现代中央银行的产生。

39.1848 年，巴黎贴现银行成立，它是如今法国巴黎银行的前身。

40.1848 年，82 位商人在芝加哥创建了芝加哥期货交易所（CBOT），这是世界上最早的商品交易所。

41.1852 年，富国银行在美国纽约成立。

42.1853 年，渣打银行经英国女王特许批准成立。

43.1855 年，多伦多道明银行成立。

44.1856 年，瑞士信贷银行成立。

45.1857 年，桑坦德银行成立。

46.1857 年，美国爆发经济危机，随即迅速蔓延到英国和欧洲大陆，这次危机在资本主义历史上是第一次具有世界性特点的普遍生产过剩危机。

47.1861 年，英国创办邮政储蓄制度。

48.1862 年，温特图尔银行（1912 年与托根贝格银行合并成瑞士联合银行）在瑞士温特图尔成立。

49.1864 年，法国兴业银行成立。

50.1863 年，日本富士银行的前身安田屋兑换店在日本东京成立。

51.1865 年，汇丰银行成立。

52.1867 年，加拿大帝国商业银行成立。

53.1869 年，哈利法克斯招商银行（后更名为加拿大皇家银行）在加拿大成立。

54. 1870 年，德意志银行在德国柏林成立，作为外贸专业银行。

55. 1870 年，德国商业银行在德国汉堡成立。

56. 1872 年，德累斯顿银行的前身米歇尔·卡斯克银行成立。

57. 1872 年，日本颁布《国立银行条例》，开启日本国内银行券的发行。

58. 1873 年由三井、小野两个兑换店出资设立日本第一国立银行（日本第一劝业银行前身）。

59. 1875 年，住友家族建立了从事抵押贷款业务的钱庄，这是住友银行的前身。

60. 1880 年，日本横滨正金银行（东京三菱银行前身）成立，这是日本第一家西式银行。

61. 1882 年，根据《日本国立银行条例》，作为日本中央银行的日本银行宣布成立。

20 世纪

62. 1907 年，世界上发生了大规模的货币危机与经济危机。

63. 1912 年，来自美国三藩市的华籍商人在香港创办了广东银行（美国亚洲银行的前身，现为建银亚洲）。

64. 1912 年，新加坡华侨银行的前身华商银行成立。

65. 1913 年，美国国会通过了《联邦储备法案》，标志着美国联邦储备系统成立，负责履行美国中央银行的职责。

66. 1918 年，大阪野村银行（日本大和银行前身）成立。

67. 1918 年，东亚银行在香港创立。

68. 1920 年，在布鲁塞尔召开国际金融会议。会上提出：凡未设立中央银行的国家应尽快建立中央银行，中央银行应摆脱各国政府政治上的控制，实行稳定的金融政策。

69. 1927 年，美国颁布《麦克法登法案》，限制银行跨州设立分支机构，只能在限定的区域内经营。

70. 1927 年，日本发生了大规模的存款挤兑和银行破产事件，1 年之内共有 45 家银行破产。这一事件在日本金融史上被称为"昭和银行危机"。

71. 1928 年，日本政府公布《银行法》，该法要求：普通银行的最低资本金为 100 万日元，资本金不足的银行通过合并方式增加资本金，自我增资不予承认。

72. 1929 年至 1933 年，美国爆发经济危机（史称"大萧条"），随后波及整个资本主义社会和殖民地各国。

73. 1930 年，根据《海牙国际协定》，国际清算银行由美国、英国、法国、德国、意大利、比利时、日本 7 国在瑞士巴塞尔发起成立。

74. 1933 年，日本三十银行、山口银行、鸿池银行三家银行合并为日本三和银行。

75. 1933 年，恒生银行成立。

76. 1933 年，美国国会通过了《1933 年银行法》（又称《格拉斯—斯蒂格尔法案》），该法案将投资银行业务和商业银行业务进行严格划分，以避免商业银行业务证券化的风险。

77. 1934 年，美国国会通过了《1934 年证券交易法》，成立了美国证券交易委员会。

78. 1935 年，新加坡大华银行成立。

79. 1942 年，日本开始实行"军需企业指定金融机关制度"，将各军需企业与银行"配对"，这是战后日本形成"主银行"体制的缘起。

80. 1944 年，西方主要国家的代表在联合国国际货币金融会议上确立了"布雷顿森林体系"。

81. 1945 年，世界银行和国际货币基金组织同时在美国首都华盛顿成立，并列为国际两大金融机构。

82. 1947 年，陈嘉庚在香港创立集友银行，为大学而成立银行在世界上极为罕见。至 2017 年，已付给学校红利与股息数十亿港元。

83. 1951 年，根据日本《信用金库法》，农林中央金库由日本政府建立，以支持日本的农业产业。

84. 1952 年，美国富兰克林国民银行发行了银行信用卡，成为第一家发行信用卡的银行。

85. 1956 年，美国通过《银行控股公司法》，以法律形式限制银行控股公司的发展。

86. 1957 年，德意志联邦银行根据《联邦银行法》成立，该行是第一个被赋予完全独立性的中央银行。

87. 1961 年，日本 JCB 信用卡公司成立。

88. 1963 年，国际经济合作银行成立于莫斯科，这是经济互助委员会国家合办的政府间国际金融组织，作为东欧各国货币的补偿机构。

89. 1967 年 6 月 27 日，第一台自动取款机由巴克莱银行在伦敦的恩菲尔德镇投入使用。

90. 1968 年，新加坡星展银行成立，负责接管经济发展局的工业融资活动。

91. 1971 年，美国尼克松政府宣布实行"新经济政策"，导致"布雷顿森林体系"解体。

92. 1973 年，环球银行金融电信协会（SWIFT）在比利时首都布鲁塞尔成立，银行等机构通过交换电文完成金融交易。

93. 20 世纪 80 年代初，网上银行同时在美国、英国、日本等国出现。

94. 1986 年，英国发动金融自由化改革（又称"金融大爆炸"），伦敦证券交易所向银行发放席位，引发了全球金融自由化浪潮。

95. 1994 年，美国《里格尔—尼尔州际银行及分行效率法》等出台，重新允许银行跨州设立分支机构和混业经营。这对美国银行业产生了深远的影响。

96. 1995 年，巴林银行因尼克·里森从事期货投机失败而倒闭。

97. 1998 年，根据《欧洲联盟条约》，欧洲中央银行在德国法兰克福正式成立。

98. 20 世纪 90 年代后期，美国、日本、欧洲等地的银行开始提供互联网智能手机银行服务。

21 世纪（2017 年以前）

99. 2007 年 4 月，美国新世纪金融公司向法院申请破产保护，拉开了美国次贷危机的帷幕。

100. 2008 年 7 月，房利美和房地美的股价在一周内被"腰斩"，纽约股市三大股指全面跌入"熊市"。

101. 2008 年 9 月，雷曼兄弟宣布将依据《美国联邦破产法》第 11 章申请破产保护。

102. 2008 年 9 月，美联储批准高盛和摩根士丹利转为银行控股公司。

103. 2008 年 10 月，法国政府宣布，将为银行个人存款提供全额担保。

104. 2008 年 10 月，英国政府宣布了对国内四大银行高达 350 亿英镑的纾困计划。

105. 2008 年 10 月，美国总统布什宣布，政府将斥资 2500 亿美元购买金融机构的股权。

106.2008 年 10 月，美国 100 家大银行和金融公司的代表与美国消费者联合会向政府提议，要求免除信用卡用户的部分债务。

107.2008 年 11 月 20 日，香港金融管理局一天内分 6 次向银行同业体系共注入 155 亿港元，创历史之最。

108.2008 年 11 月 23 日，美国政府宣布，将为总额高达 1.4 万亿美元的银行债务提供担保。

109.2009 年 1 月，美国银行宣布完成对美林证券高达 194 亿美元的收购，富国银行当天也以 124 亿美元收购美国第四大银行美联银行。

110.2009 年 2 月，苏格兰皇家银行公布其 2008 年亏损达到 241 亿英镑（约 342 亿美元），创英国企业有史以来年度亏损之最。

111.2009 年 3 月，亚洲开发银行发布调查报告称，受金融危机影响，2008 年全球金融资产价值缩水达 50 万亿美元。

112.2009 年 5 月，美国公众廉正中心发表报告，共有 25 家"次按公司"进行高风险贷款，导致引发国际金融危机。

113.2009 年 7 月，美国证券交易委员会出台法规，要求提高受政府救助企业和所有上市公司管理层薪酬的透明度。

114.2009 年 8 月，德、英金融监管当局制定新规则，要求银行职员奖金与所在银行的利润脱钩，限制员工以薪金鼓励进行投机。

115.2010 年 4 月，世界银行公布，自 2008 年 7 月以来，世界银行为应对全球金融危机和促进经济复苏提供了 1000 亿美元。

116.2010 年 5 月，纽约州总检察长库莫发出传票，对高盛、摩根士丹利、瑞士银行、花旗集团、瑞士信贷、德意志银行、法国农业信贷银行和美国银行 8 家投资银行，是否在抵押贷款支持债券交易中误导评级机构及投资者展开调查。

117.2010 年 6 月，英国金融服务管理局（FSA）宣布，对摩根大通银行处以 3332 万英镑（约合 4880 万美元）的罚金，原因是该公司未能将客户资金与公司资金分离。这是英国金融史上最大的一笔罚金。

118.2010 年 7 月，高盛同意支付 5.5 亿美元和美国证券交易委员会就一项民事诉讼达成和解，标志着美国最强大金融企业"欺诈门"事件告一段落。

119.2011 年 1 月，美联储宣布，向美国财政部交纳 784 亿美元的利润，这是近百年来的最高纪录。

120. 2012 年 7 月，巴克莱银行因 2005 年至 2009 年试图操纵欧洲银行同业欧元拆借利率，被美国、英国监管机构罚款 4.5 亿美元。

121. 2013 年 3 月，全球获惠誉、穆迪、标普三大国际评级机构 AAA 评级的各国国债存量规模，已由 2007 年初的 11 万亿美元减少至 4 万亿美元，缩水逾 60%。

122. 2013 年 10 月，摩根大通银行与美国司法部达成协议，同意支付 130 亿美元的和解金，了结有关其出售不良住房抵押贷款证券的指控。这是美国有史以来一家公司支付的最大一笔罚款。

123. 2013 年 12 月，英国议会通过《2013 年金融服务（银行业改革）法》。主要内容是对常规业务与投行业务实施严格隔离。

124. 2014 年 3 月，国际清算银行（BIS）报告显示，全球债务已升至 100 万亿美元，创历史新高。2007 年（国际金融危机前）全球债务规模仅为 70 万亿美元，涨幅逾 42%。

125. 2014 年 6 月，法国巴黎银行同意支付 89 亿美元的罚款，以和解美国司法部对该行提出的刑事诉讼。

126. 2014 年 7 月，金砖国家新开发银行在上海成立。

127. 2015 年 8 月，世界黄金协会公布各国央行黄金储备合计总额为 32659.4 吨。

128. 2016 年 1 月，亚洲基础设施投资银行在北京开业。

129. 2016 年 10 月 1 日，纳入人民币的国际货币基金组织（IMF）特别提款权（SDR）新货币篮子正式生效，人民币的权重为 10.92%，位列第三。

130. 2016 年，美洲、欧洲、亚洲等的西方银行尝试生物识别技术，标志银行业开始跨入人工智能时代。

（大事记由汤超、王苗祥等协助编撰）

历年美元与黄金价格对比表

年份	1 美元/克纯金	1 盎司/美元
1792	1.6041	19.39
1822	1.578	19.71
1853	1.5542	20.03
1883	1.5284	20.35
1914	1.5047	20.67
1924	1.1966	27.83
1934	0.8847	35.05
1945	0.8449	36.81
1955	0.8047	38.65
1965	0.7687	40.46
1973	0.7367	42.22
1980	0.0365	850
1999	0.1244	250
2004	0.0681	456
2014	0.0183	1700
2018	0.0239	1300

1. 1792 年 4 月，美国国会通过《铸币法案》，确定美元为法定货币，美元开始被国际社会广泛认同。

2. 1 金衡盎司 = 31.1035 克。

3. 本书中有许多历史上美元的数据，读者可以对照本表进行换算。

4. 本表由作者从公开资料中整理获取。

进一步阅读书目

［英］沃尔特·白芝浩. 伦巴第街：货币市场［M］. 北京：经济科学出版社，2014.

［美］彼得·N. 斯特恩斯. 世界历史上的西方文明［M］. 北京：商务印书馆，2015.

［英］康斯坦丝·玛丽·藤布尔. 新加坡史［M］. 北京：东方出版社，2013.

［美］查尔斯·A. 比尔德. 美国文明的兴起［M］. 北京：商务印书馆，2012.

［英］史蒂文斯. 英国经济史［M］. 北京：商务印书馆，2003.

［美］史蒂芬·瓦尔迪兹. 国际金融市场［M］. 北京：中国金融出版社，2005.

［英］西蒙·迪克逊. 没有银行的世界［M］. 北京：中国工信出版社，2015.

［中］路乾. 美国银行业开放史［M］. 北京：社会科学文献出版社，2016.

［英］S. D. 齐普曼. 商人银行的起飞［M］. 伦敦：Allen & Unwin 出版社，1984.

［中］张亚非. 瑞士银行秘密［M］. 北京：人民邮电出版社，2015.

［美］斯坦夫里阿诺斯. 全球通史［M］. 北京：北京大学出版社，2005.

［中］胡海峰. 创业资本运营［M］. 北京：中信出版社，1999.

［美］利雅卡特·艾哈迈德. 金融之王［M］. 北京：中国人民大学出版社，2011.

［港］刘蜀永. 简明香港史［M］. 香港：三联书店（香港），2009.

［中］钱磊. 日本银行业的兴衰与启示［M］. 武汉：武汉大学出版

社，2011.

　　［新］宋旺相．新加坡华人百年史［M］．吉隆坡：马来亚大学出版社，1967.

　　［英］沙琴特．英中贸易与外交［M］．牛津：牛津大学出版社，1907.

　　［英］英国议会文书：皇家鸦片委员会第一次报告（第一卷）［M］．伦敦：伦敦出版社，1894.

　　［日］可儿弘名．近代中国的苦力与"猪花"［M］．东京：东京岩波书店，1979.

　　［中］陈翰笙．华工出国史料（第四辑）［M］．北京：中华书局，1964.

　　［中］徐义生．中国近代外债史统计资料［M］．北京：中华书局，1962.

　　［港］冼玉仪．与香港并肩迈进——东亚银行［M］．香港：香港大学出版社，1994.

　　［美］科泽．国际移民［M］．北京：译林出版社，2009.

　　［法］让·里瓦尔．银行史［M］．北京：商务印书馆，1997.

　　［英］考特．英国经济史［M］．北京：商务印书馆，1992.

　　［美］阿伦·拉奥．硅谷百年史［M］．北京：人民邮电出版社，2014.

　　［中］张瑾．第二次世界大战后英国科技人才流失到美国的历史考察［M］．北京：中国社会科学出版社，2013.

　　［中］李东云．风险投资与高科技［M］．北京：中国财政经济出版社，1999.

　　［美］彼得·N.斯特恩斯．世界历史上的消费主义［M］．北京：商务印书馆，2015.

　　［中］朱加麟．国际先进银行转型路径比较［M］．北京：中信出版社，2016.

　　［美］托斯．人工智能时代［M］．北京：人民邮电出版社，2017.

　　［美］玛丽·安娜·佩苏略．银行家市场营销［M］．北京：中国计划出版社，2001.

　　［美］戴维·H.布泽尔．银行信用卡［M］．北京：中国计划出版社，2001.

　　［中］申茂向．中国农村科技创新与发展［M］．北京：中国社科文献出版社，2012.

　　［中］刘金宝．国际融资应用与管理［M］．北京：文汇出版社，1998.

［美］小詹姆斯·C. 肯博伊. 银行家法学原理［M］. 北京：中国计划出版社，2001.

［英］蒂姆·欣德卡. 银行家袖珍手册［M］. 牛津：牛津大学出版社，1983.

［德］大卫·马什. 德国中央银行：统治欧洲的银行［M］. 伦敦 Willian Heinemann 有限公司，1992.

［美］约翰·罗尔斯. 正义论［M］. 北京：中国社会科学出版社，1998.

［中］秦新承. 支付演进对诈骗犯罪影响［M］. 上海：上海科学院出版社，2012.

［美］罗伯特·W. 克兰德尔. 竞争与混沌——1996 年电信法出台以来的美国电信业［M］. 北京：北京邮电大学出版社，2006.

［中］何霞. 网络时代的电信监管［M］. 北京：人民邮电出版社，2010.

［英］杰姆斯·汉考克. 消失的银行［M］. 北京：中信出版社，2017.

［美］约瑟夫·斯蒂格利茨. 喧嚣的九十年代［M］. 北京：中国金融出版社，2005.

［美］彭慕兰，史蒂文·托皮克. 贸易打造的世界［M］. 上海：上海人民出版社，2018.

［美］Howard Bodenhorn. State Banking in Early America：A New Economic History［M］. Oxford：Oxford University Press，2002.

结　语

　　《百年西方银行》是为了探索西方银行是如何从过去走到现在而写的。在创作之初，笔者曾做过大量检索，不仅没有查到一本系统介绍"西方银行"的书，连"西方银行大事记"都未找到。"西方银行"是如此广博而又复杂的一个主题。大部分读者可能会理解那些看似内部又是外部的、看似隐匿又是显露的、看似独立又是开放的西方银行表象。但若想深究西方银行发展的规律与奥秘，则需要学术界的艰苦努力，笔者只是抛砖引玉。

　　在对本书的学术研究过程中，笔者有三点很深的感受。

　　第一，银行是一个很特殊的行业，一方面，它要支持经济的发展，推动时代的进步；另一方面，它执行着某种社会第二次分配的重任，如果在经营理念上出现偏差，特别是当利润与经营者挂钩，就会出现很大的麻烦，造成社会金融资源的极大扭曲，加剧贫富分化，留下社会不稳定的隐患。西方银行反复发生的系统性金融风险充分证明了这一点。

　　第二，银行业务应该紧紧围绕"生涯"两字展开。如"人生生涯"业务，从儿童到老年人服务；"企业生涯"业务，从初创企业到跨国企业服务；"社会生涯"业务，从落后社区到江河湖海的治理；等等。全能型银行只有少数银行做得到，大部分银行应该办成少而精的特色银行。服务对象和业务定位必须明确，拥有本行核心技术与团队，总是比社会的希望快一步，保持品牌特色。任何超越原来服务对象的探索可以尝试，但必须谨慎前行，杜绝盲目跟风和模仿。

　　第三，除了端正经营理念，教育好自身以外，银行应该努力承担起教育社会的责任。坚持一个正确的方向，让社会获得长久之益，而非鼠目寸光、急功近利。其实，社会的利益是有限的，而风险却是无限的。

学术研究从来不是学者一个人的工作，它凝聚了无数前辈著作的启发，大量学者的智力支持，以及图书及档案管理人员对资料的梳理与无私提供。所以，人类知识的积累和传承是集体智慧合作的成果。

在本书的创作中，得到了许多学者的指点，每一位都是我的老师，终将铭记于心。首先要感谢联合国纽约总部中文翻译组组长何勇博士，通过他的介绍，使我认识了许多国际组织，学到了许多全球先进的治理理念；其次要感谢在学术中保持沟通与交流的北京大学赵占波教授、香港科技大学王文博教授、新加坡管理大学曹夏平教授，他们宽广的学术视野使我受益匪浅。

对西方银行进行系统化的研究，是一项艰巨而有意义的工作，笔者一直试图在这方面尽最大的努力。但由于本书跨越的历史久远，涉及的内容广泛，加上时间仓促和水平局限，书中难免会有一些不当之处，欢迎读者批评斧正，以便再版时更正。

最后，我要感谢亲爱的夫人袁亚敏，她是中国银行业监管领域的资深专家，她对银行监管的理念已在本书中得到体现。在收集本书资料时，我的孩子才开始入读小学，如今他已从伦敦商学院毕业并在新加坡展业，他是我们家族第四代的银行人了。

我的祖父陆卿芗是 20 世纪 20 年代中国第一代银行家，时任上海四明银行高管，而我的父亲陆钟琪和母亲仇蔼亭则是中国人民银行的第一代行员。

谨以此书，献给前辈的厚爱和培养。

陆建范

2018 年 8 月于新加坡